公商務活動專案
與
禮賓工作實務

活動高手也是禮儀達人

梁崇偉　著

博客思出版社

·寫在前面的一些話·

個人從事國際禮儀與禮賓事務工作已將近17年，除了累積實務經驗之外，對禮儀與禮賓的相關課題與知識，也一直保持著研究的熱情。而在「公商務禮儀-原理與實務」專書出版問世之後，獲得許多讀者的鼓勵、提問與迴響，而這也是個人有信心繼續寫作這本專書的動機。在現代的公務與商業職場上，如果將「禮儀知識」實際應用在工作中，便成為廣義的「禮賓」工作，更是一種除了專業之外的必備涵養，除了公關人員、秘書、幕僚等等工作必須具有「禮賓」知識與能力，一般職場上的上班族，也需要修煉「商務禮儀」與「禮賓工作」的素養，因為對於「人際關係」的往來處理，以及「辦活動」的能力，在當今的職場上，成為了一項增加競爭力的成功關鍵。

有感於現今在國內出版市場上，對於「活動籌辦」與「禮賓工作」相關的書籍相當欠缺，而相關的禮儀事務工作已逐漸受到各界重視，甚至人才的培育也已經從大學校園中植根，歷史也將近十年；因此，基於對「禮儀學」與「禮賓工作」的研究，以及結合多年實務經驗與心得，希望能夠有系統的將禮賓工作的各種面向一一介紹給讀者，不管是作為企業界人力訓練的教程，或者是對於大學院校中的學科教學，以及相關學習性與服務性社團學生的學習材料，也是本書寫作與編輯的目的之一。

本書各個章節的主要內容，主要是針對公商務禮賓活動中相關的專業工作人員，討論儀態的養成、具備的禮儀學識，以及相關工作要點與分享技巧，再加上商務場合中常見的活動專案，包

括活動企畫書的撰擬、賓客接待、會議及簡報、舉辦典禮、宴會與記者會等等，並且討論禮賓排序的原則與藝術，最後分享在禮賓工作上的心得與體驗。對一般的讀者來說，多加熟悉後在職場生涯上可以有「加分」的效果；而對於公關、交際、秘書、禮賓等從業人員來說，本書的各個章節與字裡行間的每個細節，可都是必修的課程，必須多加充實、反覆練習並且不斷培養寶貴的經驗。

這本書既然稱為實務，就不敢放入太多的學理與理論，而儘量以實務心得作為分享並且舉出實例。當然，基本的原理還是不可缺少的，畢竟還是要有些根本的依據，但是編寫的方式則希望用簡單易懂、擷取關鍵重點的方式來加以條列整理，至少讓讀者們再次查閱時，能夠迅速的找到要點的所在。

回想在寫作編稿期間，遭逢父喪之慟，哀傷中有一段時間久久無法繼續撰稿的工作，所幸在各方人士的慰勉與鼓勵之下，書稿章節才能一一完成，其中也得到許多朋友對本書內容的幫助，使得資料與細節能更為正確翔實。例如，在司儀稿中英文範例部份，獲得國家級的口譯專家陳珮馨小姐的熱心斧正，既榮幸也深表感謝！之後，再歷過經許多次的核稿、修改與定稿後，終於付梓出版！謹以本書出版的成果獻給敬愛的父親。

最後，承蒙社會各界賢達與讀者對於個人前作「公商務禮儀-原理與實務」的指教與愛護，以及許多大學院校同學們的支持，而這本「公商務活動專案與禮賓工作實務」，更期盼能將「禮儀學」的知能，實際運用在各位讀者的工作之中。也特別感謝數年來邀約作者個人前往演講授課的政府機關、學校團體與公

司企業，當我看到聽眾或學員們專注聽講的眼神，還有熱誠的發問以及想法的分享，我想，這就是給我最大的鼓舞與動力的來源！

在禮儀工作的路途上，期勉大家一齊來努力！

作者 梁崇偉　於臺北

2011年11月

目 錄

壹、
前言與導論

人與人之間、國與國之間的接觸交往中，向來注意以「禮」相待，相互表示敬重和友好。而「禮貌」是人際交往中相互表示尊重友善的行為規範，「禮節」則是在日常交往中相互問候、致意、祝願、表達感謝、慰問，以及給予協助與照料的慣用方式。因此，把上面所提到的運用在活動的全部過程，便是所謂的「禮儀工作」。

禮儀，也就是禮節，是長久以來在社會文化生活和國際交往中不斷發展、演變而一致通行的行為模式。而禮儀（etiquette[1]）一詞，指的是通行在國際間與社會中的行為規範、共識以及公眾生活中的公認準則。自從國家形成之後，也就出現了相應於國家之間交往的禮儀，這就是「國際禮儀」的由來，如果從「國家」的角度來看，就可稱為「外交禮儀」或「涉外禮儀」。就中國的歷史而言，對外的禮儀心態與方式，大致是依循明、清兩代宮廷禮制的基礎上所發展起來。例如，清朝皇帝在接見國外使節時，都要求使節以「臣」的身份拜見[2]，但隨著國家之間的不斷衝突、發展、

1　此字來自於法文，其同義字亦常用manners,formalities,decorum,propriety等字。

2　例如，清朝時清廷一向以「封貢體制」禮儀規定行禮，因其禮儀繼承的是儒家文化傳統，維持綱常倫理的等級關係，由此「天子」便是至高無上的，而中國也以「天朝」自居，對其他來自西方的各海上諸帝國，仍被中國視為「蠻夷之邦」，也從來沒有制訂過一套專門用於外交上以「平等」為基礎國與國之間的「觀見禮儀」，因此爆發多次因外國使節觀見皇帝行禮問題的糾紛（黃一農,2007）。如1720年11月29日，俄國沙皇彼得大帝派出伊斯梅洛特伯爵（Count Ismailot）率90人使臣出使中國，並聲明他代表本國的皇帝，與中國皇帝在階級上是平等的，因此他只能按照俄羅斯的習慣來完成觀見，不能行跪拜叩首之禮，並要求允許把沙皇的信親自交到皇帝的手中。尤有甚者，曾發生葡萄牙使節因拒絕依清

融合甚至是「妥協」，禮儀的內容和形式也就發生了變化，逐漸形成了一種普遍的規範，逐步為多數國家公認和接受，而且，相互間的對待所秉持的精神是「平等」、「尊嚴」與「互惠」，而從事禮節與掌管儀式進行等等工作的官員，就稱為「典禮官」，至於從事「禮賓接待」的官員，便稱之為「禮賓官」（Protocol official）。現代通行的國際禮儀基本上是從歐洲發軔與發展起來的，在古希臘就有優遇外僑的制度和主掌禮賓的外僑官；而在中國歷史上，早在秦朝就有「典客」一職，根據《後漢書‧百官志》的記載，到了漢代設有「鴻臚寺」，而在漢武帝太初元年，將主司宮廷禮節儀典與接待賓客等工作，設有主官一人，稱之為「大鴻臚」，俸祿二千石，對照現今應相當於元首或皇室的「大禮官」，隋代以後改為「鴻盧寺卿」，是在正式場合與盛大典禮上擔任著重要禮賓、司儀職責等等的工作。因此，禮賓與司儀工作在中國歷史上由來已久，也在中國官吏制度史上扮演相當重要的角色。17世紀以後，由於通商貿易、軍事及外交上的發展，國際間往來愈來愈頻繁，歐洲各國紛紛訂定相關的外交禮儀與禮節等等相關制度。然而，「徒法不足以自行」，雖然當時外交禮節並不是具有約束性的法律規章，但卻是大多數國家一致認同與遵行的慣例（convention, usage）與程序（procedure, protocol），而執行這些禮節上的相關工作，便是「**禮賓工作**」。

廷之禮而死於獄中（唐京軒，1980：190）。到乾隆時更發生歷史上著名的「覲見禮儀」之爭，起因是英國馬戛爾尼（Lord George Macartney,1737-1806）使團出使清朝，而他拒絕對乾隆皇帝行三跪九叩首之禮而引發兩國一連串的紛爭。

一、現代禮賓工作的定義

對於「禮賓」（Procotol）這個名詞，其意義並不是近代才出現的詞彙，"Procotol" 原義為條約、協定或公文程式，在外交上有兩種含義：一是外交禮儀與典禮、二是條約草案或草約（袁道豐，1982。轉引自呂雄，2007.12）。正如之前所述，在中國及西洋歷史上就已經有掌管「禮賓事務」的官員。那麼，在現代國際社會中，人與人之間、單位對單位之間互動非常頻繁，我們怎麼對「禮賓工作」做解釋與界定其意義？

現代的「**禮賓工作**」，就是為了增進彼此間的友好關係，對於個人乃至與組織單位，所安排一連串的「迎接」、「招待」與「送別」的活動，透過訓練有素的人員，精準掌握流程與服務安排，而讓接待的對象感受到「方便」、「舒適」、「尊重」與「榮耀」的感覺，這便是現代禮賓工作的定義。

二、現代禮賓工作的精神與原則

（一）獨立自主

就常規的職能而言，外交禮儀中最重要的功能之一，就是「**禮賓接待**」（呂雄，2007.13），而對於「禮賓工作」而言，不論從層次最高的國家與國家之間的外交接待工作，或者下至民間國內外單位間的接待事務，「禮賓事務與接待」就是彼此交往活動中的重要工作之一，而且往往成為衡量彼此之間親疏關係的觀察重點。作為主辦接待的政府機關或是民間企業單位，就是主辦單位，就是居於「主人」或者是「東道主」的角色，如果是屬於跨國性的活動，主辦的國家就是所謂的「地主國」，對於活動的舉辦，不管是任何形式的會議、宴會、典禮儀式等等活動，主辦國或主辦單位可依循大會或所屬組織的規章、決議或是慣例，

對於相關禮賓工作來做適當的安排，主辦的國家或者是單位，對於參加的代表或成員所提出的希望甚至是要求，有最後決定的權力，雖然「來者是客」，又有所謂「以客為尊」的說法，但是主辦單位必須秉持者「獨立自主」的原則與精神，來決定活動辦理的方式，或者是禮賓接待的規格，也就是事前可以尊重被接待者或是參與者的意見、希望與想法，但是，主辦者才是真正的主人，決定權「**操之在我**」。

（二）平等對待：

對於各種形式的活動籌辦或是禮賓接待的工作中，不管是從國家外交的層次，還是一般公商務活動中的對象，對於訪賓都一視同仁而且平等對待，不會因為接待對象的權力、地位與影響力的不同而有所不同，「**一視同仁**」就是禮賓工作的核心精神。

（三）態度不卑不亢：

在「平等對待」的原則下，主辦單位或者是接待單位必須把握好自己的份際，不但是對於所有被接待的對象都「一視同仁」，也不要有所謂「大小眼」的情況發生，而就「賓」與「主」雙方而言，也必須秉持著「平等原則」，作為主人，不要聽不下建議而剛愎自用，或者是高高在上而存有「主尊客卑」的情況；同樣的道理，當主人的也不需要過度屈從客人無理（或者是「無禮」）的要求而自貶身份，假設如此，也會對其他被接待的對象有失公平。所以，「**不卑不亢**」就是禮賓接待工作所要拿捏的重要份際。

（四）「對等」與「平衡」原則

禮儀與禮賓工作講究的是「禮尚往來」，你投之以桃，我便報之以李，你是董事長來函聯絡，我隨之也請我們公司董事長的名義回覆；就國家間的外交禮儀來說，你是外交部長來訪，我國

也以外交部長的身份與層級接待，安排的活動可包括會談、參訪與款宴。因此在禮賓工作的安排上，不管是雙方甚至是多方的活動，就「身份」、「職位」或者是「層級」來說，都要把握著相互「對等」原則與大致上的「平衡」，禮賓事務就好像是承載兩方的天平的「支點」，要取得雙方的平衡點，就不要讓雙方處於「失衡」的狀態。

（五）依循章法與適當規格

禮賓事務不論是對於國家外交工作，或者是民間單位團體之間的交流與來往互動，都是直接站在第一線的工作，一舉一動動見觀瞻，對於一些重要的原則與節點，都會讓對方甚至是外界有一些敏感的解讀，「禮賓事務」與「活動專案辦理」也是屬於「公共關係」中的一環，各種情況也十分複雜，每一場活動安排是全然不同的個案。所以，在各項活動與禮賓工作的安排上，如果沒有一定的作業流程與章法，沒有遵循相當的前例與規格，就一定會造成禮賓工作上的混亂。因此，對各項活動與賓客接待事務都應有嚴謹精細的規劃，甚至在必要時，還要經過多次的預習與演練，以求發現問題與增加熟悉度。當然，在訂定翔實的工作流程中，還需具備靈活機動處理問題的能力（也可稱之為「危機處理」），如此才能使禮賓工作不但有章法與效率，也不會過於死板被動。

禮賓工作的精神與原則

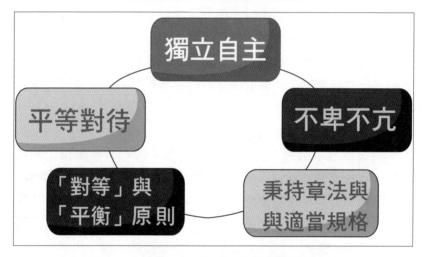

三、禮賓工作的範圍與對象

　　對於禮賓工作的範圍與對象而言，可以用「**上天下地、內外兼具**」八個字來概括形容。因為對於「範圍」來說，禮賓事務的規劃與接待工作，可以包括與適用在各種的場合，例如：集會、典禮、大小型會議、會見會談安排、宴會、記者會、參訪活動與賓客行程食宿交通安排等等，就牽涉到許多的專業工作內容，如國際會議籌辦、餐飲食宿、交通票務、媒體公關、企畫提報、財務計畫、禮賓接待等等，內容十分廣泛，正可謂之「上天下地」。隨著國際間不論是政府單位或民間組織，彼此互動與交往非常頻繁，層級也各有不同，上從各國的元首政要、政府官員、非政府組織（Non-Government Organization, NGO）或是非營利組織（Non-Profit Organization, NPO）、社會知名人士、企業家之間的互訪活動大量增加，這些訪問包括國家之間最正式的「國是訪問」或「官式訪問」，或者是民間單位、公司企業的商務拜會、

工作訪問、考察訪問、各種業務訪問，以及禮貌性拜訪，甚至是非正式性質的私人訪問等等，除了雙方的訪問活動以外，還有許多屬於多邊性質的國際會議、會晤以及其他的國際活動。因此，世界上許多國家都要經常接待來自其他國家的眾多外賓，而如何做好禮賓接待工作，扮演好「東道主」的角色，就成為當今國際交流中的重要課題。除此之外，活動參加者或者是訴求對象也不僅是國外人士，有更多的機會與場合，是針對國內人士而規劃設計，因應國內各地區（例如北、中、南、東部）或者是國內屬性不同的群體（學校教育、同鄉會與民間社團，例如國際獅子會、國際扶輪社、國際青商會、國際同濟會、各工商企業團體與政府單位等等），都會籌劃相關的活動與相因應的禮賓接待工作，因此，「禮賓工作」另一個特性，便是「內外兼具」。

四、禮賓工作的內容

　　一般人看到「禮賓」兩個字，多半只會從字面上解釋，單純以為僅是「禮待賓客」，做的多半是帶位端茶等等的工作而已。其實，「禮賓工作」的內容層面很廣，可以從國家外交事務中的兩國或多國交往事務，以至民間各公司單位等組織間的相互往來的活動，都脫離不了「禮賓工作」，內容可以包括活動專案規劃中對賓客的聯繫、說明、行程安排、住宿安排、餐飲安排、迎賓接待、歡送等等，當然也包括對於這些活動一切的前置作業與後續收尾工作。參與這一切事務流程中的相關工作，特別是站在第一線面對所服務的對象者，便是廣義的「禮賓工作人員」。

五、禮賓工作的重要性

對於「禮賓工作」而言，在公部門與企業組織裡，是屬於「公共關係」與「組織管理」中的一環，功能就如同「橋樑」一般，是屬於一種「溝通」工具、性質是屬於「程序性」與「儀式性」，讓對方覺得受到尊重與禮遇，作用在發揮黏合內部與外界的關係，期望能達到順暢溝通與結合相互間的力量（甚至是利益），現在的國際社會早已經不是單打獨鬥就能生存的，在彼此交流頻繁的情況下，「禮賓工作」就是擔任這項**「接著劑」**與**「潤滑劑」**的角色，而且，從未來的發展趨勢來看，也會愈來愈突顯出它的重要性。

再從「心理學」的角度分析，根據美國心理學家馬斯洛（Abraham Harold Maslow, 1908-1970）所提出的**需求層次理論**（Maslow's Hierarchy of Needs），把人類的需求從低階到高層分成5種層次3，依序為：「生理需求」（physiological needs，例如對於飲水、食物、居住等等的需求）、「安全需求」（Safety needs，例如對於人身安全、免於受到傷害與病痛，以及追求穩定生活的需求）、「社交需求」（Love needs，這包括對友誼、愛情以及隸屬關係的需求，是尋求人際關係之間的滿足）、「尊重需求」（Esteem needs，包括希望獲得他人的認可與尊重，期望別人按照他所屬的形象與地位來對待），以及「自我實現需求」（Self-actualization，希望發揮潛能，而達到自我實現的目的）。而就「禮賓工作」的目的與效果來說，就是要使得被接待的對象，無論是個人或團體，能夠獲得**「尊重需求」**這一較高層次的心理滿足，甚至達到**「自我實現」**的感覺，而使得彼此間感受愉

3　馬斯洛於晚年又將此理論修正，往上再加一層次「超自我實現」，而發展成「Z理論」（Z Theory）。

悅，互動交流更能順利暢達。因此，「禮儀事務」與「禮賓工作」的必要性與重要性不言可喻。

　　觀察目前政府單位之中，對於「禮賓工作」建置有專責部門者，外交部設有「禮賓司」，下屬「交際」、「典禮」與「特權」三科室，專司國家的外交禮賓事務，而且對象僅有外賓。其他中央或地方政府單位或設有「交際科」、「公共關係科」、「公關室」，甚至由「秘書室」、「國際事務室」來主管相關禮賓事務。由於「禮儀工作」牽涉到「媒體公關」以及「公共關係」，因此對於「公關單位」或「秘書室」而言，工作執掌又含括「禮賓事務」與「媒體公關工作」，另一原因是因為人員編制所限，也不得不把相類似性質的工作統籌辦理。

　　近年來，「禮賓事務」已逐漸獲得工商業界肯定其重要性，而相關工作的學習與訓練也開始向下紮根，國內各級大學院校因應對於國際與外界的開放，也加強與各界的互動交流，對於活動籌劃與禮賓接待也開始蔚為風潮，校園裡近年來也紛紛成立相關學生的「禮賓社團」，有些學校甚至將這些「學生禮賓人員」組成「親善大使團隊」而納入行政體系之中，附屬於「國際事務室」或「公共關係室」之下，直接由學校指揮調度，肩負校園禮賓接待工作，而成為了「外交禮賓大使」。

　　由此可知，禮賓工作已經逐漸成為「顯學」，而這些工作也不是從一般學校科系中所能學習與傳授的，至於「餐飲」、「觀光」、「航空」等科系對於總體的「禮賓事務」其實僅有一些相關，並非「禮賓工作」的全貌，這是必須再加以說明的。

六、活動專案管理的意義與重要性

（一）什麼是「專案」？

在這裡我們先對專案下一個定義：「專案」（project）是指因應一個特定的目的與達成既定的目標，所規劃一連串相關的工作，其中對於資金、設備、人力等資源運用，在一定的時間內所完成的任務。再進一步說明，有關於「專案」的特性，包括以下各點：

1、**具有目標性**：對於專案的規劃，必須確定所希望達到的目的與成效。

2、**具有期限**：也就是一項專案的成立，必須要有起迄時間，而且對於每一項分工與細部工作，也都各自有其時效性。

3、**資源的綜合性**：構劃與進行專案時，必須統合多項不同種類的資源（resource），包括：資金或預算、人員、軟硬體設備、場地等等資源。通常專案的進行所能運用的資源都是有限的，因此對於資源的統整運用就是一項專案的成敗關鍵。

4、**專案是屬於非常規性的任務**：如果一項綜合性的工作是屬於日常性質的，就只能稱為一般的行政事務工作。

5、**「獨特性」**（unique）：當專案經理人經營規劃一項專案之前，或許會參考以前曾經辦理過相類似的例子，但是因為所能運用的資源（人力、物力與資金）不同，目標也可能已經調整，甚至連時空環境、人際關係與資訊都已經有了很大的變化，所以每一項「專案」都是獨立的個案，況且許多的活動專案甚至是以前所不曾辦理過的，連相關的經驗與案例資訊都相對缺乏，所以對於專案的經營，還必須要有相當的「創新」（innovation）精神。

6、**專案須有「被服務的對象」**（customer）：專案的訴求者就是被服務的對象，必須站在對方的立場思考，這個對象可能是不特定的大眾或機關團體，也可以是資金或資源的提供者（sponsor）。

7、**具有不確定性**：因為專案的規劃與擬定，是依照事先的預估及假設，所以當進行專案的推動時，常常會面臨到時空環境的變化，而導致資源的不足或分配比例上的改變，甚至因為突發事故，而使得進行的時間進程產生延遲或中斷的現象。

8、**「分工」與「多工」同時進行**：只有一個人的專案就不稱為「專案」，因為一個人做的事情就談不上分工，沒有「分工」就無法依照預定時程進行「多工作業」。

（二）什麼是「活動專案管理」？

在公商務上所舉辦的活動，就常常符合以上所談到的定義與要件，又因為現今國際間環境快速的變遷、國際化與自由化的腳步加快、人際與團體之間的互動非常頻繁，使得個政府部門及公民營企業常藉由**辦理「活動」**，來加強對外界的溝通、爭取對方的合作、宣揚既定的理念，或者是達到彼此互利互惠的目的。因此，對於「活動專案」加入「管理」的理念，使得活動專案的籌備與執行，具有時效性與達成所想要成果的特性。對於「活動專案管理」來說，有4項需要掌控與完成的因素：

1、**時間**（Time）：專案的執行都會有起迄時間，也就是有一定的時程（schedule），對於這項因素的控管就是「**時間管理**」。

2、**成本**（Cost）：或者稱為「預算」（budget）或「經費」。

3、**範圍**（Scope）：所有的專案一定會明確限定或定義所有工作所要處理的界線，以免專案內容模糊不清，因而影響甚至導致專案成果的不彰，範圍通常會針對「被服務的對象（客戶、顧客）」、「地區」、「服務的項目」等等來做清楚的規範，這個因素的性質是屬於「空間」上的。

4、**執行成效**（Performance）：針對完整定義的目標（objective），而欲達成的效果，而這個成果多半是可以被「量化」（quantified）而觀察衡量出來的。

　　所以透過對以上4項活動專案因素的有效管理，各公部門或企業組織所舉行的各項活動，才能達成預定的成果與功效，這便是「**活動專案管理**」。

（三）「活動專案管理」的重要性

　　在各單位或公司企業，常常因為人力有限，資金設備等等資源不見得很充裕的情況之下，因應外界的競爭與挑戰，必須不斷的求新求變，常常必須處理一些非例行性、非永久性的，甚至臨時的任務，也是必須跨部門，甚至是跨領域來完成某一項交付的任務（專案形成），而負責這個特殊任務的領導者，就是專案經理人（Project Manager），**專案經理**人必須整合所有的人力及物力資源，掌控時程進度，達成預定的成效目標。「**活動專案管理**」的好處就在於可以運用彈性的原則，在臨時性的組織下運作，以突破原有僵化的部門組織分工，形成一個獨立運作的「臨時性」團隊，以期充分利用現有的有限資源，面對不斷變動的環境作出快速的反應。此外，「專案經理人」也可以用較為開放的思維、較為宏觀的眼光，而且多元的角度來執行活動的專案。各位讀者應該可以瞭解，活動專案管理之所以重要，就是因為可以藉由打破既定的組織建置、運用獨立的經費預算、統籌有限的資

源、明確的分工與人力規畫、時程的有效管控與任務多工的同時進行，這對於現今公部門、民間組織或營利的公司企業，在面對組織精簡的趨勢之下，一方面可以使人力運用發揮更好的效能，也可以對於臨時與特殊的任務，執行精準與快速的反應，「活動專案管理」正可以發揮它的重要性。

七、公商務場合中常見的活動專案

政府單位或民間組織企業為了達成對外界的良性互動、對外溝通、建立交誼、形象塑造、公開訊息、宣揚理念、互利互惠等等的目的，所舉行各種不同形式的活動，常見以下種類的活動：

1、典禮
2、大會
3、會議
4、餐宴
5、簡報
6、會見與會談
7、新聞發表會或記者會
8、展覽會

以上就是常見的活動形式，為了籌辦以上各種形態的活動，便可以成立專案來辦理相關的工作。當然，在平常公務或商業界的場合中，還有許多其他形式的活動，例如，你也可以把單位內的員工旅遊當成一項「專案」來辦理。但是，這裡必須要注意的是，本書主要討論的範圍，主要還是針對與外界交流互動的工作場合來討論。

八、公關行銷的時代：
活動就是將「活力」轉為「動力」

什麼是公共關係？簡單扼要的來說，就是營造對於自己單位有利的環境、改善與人群之間的關係、增加外界對自身的信賴，藉由溝通、說服與行銷等等的方法，從而影響大眾思想的行為。因此，各個機關公司行號辦理活動的目的，不就是「公共關係」的目的？根據美國行銷協會（American Marketing Association,AMA）對行銷（Marketing）所作的定義如下：

> 「行銷乃是一種商業活動、一套制度、生產的過程、溝通、運送，而將有價值的貨品交易給顧客、合作夥伴甚至於全社會。
>
> Marketing is the activity, set of institutions, and processes for creating, communicating,delivering, and exchanging offerings that have value for customers, clients,partners,and society at large.（Approved October 2007）」

由此觀察「行銷」，重點在於創造一個產品、商品或服務的市場，焦點集中在「商品」上。但是在現今的國際社會，除了以營利為目的單位組織之外，非營利機構（NPO，如政府單位、NGO等等）也需要運用「行銷」的觀念與方法，乃至於運用在個人之上，例如選舉活動、求職與升遷、爭取業績等等行為，「行銷」的觀念一樣適用。如果，我們把自己的單位組織，或者是希望讓社會大眾所廣為周知與接受的「觀念」與「想法」，也當成一項「商品」來包裝，是不是也是「行銷」的一種方式？

根據柯特勒（Philip Kotler）的分析，行銷包括4大要素

（4P）：**產品**（Product）、**價格**（Price）、**通路**（Place）、**促銷**（Promotion），對於所有的政府單位與公司企業，都已強調「雙向」甚至「多向」溝通。因此，不管是銷售產品、提供服務或是宣達理念，所舉辦的任何活動也都包含以上4大要素，是不是也需要「行銷」的觀念與技巧呢？

　　「行銷」可以包含在廣義的「公共關係」之內，現代公商業活動脫離不了「公關行銷」，正可說是：「何處不公關、事事皆行銷」！單位組織是一個不斷發展的有機體，不但要成長，更要隨著時代的需要而快速應變，就所舉行的多項「活動」而言，單位組織要「活」（存活、保持活力），不就是要**動起來**嗎？為了生存而產生無比的**活力**，這就是公商務活動的意義與真諦！再進一步說明，這些性質種類不同的公商務活動，因為必須面對外界，因此又必須安排相關的「禮賓工作」以為因應，所以**活動專案**是由「禮賓工作」來實現，而**禮賓工作**又必須依附著各種活動專案而具體表現出來，兩者是一體的兩面，關係非常的密切。

貳、
禮賓人員形象塑造與管理

一、行業形象塑造的多樣性

（一）行業形象塑造

各種行業形形色色，就算是同一種行業，因為經營者不同的想法與理念，或者是長久以來所形成不同的文化與傳統，都會有著不一樣的「公司形象」，在整體的「**公司形象**」之下，就是代表著這家公司所要帶給外界最初的想法與感受，而這帶給他人主觀的「感受」，就牽涉到組織行銷等等的方法與決策，這也是每個公司團體負責人所必須認真思考與決定的。例如，政府單位、法律工作與諮詢或金融行業，如果想要建立「信賴」、「專業」等等的特質，那麼公司與所屬人員的形象塑造，就必須帶給他人「嚴謹」、「約束」、「仔細」、「幹練」等等的感覺，因此男士穿西服、女性著套裝，就相當符合行業形象。此外，就算是相同行業，舉「飯店業」為例，不同地區、不同等級、不同性質的飯店，也就會有不同「公司形象」的塑造。譬如說，座落在市區中心的商務飯店，針對的對象往往為商務人士、小型團體或其它客源的短暫停留，對於飯店裝潢與人員外型的塑造，多偏向為簡潔的都會風格；但是在風景名勝的渡假飯店，也許就會流露出輕鬆的南國風情，服務人員甚至穿著夏威夷衫，讓入住的旅客自然而然的放鬆心情，好好的渡個愉快的假期。

（二）行業形象塑造的定位

因此，在塑造個人的「職場形象」之前，請先確定您所從事的行業，並且衡量所服務的公司行號，或者是機關團體的「公司形象定位」是什麼？如下圖所表示的，就是行業與公司形象塑造的定位象限：

組織行業形象塑造與定位象限

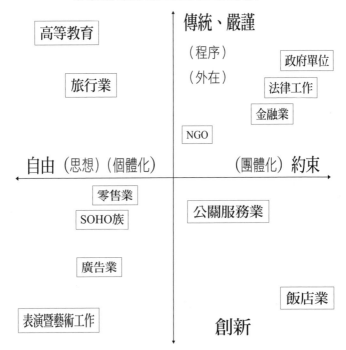

當您深入瞭解所任職的公司或單位的文化與形象，確定落於某個象限的某個位置之後，就可以瞭解個人穿著裝扮等等方面的走向，以及還有多少可以自由發揮的空間。上圖的所舉出行業形象的座落，只是參考與建議。反過來說，假如您是一個公司或組織的負責人，您可以改變公司在上圖中的位置，隨之就是改變公司的形象了！

二、禮賓人員的形象塑造

談到對於一般職場人士個人的「形象塑造」，基本的原則是當您確定了公司團體的形象風格之後，在符合公司組織的整體形象之下，再進一步決定如何塑造個人的專業與職位的良好形象。個人在職場上的裝扮、穿著以及整體呈現的形象，有以下5大原則：

1、明亮淡雅。

2、簡潔舒適。

3、適度協調。

4、避短揚長。

5、莊重大方。

以上所說的是針對職場人士對於「個人」的外在形象形塑的基本要點。如果，公司行號、企業組織乃至於政府或非營利團體單位，不管有沒有正式編制的禮賓接待人員，來處理一般性、例常性的接待事宜，或者面對舉辦「活動專案」中，所要從事一連串活動的禮賓工作事務，而對於禮賓接待人員的「形象塑造」，將會更為嚴謹。禮賓接待等等相關事務的工作人員，有著以下的特性：

1、**團隊群體性**：各單位與公司行號擔任禮賓事務的人員，如果是多人所組成的份子，強調的便是「**團隊**」與「**群體**」，給外界所接觸的印象是整體的，不會有人特別突出，這種「突出」的結果可以是正面或是負面，但是在工作要求上，不會使得有人特別的出色，更不可以是某人表現的特別糟糕。簡單來說，「好」就是一起好、「壞」就是整體壞，這就是禮賓事務專業工作人員形象的首要特性。

2、**齊一性**：呼應第一點所提到構成成員的「團隊群體性」，如果站在外界人士所觀察與體驗到的角度，代表的是公

司、企業團體或單位的一致形象。請記得，禮賓人員、接待人員或是主持籌辦活動的專案人員，都可說是廣義的「禮賓工作人員」，如果專案活動中有安排接待賓客，禮賓人員給人最初的印象，往往會深烙在對方的心中，隨之就會直接投射成為對公司或單位的第一印象。印象好，就成為好的開始，如果印象欠佳，往往後續就會招致許多的成見，而為活動的辦理投下負面的變數。因此，「禮賓工作人員」可說是「半個主人」也不為過。

3、**隆重性**：如果把「禮賓人員」直接按字面解釋，就是「禮待賓客」的人員，因此，「禮賓人員」的外在形象，包括「服儀裝扮」（靜態禮儀）以及「談吐舉止」（動態禮儀），都要顯得比被接待的對象**更為隆重與正式**，這樣對方才會覺得受到尊重。

4、**具備綜合性的知識與能能**：擔任禮賓工作的人員，不論是正式的編制，還是臨時的組成，都要經過一定的課程講習與實際訓練，甚至要培養起長時間的實務經驗，這些知能包括「禮儀知識」、「形象管理」、「應對技巧」、「人際溝通」與「語言訓練」（方言或外語）等等的本職學能，將這些加以訓練熟悉與實際綜合運用，才能擔任最起碼「稱職」的禮賓工作人員。

迷思：禮賓工作人員都一定要俊男美女？

答案：這可不一定！

外表形象可以包括靜態禮儀（穿著與裝扮），以及動態禮儀（包括精神、站姿、坐姿與行進姿勢、手勢、眼神、笑容、談吐應對、聲調氣韻以及用字遣詞）。對於外表的「靜態禮儀」，是可以加以形塑與管理的。而對於「動態禮儀」就必須加以自我充實、不斷要求與加強訓練。簡單來說，這些都是後天環境與鍛

鍊就可以改變的，誠然女性天生容貌秀麗、身材高挑，或者男性俊帥英挺，都是天生賦予的，如果工作人員所面對的場合，是屬於儀式性較強的，或者是屬於「門面」性質較重的，上面所提到的天生外貌優點當然是具有「加分」的效果，但卻不是唯一的條件，更不是必要的條件，因為只要透過後天不斷的訓練、培養工作人員正確的儀態與標準的姿勢、涵養優雅的氣質，以及充滿自信與服務的熱誠，一樣可以勝任相關的禮賓工作與活動，對於天生外貌懂得「避短」原則：也就是靠一些技巧遮掩與修飾外貌缺點，再進一步「揚長」：發揮自己原本的優點，例如甜美的笑容或是悅耳的嗓音等等，作者在實務工作上，見過許多這樣的工作從業人員，不斷充實工作職能以及培養專屬於禮賓人員的自信與氣質，敬業樂業，反而比一些「帥哥美女」更受到肯定與歡迎哩！

三、 禮賓人員的靜態禮儀

對於禮賓人員的靜態禮儀而言，主要是指「儀表面容」以及「服裝穿著」兩方面，這是面對外界人士的第一印象，不待開口就帶給他人直接的感受甚至是初步的評斷，這是對於相關禮賓活動與工作最基本、也是最重要的要求重點，愈是站在第一線的工作人員，對形象管理與服裝儀容禮儀，在實務上，更是要嚴格要求。

（一）儀容裝扮

1、男性人員

對於男性工作人員而言，鬍鬚應刮乾淨，頭髮修剪整齊，以服貼清爽為佳，就算不見得一定要採用所謂標準髮際線分邊的「西裝頭」，至少額頭要露出才能顯出精神！此外，男性禮儀工

作接待人員不要有染髮（黑色之外的顏色）、穿耳洞以及使用濃郁古龍香水的行為，因為這些「新潮」打扮的結果會過度突顯「個人色彩」，對禮賓事務所強調的「整體性」會造成負面影響，況且，「新潮」對於禮儀工作的場域之中，往往會讓人有異樣的眼光，最好要避免。

2、女性人員

女性接待人員應畫上淡妝，避免濃妝艷抹，化妝重點應該在修飾臉部缺點，以及增加神采，讓人覺得高雅有親和力為上，脖子的部位也須一起修飾，以免與臉部妝形成反差。同樣的，女性彩妝也會有流行趨勢，做為禮賓事務的工作人員，可不能為了追求時尚而過於流俗；例如，使用煙燻眼影、長假睫毛、變色瞳孔隱形眼鏡等等。此外，女性人員的髮型盡量統一，最好的是往後盤梳，最正式的為梳「包頭」型式，不要有瀏海或垂肩長髮等等的髮型，因為這些是屬於個人社交上的造型與形象，不但不適合於正式的公商務場合，對於擔任禮賓工作，更是一大忌諱！不論裝扮、髮型或服飾，其實都有一個目的性，就是要「**便於工作**」！換句話說，所有不便於工作或移動的外型組合與搭配，就是不恰當的工作造型，必須特別注意。

對於所有的男女禮賓工作人員，保持清潔與衛生是基本的要求，除了讓人在視覺上感到清新整潔，在實際執行工作時，在活動開始前不要吃帶有刺激性氣味的食物，例如大蒜、洋蔥等等，以避免口腔異味，更不要抽煙與喝酒，試想，工作中讓人嗅到煙味與酒氣，他人會有如何的感受？況且還是擔任禮賓接待的人員，更是讓人覺得沒有受到尊重，一定要避免。

相較於上面所說的，在參加重要的活動之前，更是要補充水份與充足的休息，否則黑眼圈或許可用化妝技巧掩飾，然而，滿臉的倦容與接連的哈欠，也是會讓人覺得反感。

（二）服裝穿著

服裝穿著絕對是禮賓工作人員形象塑造與管理的首要重點！這方面有以下的注意事項：

1、如果活動場合愈隆重，愈是人數較多的團隊工作，禮賓接待人員的穿著就更要整齊統一，相同設計款式的服裝就有其必要性，如果類似的禮儀工作並不是偶有或短期的，統一訂製「制服」就是必然的方向。而這種統一的服裝設計，可以依照公司或組織的形象而定，這可以參照上文所提到的「行業形象塑造象限圖」來定調，看是「樸實」、「簡約」或者是「色彩鮮明」或「年輕大方」，都可以顯現單位組織以及依照活動的性質來決定。然而，通用的原則就是「**一致性**」，沒有顯出某人特別，除非他（她）在分工組織中是居於主管的地位，想要刻意突顯在團隊中「領導者」與「協調者」的角色，方便外界辨識而能直接聯繫與發揮對口的作用。

2、不論是不是統一訂製「**制服**」，剪裁必須合身，不可過於寬鬆而顯得散漫沒有精神，也不要過於「緊身」而暴露身材缺點；尤有甚者，特別是女性穿著過於貼身，也往往也會流於「性感」，這對於整體活動中的禮賓禮儀工作來說，反而會產生一種負面的觀感。

3、對於男女工作人員一致的要求，如果是大會、典禮或其他型式的活動專案場合，工作期間必須佩帶「**活動工作證**」，並且統一配掛的地方與方式，例如：工作證的設計是「項鍊式」或是以別針別在胸前，都要規定相同的配掛位置。如果是在公司單位的辦公場域，接待訪賓一定要配戴所屬單位的「職員證」或「識別證」，因為這是代表公司的身份出面接待外來的賓客，是具有一定的責任與代表性的意義。

4、男性禮賓工作人員的服裝

（1）最常見與最正式的便是**深色西服**

除非所屬單位具有特殊性質，例如從事民族文化工作的單位，專屬服裝的設計可以突顯民族或族群的文化風情；或是在與眾不同的場合，例如旅遊展的接待工作，可以穿著輕鬆的「夏威夷衫」更能顯出活動特色，但這畢竟是特例，也可能是刻意的活動專案設計。除此之外的考量，一般國際間的活動與禮賓事務工作，男性工作人員還是以深色西服為主，是屬於應用較為廣泛與適合的服裝穿著。此外，淺色西服也不太恰當，畢竟深色系可以穿出莊重的感覺，不論是統一製作顏色相同的西服、或者是工作人員自備服裝穿著，服膺的都是同樣的原則，剪裁合身也是強調的重點，畢竟服裝的搭配是為了「禮賓工作」，要求會比一般職場的穿著更為嚴謹。對於男性工作人員而言，褲子的長度千萬不能過短，正確的長度應該是站姿時褲腳剛好能夠覆蓋到鞋面。

（2）襪子

一定要穿著深色，如果能夠跟西服顏色相同最佳，不然也必須是相同的色系。

（3）鞋子的挑選

顏色以黑色為宜，並請選擇可綁鞋帶的種類才算正式，而且，皮鞋一定要有「鞋跟」！現在有許多男士為求舒適，穿著所謂的「平底休閒皮鞋」，擔任禮賓工作人員千萬不要如此穿著。而在即將投入工作之前，一定要保持皮鞋的「清潔」與「光亮」，這也是代表工作人員的素質與精神之所在。

（4）襯衫的搭配

顏色應與西服顏色協調，不能是同一色系，穿著白色襯衫尤其能顯出正式感與奕奕神采。當然，襯衫要採用其他顏色不是

不可以，但是請謹記禮儀事務人員的特性與要求：「**一致性**」，全體人員都要採取同樣色澤與型式的襯衫，以免整體形象顯得散亂不彰。色彩鮮豔的格子、條紋或花色襯衫不太適宜，必須要避免，也不要穿著「小領」或「立領」的襯衫，因為這樣會太過突顯個人的風格，除非這是經過團體設計的「制服」。正式場合所穿著的襯衫，搭配長袖襯衫才是正式的穿法，襯衫袖口應長出西服外套袖口約2公分左右。

襯衫領口與袖口，是表現男性穿著禮儀的焦點，因為襯衫突顯的是男士整體穿著中唯一的潔白與挺直，所以，必須勤加換洗與熨燙，這表現出一個人的穿著精神之所在，正是所謂的「領袖」精神，指的也就是衣領與袖口的重要性，切勿皺折留有汗漬，如果襯衫已經泛黃老舊，就一定要換新衣。

（5）領帶的選擇

對於男性工作人員的西服穿著來說，其實能夠變化的彈性很少，對於職場男士而言，個人風格的建立或許可以從變化領帶的花樣格式做起。但是，禮儀工作人員就必須「犧牲」這唯一可供變化的地方，如果禮賓團體的工作，男性工作人員就算不能同一種領帶，也儘量協調搭配同一種色系，如此在現場工作也不會太過突顯出個人的特色。

（6）西服外套的穿著要求

記得上衣外套胸前口袋不要插著筆，下方左右兩邊的口袋不要裝東西，腰間也不要佩掛鑰匙或其他的雜物，只有如此，禮賓人員才能顯現簡潔與專業形象，對人的尊重與榮譽感就是從這些小地方建立起的！

4、女性的禮賓工作人員服裝

（1）最常見且最正式的便是**兩件式套裝**

這跟男性工作人員是同樣的原則與要求，除了配合特殊的屬性或場合，有特殊設計的工作服裝之外，在一般公商務的活動場合，適用最廣的，還是兩件式套裝，不論是統一訂製的制式服裝，還是工作團體自行律定相同屬性的穿著，這都是普遍在國際上與各行業都能接受與一致採行的方式。

（2）穿著的「三色原則」

男士穿著正式西裝，全身以不超過三種顏色為度；同樣的，女性穿著套裝，以不超過三種顏色的搭配，也可以顯出簡明大方的形象。

（3）襪子

儘量穿著「膚色絲襪」，一方面可以修飾腿部的線條，也能顯得自然大方。當然，如果在團隊工作中，一致的律定也是可以的，不過還是要避免條紋或網狀絲襪等等不合宜的穿著。

（4）鞋子的挑選

以不露出腳指的「包頭」高跟鞋為佳，鞋跟也不宜太高與太細，顏色以黑色或其他素色為挑選原則。

（5）女性工作人員**配件**的基本要求

配件全身不超過3件為原則，也不宜太大，畢竟飾品配件是附屬角色，純粹點綴性質，小而精美才是適當，也不要配戴垂掛搖晃型式的飾品。如果在團隊工作中，能夠統一飾品更好。在這裡附帶提一下，男士唯一的飾品，就是「領章」，可以統一別在西裝外套衣領左方的領面上，這就具有代表服務單位圖案的象徵，或者是為某一特殊活動專案所設計的標誌（Logo），也是相當適合的配戴飾品。

（6）**香水**使用與否

如果不是為了遮掩天生的體味，香水也沒有必要使用，因為香水氣味或許也可能會造成他人的過敏，謹慎為宜。如果想要使用，氣味儘量以「清新淡雅」者且少量為宜，不要對他人的嗅覺產生「干擾」的負面影響，這是唯一要把握的要點。

（7）對於「**旗袍**」在工作中的定位

近年來國內許多重要的儀式場合，流行安排所謂的「禮儀小姐」（本書將於第肆章討論）到場助陣，每每成為眾人矚目的焦點，而讀者們應該有著一個印象，就是現場由相貌姣好、身材頎長的女性工作人員穿著「旗袍」擔任相關的服務工作。但是，對於廣義的禮賓工作而言，就必須釐清「旗袍」的定位了！基本上，對於「旗袍」而言，算的上是我國女性的「國服」，但是就其剪裁而言，腿部旁的「開叉」實在不宜太高，以避免過於性感而犯了工作上的禁忌。因此，「旗袍」的定位應該是「**賓客服**」而不是「工作服」，因為正統的旗袍剪裁是相當不利於工作的，所以從事禮儀禮賓工作的女性人員，只要牽涉到走動方便於否，「連身式旗袍」作為工作服裝的走向儘量避免，兩件式套裝還是比較有利於工作。如果禮賓人員性質只是屬於「**固定站點**」的方式而較少走動，而且是屬於「美觀」與「增色」為陪襯目的，為的是增加現場的「視覺效果」，例如，在剪綵儀式中協助手執彩帶與捧盤的「禮儀小姐」，才有穿著「連身旗袍」的適用場合。

（8）對於「**白手套**」在禮賓工作中的使用時機

當今實務上的禮賓工作，對於「白手套」的使用已不多見，除了一些「儀式性」極高的場合，例如公商典禮中的剪綵、動土或落成儀式中的「禮儀小姐」，還可穿戴白手套之外，其餘在實務工作中的迎賓帶領動作，已經沒有使用白手套的必要，而

且在動態工作中的手部動作與抓握並不方便，其它使用白手套的工作形式，只常見於飯店與迎賓上下的「司門」而已。簡單來說，現今對於一般公務商務場合中的廣義禮賓工作，已經沒有穿戴白手套的必要了。

四、禮賓工作從業人員的信念與工作認知

（一）禮賓工作人員的「人格特質」與「學養知能」

只要從事相關禮儀禮賓的資深人員，大多能認同禮賓工作的特性是：「個案歧異性」、「多變性」與「權變性」。

1、「個案歧異性」：

是指每個活動專案，不論是會見、宴請、展覽會、記者會、典禮儀式等等活動，即便與以往辦理過的活動性質相仿，但是每項專案還是有不同的主、客觀條件。例如不同之經費預算、不同的參與人士，以及與以往不同的活動策劃形式。簡單來說，就算是經驗豐富的禮賓工作人員，面對每場不同配合條件與背景的承辦專案，仍不敢絲毫掉以輕心，而必須謹慎的處理每一個細節，因為以往的個案以某一種辦法處理，下一個個案恐怕就不適用，承辦每一場業務都是全新的經驗。

2、「多變性」：

是指辦理禮賓工作，必須經常面對時間、場地、出席人員、儀節程序等種種的更改，而且常常多次改變更動，改不勝改，令人常有「做白工」的挫折感，甚至常在節目即將進行的前一刻，面對臨時通知的缺席或出席，或者是其他無法預知的原因，而必須隨之做出的因應措施，更顯出禮賓場合在現場的「多變性」。

3、「隨機應變」：

因應禮賓工作的「多變性」，工作人員就必須有「**隨機應變**」的能耐與修練，這便是禮賓人員的「**權變**」特質，如果個人無法養成相當的耐心與反應，面對如此複雜的工作而言，恐怕是相當挫折與辛苦的，這也反映出為何許多專業禮賓人員流動性不低的原因。作者多年來與國外禮賓人員交換心得，得知國外官方禮賓單位的人員，多是經過長年歷練、具有相當的外語能力、經歷各種官方場合，並且具備有相當豐富的經驗者，才能勝任此一工作，他們也都認為重要場合禮賓工作人員的培養實在無法速成。就從業人員的個性特質而言，也並非人人都可以擔任，因此必須長期培養具有潛能的員工，再經過一段時間的訓練與歷練，才能勝任相關的禮賓工作。

由以上3項工作特性可以瞭解，要能夠勝任相關的禮儀事務，基本上相關的工作人員還是要有一些必備的人格特質與內涵：

1、喜好新的人事物：

對於不同對象與人群，都不會「怕生」。同樣的，對於接觸與處理不同的事情與活動，也都能保持一定的「興味」，對於不熟悉的場地能夠耐心摸索與瞭解。總言之，對於新的或是陌生的「人、事、地、物」，都能視為新的挑戰與學習機會，也就是在個性上是屬於一種積極與投入的性格，對事情的看法都是偏向於正面看待，如此的人格特質才能夠熱情投入禮儀事務而不覺得辛苦。

2、具有相當的組織能力：

公商務活動專案的策劃可簡可繁，如果是位居上層位階的禮賓活動專案經理人，必須具有較強的組織能力策劃相關活動，並且撰擬專案行動方案（action programme）。

如果是活動現場實際執行禮賓工作的人員，也必須依執掌分工執行專案計畫，而這些都必須具有相當的組織能力。

3、頭腦清晰：

大部分的公務或商務活動專案都是同時多工進行，甚至是許多的專案同時進行，如果策劃者或執行人心思不夠縝密，頭腦不夠清晰，當實際執行工作時會因為慌亂而導致禮賓工作的雜亂，小則招致怨言，大則造成活動目的的失敗。

4、以時間為導向（time orient）的工作觀念：

這是相對於以事件完成為導向（event orient）的工作觀念，其實兩種觀念並非一定是好或不好，只是因為「禮儀禮賓」的工作特性，是屬於「程序性」或者是「儀式性」的，扮演的角色就如同「橋樑」一般，藉由公共關係的工作與禮賓事務促進人與人、機關與機關、單位與單位或相互彼此間的一種聯繫工作，而這些活動與工作大多具有一定的「進程」，也就是時間點都是明確訂出，「時間」的精確把握，對於禮儀活動策劃與禮賓工作執行有很大的影響力。因此，禮賓工作人員要有很強的時間觀念，才能把工作做的好。

5、具有相當的抗壓性：

禮賓工作就是**服務工作**，面對的是形形色色、來自不同國家、領域、行業、階層，甚至是不同個性與想法的人。此外，由於禮賓工作的「多變性」，又必須保持清醒與冷靜，才能夠立即隨機應變。因此，面對「人」與「事」的多變化，難免會感受到許多的壓力甚至是挫折感，所以沒有相當的「興趣」、「熱誠」與「自信」，而轉化成相當的「抗壓性」，相關的禮賓工作的確是做不來的。

至於想成為「稱職」甚至是「優秀」的禮賓工作人員，又有哪一些「學養知能」，作為基本的涵養與必須不斷充實的能力呢？

1、熟悉公商務禮儀：

對於禮儀的分類，可以分為「公民禮儀」（衣食住行等等），在現代的公民社會中，這是每個國民都必須具備的。但是如果要成為禮賓工作人員，就必須更進一步學習與培養對於「公商務禮儀」的知識與能力，因為大部分的公共活動事務是由商業界、政府單位或相關的非政府組織（NGO）所舉辦，對於職場形象塑造、儀容穿著、各國風俗習慣與禁忌、稱謂、介紹、名片、交通、電話、文書、會議、餐宴、餽贈、會議、公務拜訪等等禮儀，都必須具有相當的知識，如此才能落實在實務工作之中，所以「公商務禮儀」就是禮賓工作人員的「本職學能」，非熟悉不可。有人會問，為何不說是熟悉「國際禮儀」呢？本書對於「國際禮儀」是採取較為嚴謹的定義，是指「國際外交禮儀」（外交禮節，例如用字遣詞、儀式典禮都必須特別謹慎等等），適用於國家與國家間的往來，具有儀式性與制式化的外交禮節。當然，如果您是外交官、政府單位從事國際性事務者與聯繫協調者，「國際（外交）禮儀」就成為更進一步的進階知識，在這裡必須加以說明。

2、適當的形象塑造與管理：

包括「靜態禮儀」的裝扮與「動態禮儀」的加強訓練。「靜態禮儀」包括「儀容裝扮」與「服裝禮儀」，已經在前文討論過相關的要點與技巧，而「動態禮儀」就包括正確的「站姿」、「等候姿勢」、「坐姿」、「行進姿勢」（走姿）、表情笑容、手勢與合宜的「引導姿勢」，這些就是第一線接待賓客所需要的「基本功」，必須要不斷的調整修正與加強訓練的正確儀態，目的是要顯出自信與流露出不凡的氣質，表現出禮待賓客的熱誠與服務的態度。

3、具有相當的「口語表達」與「人際溝通」能力：

活動專案的「標的」是「人」，禮賓工作人員的服務對象也是「人」，因此，策劃與辦理活動的主辦者溝通協調的能力，以及與禮待的對象表達說明的技巧，就牽涉到「口語表達」的能力。這種「說話」與「溝通」，並不是指口才好不好，甚至是風趣幽默或者是舌燦蓮花，因為這些「特點」，比較偏向屬於個人的「社交魅力」。簡單來說，禮賓工作上的工作溝通，應該是要言簡意賅能夠讓對方清楚明瞭，畢竟，公商務活動專案所要的辦理事務相當繁雜，在工作過程之中，「時間」是很寶貴的資源，不太容許在彼此溝通的過程中反覆鋪陳而浪費時間，也不要語意不清而使對方誤解或留有猜測的空間，這樣對於禮儀事務專案籌辦來說是相當不利的。如果是面對賓客的禮賓人員，對於恰當的「稱謂禮儀」與「敬語謙語」的運用，清晰的口語、適當的音量、說話的技巧（例如運用誠懇的「道歉禮儀」或委婉的「拒絕禮儀」等等），都是從事禮儀專案工作辦理與禮賓工作人員所要不斷訓練與要求的重點。

4、簡報技巧：

對於「活動專案經理人」而言，提報專案、爭取經費或人力、工作分配、任務說明等等，再再都脫離不了向多數人陳報或者是說明的機會與場合。因此，「提案人」或「執行專案負責人」必須要具有相當的簡報技巧，向不同的對象（可能是客戶、資金或資源提供者、上司、同僚或下屬）清楚說明專案內容、預定達成的目標與效益，以及工作進度時效與工作分配及人員調度。這種「簡報技巧」也是屬於一種「對內溝通」的能力，實務上常常見到專案負責人這項的能力欠佳，「簡報技巧」變成了「剪報技巧」，流於資料的堆砌與毫無重點的陳述，而讓需要說

服的對象或者是工作人員理不出頭緒，而導致活動專案的執行，有了不好的開始。

5、外語能力與方言能力：

可別忘了現今國際活動頻繁，禮賓工作的性質是「內外兼具」的，工作人員的接待對象可以是國外的人士，也可能是地方的團體或鄉親，具備相當的「英語」或其他外語能力是具有加分的效果。如果活動場合是屬於「同鄉會」等等的團體，不論是閩南語、客家話，或是僑胞團體常用的「粵語」，如果能加強相關的語文能力，更可以拓展工作的專業領域與空間（例如主持人或司儀工作）。

6、不斷累積活動參與的經驗，甚至是辦理活動的經驗：

透過不斷的參與活動與累積工作經驗，是精進禮賓工作的不二法門。其實，禮儀實務與禮賓工作要做到「專業」，已經脫離技術層面而成為一項「藝術工作」，因為沒有一場活動的條件與過程是完全一樣的，為何資深的禮賓事務人員能夠「臨危不亂」而進一步能夠「隨機應變」？靠的就是「見多識廣」中的「自信」、「冷靜」，以及當下運用現有資源完成臨時交代下來的工作，或者是妥善處理突發的狀況，靠著就是不斷的參與活動與累積寶貴的經驗來完成工作。

（二）「團隊精神」代替「個人主義」

「禮儀事務」落實在「禮賓工作」上，實際上並沒有突顯「個人色彩」的空間，如果是一個禮賓工作團隊，從外界人士的角度來看，只會有一種樣貌，如同本書前文所討論的，單獨工作人員的表現，往往會影響到全體工作人員與組織的看法與評價。

因此，從事禮賓工作者的認知，就只有「團隊精神」為上，不管是個人形象裝扮或者是工作表現，是不允許有「個人想法意見」與「特立獨行的行為與作法」，這一定是從事相關禮賓工作人員所必須具有的認知與真心接受的工作信念。

（三）「整體性」「一致性」與「紀律性」

在所有工作人員都能接受「團隊意識」的前提下，主管人員就有義務成立一個團隊並且加以訓練，目的要達成一致的工作團隊形象，對於團隊成員的工作紀律與管理，也要有相當的約束性，否則，禮賓團隊的向心力與工作表現，就不容易達成預定的目標與工作效果。

（四）禮賓人員的角色定位

在這裡先提出一個問題：

禮賓人員到底是「表演者」還是「工作者」？

禮賓人員到底是「主角」還是「配角」？

這個問題就必須談到當前禮賓工作人員的角色迷思了。

由於近十年來許多的典禮、會議、開幕儀式等等的公開活動場合，流行聘請所謂的「禮儀小姐」到場「站台」，如果有媒體到場，往往會將鎂光燈的焦點放在這些衣著別緻、面貌姣好，甚至身材玲瓏有致的外表印象，另外再加以強調：她們的評選是多麼的嚴格，還要加上優雅的談吐以及良好的外語能力，甚至臨時會被要求走走台步，把「禮儀小姐」當成了「走秀模特兒」！實際上，這兩者根本是兩種截然不同的工作性質與型態，角色完全混淆，經過媒體多年不斷的報導，久而久之就成了一般社會大眾的「刻板印象」。其實她們主要的工作與功能，就是貴賓的**現場**

接待。重點在於，除了活動辦理的人員之外，站在第一線接待賓客的「接待工作」，是動態的、是活用與隨機應變的，充其量就是「工作」，絕對不是**「作秀表演」**！

從長期的觀察來看，「禮賓工作」逐漸受到重視與強調人員的培訓，這也是最近幾年的事情，而且逐漸蔚為風潮，同時也在大學校園中逐漸流行，但是因為禮賓事務與工作是突然間「紅」了起來，相對應的觀念卻不太健全，以至於培訓師資與工作人員的想法與心態也多未釐清，對於此工作的看法與角色到底是什麼，恐怕還是一片模糊，想當然耳，跟隨媒體所傳播與營造出來錯誤的刻板印象，也就不足為奇了。

總之，本書必須強調：

「禮賓」就是「工作」，不是表演！

「禮賓人員」是最佳的男女配角，但可不能成為主角！

參、
禮賓接待工作人員
的基本工作儀態

根據美國心理學家Albert Mehrabian的研究[1]中指出，在一定的環境與特定的情況之下的實驗結果，有所謂的「7-38-55規則」（7%-38%-55% Rule），也就是在人際溝通中，就個人所論及對某人的總體喜好程度，是由7%的「言詞內容」（Verbal Liking），加上38%「聲音等說話方式」（Vocal Liking），再加上55%的「外表印象」（Facial Liking）所構成的。如果從這個研究來看，禮賓工作人員對於外表的「形象管理」，就要比其他職場人士還更為強調，在本書第貳篇已經討論過「形象塑造與管理」等等的「靜態禮儀」，本篇就要更進一步的談到舉手投足、站坐行進等等的姿態與肢體動作，究竟是如何的規範，才符合禮賓工作上的禮儀要求。

一、培養正確儀態的觀念

之前已經對於禮賓人員的「角色」做了一個清楚的定位，就是「工作人員」，因此，對於禮賓工作的工作者，特別是站在第一線接待賓客的工作人員來說，正確姿態的重要性不亞於適當的裝扮，同樣也是要符合「一致性」與「齊一性」的要求。

迷思：禮賓工作人員都要學習「美姿美儀」嗎？

答案：禮賓人員是工作取向，應該學習「正姿正儀」！

什麼是「美姿美儀」？

「美姿美儀」是較為偏向個人社交或工作場合動態禮儀的訓練，屬於個人的形象建立，例如：基本站姿、坐姿、走姿、半轉練習等等。如果是屬於舞台走秀型態的工作人員，例如：服裝模特兒，還必須接受手插腰等等的台步練習、全轉練習、半轉練

1 Mehrabian ,A.（1981） "Silent messages: Implicit communication of emotions and attitudes.Belmont".

習、跨轉、連續轉練習、音樂節奏感配合練習、兩人搭配走法以及舞台變化走法等等。甚至還要講究外套、大衣、披風、圍巾之類服飾搭配的穿、脫、披走法訓練。所以，基本上「美姿美儀」用於相關專業人員的身上，較屬於在「舞台」或「伸展台」上具有表演性質的工作，其本身就是眾人的注目焦點，強調的是「個人風格」與「多樣風情」。

　　什麼是「**正姿正儀**」？

　　對於公商務活動的禮賓工作人員來說，本身並不是主角，也不需要受到眾人的矚目，對於「臉部表情」與「肢體動作」而言，必須注意「一致性」與「合宜性」，不是在強調個人的「嫵媚」、「性感」、「浪漫」、「俊帥」等等的個別外表特質，而是透過一致的立姿、手勢、行進，表達出禮賓團隊的「紀律性」，以及帶給對方的「尊榮感」為目標。因此，對於相關工作人員的儀態訓練，便是以「端正姿勢」與「矯正儀態」為基本訓練要求，要讓接待人員顯出「團隊精神」、符合活動主題的「氣質」，這就是站在第一線禮賓人員所要學習與嚴加訓練的「正姿正儀」！

　　以下就談談成為一個合格的男女禮賓人員，在肢體動作與儀態訓練上，有哪一些基本訓練。

二、 基本練習

正姿正儀的基本功，便是矯正個人不良的姿勢，一般而言有以下三種基本的練習：

（一）並腿練習

常用於立正姿勢中，用書本夾於兩腿膝蓋之中並且夾緊，用於矯正站立時兩腿的姿勢，使得兩腿習慣於站直併攏，除非是天生較為嚴重的「O型腿」（這時只能藉由腳掌「丁」字站法克服），否則是可以藉由這項練習養成站立時兩腿靠緊的優雅姿勢：

並腿練習

（二）靠牆練習

　　靠牆練習主要是為了矯正錯誤的站姿，一般人在平常的站立姿勢中，常常不會察覺到自己其實是凸腹或者是駝背，不正確的站姿不僅不美觀，甚至會加重肌肉與骨骼的負擔，因而造成一些健康的問題。

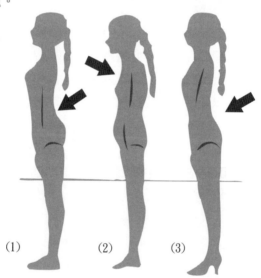

（1）　　　　（2）　　　　（3）

圖（2）「駝背凸腹」不正確的站姿

圖（1）（3）時的正確站姿：挺胸與縮腹

　　這項練習是藉由牆壁的垂直線，來導正站立時的身線。這項練習的要點，是要求所謂的「**3服貼**」：就是身體後方的3個與牆壁的接觸點：「**背**」、「**臀**」與「**小腿腹**」都能接觸到牆壁，這項練習是要求身型「**垂直線**」的正確，藉由長久練習而能夠成為站立時的習慣，自然而然就能形成「端正挺拔」的站姿，在工作上也能顯出朝氣與奕奕的神采。

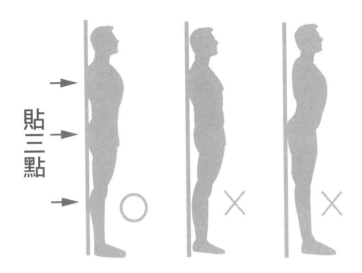

貼三點

上圖左方為正確站姿，中間圖示為腹部凸起姿勢，右方翹臀凸胸，都不是正確的站姿。

（三）頂書練習

頂書練習的目的是為了矯正不適當的頭部角度，以及培養頭部保持水平的習慣，頭部正確姿態的重要性，在於將顯現出一個人的「內心態度」。譬如說，頭部或是眼睛視線的水平線，如果角度太高，就變成了「用下巴看人」，會令人感覺「高傲」！相反的，如果視線太低，就會讓人感覺是在「看地板」，讓他人感覺「缺乏自信」、「生疏」、「膽怯」，或不敢與人接觸的感覺，這兩種不正確的頭部姿勢往往造成他人的誤解，在禮賓工作中更是必須避免的禁忌！只有正確水平的頭部姿勢，配合上文所談到的「靠牆練習」（或稱「貼壁練習」，用以培養正確的身型垂直線），而使他人感到自己「正視」對方，讓人覺得受到尊重，也代表著禮賓工作人員的自信與展現明亮的眼神。

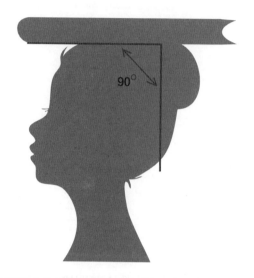

　　除了站著演練「頂書練習」之外，也可以搭配走動式的頂書練習，更可以養成走路時抬頭挺胸的正確儀態與自信氣勢。在實際的練習中，請挑選適當重量的書本，書本也不要太過薄軟而易於滑動，這樣是不利於練習的。當您練習一段時間，能大致掌握儀態上的技巧之後，也不要忘記臉上要帶有笑容！

三、站姿

　　當對於「並腿」、「靠牆」與「頂書」不斷的練習之後，掌握了身體姿態各別的技巧，就必須開始要求整體儀態的正確與美觀，而且，如果有可能的話，整個團隊的工作人員也可以一起訓練、要求、觀摩與矯正，更能收到事半功倍的效果，這樣便形成了整體的儀態美觀，這就是「**正姿正儀**」訓練在團隊工作上的重要性。

女性禮賓工作人員的標準站姿

（一）頭部動作

　　除了藉由「頂書練習」保持頭部與視線的**水平線**之外，如果從正面看，頭部也不要左偏或右偏，訓練時如果發現這種現象就必須協助導正。此外，很重要的是，臉部表情也要保持微笑，因此禮賓工作人員在執行工作之前要有充分的休息與充足的睡眠，如此微笑才會顯得「自然」，而不是硬擠出的笑容。曾有許多團體或單位對於站在第一線「禮儀小姐」的笑容訓練，是採取「咬筷子」的訓練方法，目的是要求工作人員露出6顆到8顆的牙齒，這種訓練在中國大陸尤甚，但是本書並不強調利用這種方法訓練笑容，畢竟每個人的臉部表情還是有其獨特性，要求一致的「嘴型」的結果，便是讓人覺得僵硬而不自然，請記得：「**自然**」就是禮賓工作的首要重點，也是禮儀工作的內涵，如果讓其他人感覺不到主辦單位或工作人員的誠意，徒具禮儀的形式也是枉然。總之，每個人的微笑適可與自然就好，例如，有人有著可愛的酒窩，露出淺淺的微笑就很迷人了，不是嗎？

（二）上身姿態

依照「靠牆練習」訓練體態的標準垂直線，從正面觀察，上身也不要左右傾斜或聳肩，雙臂自然下垂或雙手互握即可。常常在訓練時會有肌肉緊張的狀態，這是很常有的現象，不妨藉由數次的深呼吸，可以有效舒緩緊張的情緒，並且放鬆僵硬的身體肌肉與方便調整姿勢。

（三）手部動作

對於女性工作人員來說，在採取立姿時的手部動作，原則上必須視場合而定，如果是擔任正式典禮上的「禮儀小姐」，儀式性相對較高，這時所有人員統一的動作，雙手手掌於腹部之前交疊，高低位置可置於「肚臍」上方，此時很明顯的手肘部份**較為弓起**，整體儀態讓人倍覺身處在正式的典禮之中（如下圖）。

正式典禮中：手掌置於較上方

但是，如果是身處於賓客接待處的工作人員，或者是一般會議與公商務迎接的場合中，等候中的禮賓人員手部動作就不需要如此的「誇張」，可以採取較為自然的手部姿勢，雙手交疊的位置，可約略置於「肚臍」**下方**（如下圖），這時手肘也不會過度「弓起」而讓人覺得不自然。至於哪一隻手的手掌放在前面？其實並沒有硬性規定，重點是在團隊工作中，所有列隊人員都統一律定即可。別忘了，姿勢、位置與動作符合「一致性」與「齊一性」就是美觀！

一般接待禮賓場合：手掌置於較下方

　　如果對於男性禮賓工作人員來說，就不需要與女性工作人員一樣的姿勢要求，而在所有禮賓場合的站立姿勢，僅採取「**雙手前握式**」（下節將會詳述），手部的動作與位置，應統一置於約略為個人肚臍的下方，團隊工作時也可統一律定手掌交疊或手指彎曲微握，以顯出男性工作人員的挺拔氣質為佳。

（四）腿部姿態

　　關於站立時的腿部姿態，男女工作人員彼此必須採取不同的方式。對於男性工作人員，站立時兩腿分開，兩腳腳跟距離約30公分即可，並不強調要所謂的「與肩同寬」，一來因為每個人的肩寬不同，而且與肩同寬的話，實際上也會「過寬」，工作人員站立時會讓人覺得像「保鏢」、「隨扈」、「警衛」等等的感覺，對工作形象的建立上，會對他人會造成錯誤的感覺與認知，而產生負面的影響。

　　對於女性工作人員的腿部姿態，除了可像男性雙足並立之外（兩腳跟之間距離必須更小，甚至可以相互靠攏），也可以採取所謂腳部的「**丁字站法**」，也就是左腳在前而右腳居後，左腳腳跟位於右腳足弓部的位置，如此更可以突顯女性工作人員的優雅姿勢，如果有些微的 「O型腿」，也可藉由這種站法修飾雙腿關節無法併攏且相互接觸的缺點。請注意，「丁字站法」僅適用於女性，男性工作人員可不適用，畢竟這是屬於較為女性化的站法。

女性工作人員的「丁字站法」作

四、靜態迎賓動作

（一）立姿：等候時姿態

在第一線的禮賓工作中，工作人員的等候動作包括以下圖示：

1、雙手前握式（男女通用）：

請注意，在一般禮賓接待場合，雙手手掌置於約為肚臍之下方。

2、單手後背式（男性專用）：

僅限於男性禮賓人員的等候立姿，不論是下圖所示範的「左背右垂」式還是「右背左垂」式，只要是站在同一排，動作律定一致即可，同時也要看站立時的「方向」，原則上是以「下擺（下垂）的手臂」靠近會場入口者為準，因為當賓客蒞臨時，放下的手臂可以立即指向引導，同一排人員採同一動作，就顯出紀律性與氣勢的美感。

「左背右垂」式　　　　「右背左垂」式

3、雙手後背式（男性專用）

　　這也是較適合於男性禮賓人員的等候立姿，但是這種站姿的缺點，會讓人感覺嚴肅，類似「站崗」的感覺。

（二）賓客蒞臨時動作

1、雙手直立式（即立正姿勢，男女通用）：

　　當迎接的賓客蒞臨時，禮賓工作人員須成立正姿勢，隨即待賓客在面前時決定下一步的動作（例如鞠躬或握手）。

2、鞠躬（男女通用）：

　　如果對賓客採「鞠躬」的姿勢，則雙手在前互握，角度由側面觀察，約與垂直線成30度即可，角度不需要過大（如下圖所示）。請注意眼光要看著對方，並且保持笑容。

15-30度

3、握手禮（男女通用）：

　　如果賓客「主動」伸出手，禮賓接待人員也可伸手回禮。握手的力道，雖不用重握但紮實有力，不要只輕握手指部分或讓人感覺無力，這會讓對方感受不到你的誠意，當然，也不要左搖右晃。在握完手之後，禮賓人員要隨即接著「引導」的動作。

（三）引導姿式

　　這裡所示範的引導姿勢，仍是屬於「定點」指引方向性質的「靜態引導」，常用於活動會場入口，以及賓客動線上「轉折處」站點人員的引導姿勢。

曲臂式（女性人員專用）：

　　女性禮賓人員在定點指引方向時，多使用此一姿勢。不論是伸出左手還是右手指引，手臂彎曲不需打直，也顯出女性工作人員的柔性氣質。

雙手曲臂式（男女通用）：

雙手皆使用指向，動作也不需過大，就可以使用「雙手曲臂式」。

直臂式（男女通用）：

此姿勢最常用於男性，指向的手臂約略打直，男性的動作可以顯得帥氣。但如果女性要指出較遠的地點，也可採用「直臂式」，並且配合眼光投射處以及加以說明，賓客會更能瞭解。

雙臂開展式（單人迎接）：

　　不論是在活動場合或是一般公司單位的賓客迎接，也可能是單獨一位工作人員迎賓，當賓客到場時就可以張開雙臂迎接，表達出歡迎之意。

五、走動引導

如果必須帶領賓客到達會場或指定座位，便是「**動態引導**」。

（一）帶位引導

1、神情與體態：

接待時注意力必須集中，展現笑容與良好的精神狀態，體態挺直，行走步伐踏實有力，步幅也要適當，至於行進節奏就要配合賓客走路的速度。此外，在行進引導時在前方為之引領方向，不要一面走路還一面向賓客**彎腰鞠躬**引導方向，這是不合宜的舉動。

2、引導賓客適當的位置與距離：

對於與客人的距離問題，應該要根據引導賓客的人數而定，如果賓客人數較少，距離可拉近一些；如果是屬於團體，距離可拉遠一點，重點在於能讓所有人都能看到你的指引為佳。引導時以手掌併攏傾斜45度，手臂向前，指示前進方向，保持微笑並且同時說：「〇先生（小姐），這邊請」，如果遇有轉彎處，可以放慢腳步，並告知來賓：「這裡請右轉」、「請往這邊」，遇階梯或地面障礙也要適時提醒。假如賓客只有一位，行進間距離保持約2公尺左右即可，如果超過此距離就顯得疏遠，但過於接近，賓客也會覺得不自在，而且當你方向改變時，客人也會來不及反應。如果3位左右呢？一般地位高者會在最前面，你就以「最尊者」為考量就可以了。對於接待引導禮儀而言，引導人員應開走在客人的**左前方**，為什麼？因為接待人員通常指引與帶領方向時，一般都慣用右手的引導手勢，只有在賓客的左前方，客人才能清楚看到你的右手指引動作。那麼，可以跟賓客聊上幾句

嗎？如果到會客室或會場座位的距離還遠，除了「寒暄」一番與表達歡迎之意外，那就要看你是否與賓客熟識，如果曾經接觸過，淺聊兩句或許賓客會覺得親切；如果不是，那就寧願微笑以對，加上手勢指引就好，因為不合宜的對話，言多必失，反而會造成彼此的尷尬。

（二）上下樓梯與進出電梯引導

在動態的走動引導時，常會有上下樓的機會，對於禮賓工作人員在樓梯間的引導動作與方法是：當引導客人上樓時，應該讓客人走在前面，接待人員走在後面，若是下樓時，應該由接待人員走在前面，客人在後面，這是基於安全的理由。如果回到平地時，再恢復在賓客前方引導的位置。

對於進出升降電梯的引導方法：當引導客人乘坐電梯時，接待人員應先行按鈕，並請賓客稍待，電梯開門時請賓客先行進入，接待人員再行入內，按下樓層按鈕後再行關閉電梯門，電梯上下運行中人員都一致面向電梯門，到達所在樓層時，接待人員按住「開啟」按鈕，請賓客先行走出電梯，接待人員立即跟上恢復在前引導的位置。

（三）貴賓報到處接待儀態與工作實務

在各項活動場合中，通常都會設置「貴賓報到處」、「與會人員簽到處」或者是「接待檯」，在接待檯的工作人員，也是屬於動態迎賓性質的工作人員。

在貴賓報到處有時會擺放簽名檯，並且備有簽字筆和貴賓簽到簿，向客人遞上簽字筆時，應先拿下筆套，將筆雙手遞上並且把筆尖朝向自己。隨後另外一位工作人員為賓客配戴貴賓證（出席證）甚至別上胸花，這項動作也必須事先練習熟練，實務上常常

見到工作人員因為賓客到場的尖峰時刻忙碌而緊張慌亂，在為賓客配戴貴賓證時也導致生疏遲緩，因而影響工作速度，甚至造成別針扎手的意外發生，在貴賓證設計使用的實務上，建議採用夾式貴賓證，一來避免刺傷手的意外，二來配證的速度也比較快，近年來舉辦國際大型會議與活動，不論是出席貴賓或是工作人員，多已採用設計與印刷精美「項掛式」的配證，也可作為舉辦活動人員與單位的參考。

此外，禮賓接待人員如需發放資料文件等物品，應該禮貌地用雙手遞上。接待處人員應隨時向主管彙報到場人數，以掌握現場賓客狀況。

當賓客簽到後，配戴貴賓證完畢，接待人員隨後就引導賓客進入會場就座，而首席貴賓（VIP）應由主辦單位相當層級以上的人員迎接，再引導進入會場，甚至先到休息室稍待，等到活動開始時再入場上臺或者就座。

在會議或者是活動開始前後，對於賓客提出的問題，回答要有耐心，並且儘量簡單扼要，如果可能的話，儘量滿足賓客的各項要求，全力提供周到的服務。畢竟，居於第一線的禮賓接待人員，是塑造良好公司或單位形象的窗口，在表現體貼熱誠的接待服務禮儀之後，不單是呈現個人與團體的神采與氣質，同時也為主辦單位及公司建立起優良的公眾形象。

（四） 禮賓工作人員姿態禁忌

作為活動專案現場擔任第一線接待的禮賓工作人員，有一些不恰當甚至是工作的禁忌，不管是否無心或者是下意識的動作，千萬不要出現這些毛病，禮賓工作現場的主管人員也必須適時加以提醒甚至糾正：

1、等候賓客時不要雙手抱胸：

這樣不但不雅觀，在身體語言的解讀上，還透露出一種「拒人於外」的負面意涵。

2、雙手叉腰：意同雙手抱胸，姿態也不美觀。

3、站立等候時雙腳重心成「三七步」：

這種毛病常出現在一段長時間工作之後，因為腳酸疲勞而顯出疲態，身體重心移至後方，也常常伴隨著彎腰駝背的毛病出現。

4、不由自主的打哈欠：

多因工作前缺乏充足的睡眠與休息，而導致哈欠連連，因此足夠休息對禮賓工作而言，是非常重要的。如果偶有打哈欠的情況，也必須馬上用手遮掩，不要有肆無忌憚張口打哈欠的情況發生，這對於賓客不但不禮貌，對整體工作團隊形象也是一大傷害。

5、工作進行中切勿談笑：

如果已經就預定迎賓位置，就必須進入工作的情緒與狀態，不可因為還沒有賓客到場或是賓客稀少，就放鬆心情相互聊天以及竊竊私語，甚至說到高興處還高聲談笑，對於這項毛病來說，作者在實務工作中，觀察到許多場合的禮賓工作人員常犯這種錯誤，千萬要避免。

6、現場不要隨意修飾容貌與化妝：

就定位時就必須是最佳狀態，如果有需要重新補妝或修飾儀容的必要，就請暫時離開迎賓崗位，到工作間或洗手間整裝之後，再儘速回到工作的位置。

7、遞收文件與物品，以雙手奉上：

雙手奉上物品是對賓客基本的工作禮儀，請記得這個最起碼的工作儀態與習慣。

8、引導賓客指向要使用「手掌」，手指緊貼切勿張開，掌心向上，切勿只用食指比出方向，更禁止使用手指指向特定的人。

肆、
禮賓工作人員面面觀

一、 禮賓工作人員的種類

您知道所謂的「禮賓工作人員」，可以分成哪一些種類嗎？在一般的公商務職場中，只要是把相關的「禮儀知識」與「禮儀能力」實際運用在工作上的，便可以稱作是廣義的「禮賓工作」。

因此，我們可以說：

「禮儀」，是「知識學能」。

「禮賓」，是「實務運用」。

再進一步說明：

「禮儀」，是「人際關係」的潤滑劑（基本素養）

「禮賓」，是「職場工作」的黏著劑（實務工作）

因此，在職場上懂得將公商務禮儀知識與相關技巧運用在工作中的人士，都可以稱得上是「禮賓人員」，也許您只是「臨時客串」迎賓接待工作，或者是在業務上偶爾會運用到這一些禮賓技巧，就是屬於「廣義」的禮賓工作人員；假使，您是服務於「公關」、「禮賓」、「交際」或是「客服」部門，或者擔任主管秘書或為機要幕僚者，您就可以稱得上是「嚴謹定義」上的禮賓工作人員，所以說「禮賓工作」在現代公商務職場上無所不在！因此學習相關的「禮賓工作技巧」，是現代商務人士所必須具備的能力之一。

如果我們再把職場上「禮賓工作人員」大致區分，而且採取比較嚴謹而且狹義的分類，那麼可以從常見的公商務場合中，將相關的**禮儀專業**工作大致分為：

1、一般接待事務人員。

2、禮儀小姐。

3、參觀導覽人員。

4、主持人與司儀。

5、活動專案經理人。

二、禮賓工作人員的定位

我們可以想像一下，如果拜訪某一公司或單位，通常一開始所接觸到的，就是出面接待的人員，團體單位給他人的第一印象，往往就從接待人員開始。所以，我們常說，「禮賓人員」就是公司或單位的門面，禮賓人員的定位與自我期許，就是「半個主人」，您說接待人員重不重要呢？

如果從上一節分類所提到的禮賓專業工作，依照所具備的知識、能力與歷練，其實彼此之間還有階層之分，這就形成了「**禮儀工作金字塔**」：

禮儀工作金字塔

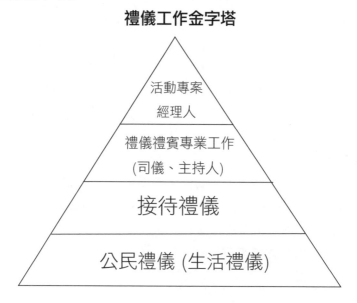

（1） 禮儀工作金字塔

　　如上圖所示，一般社會大眾如果要成為具有道德與優良素養的公民，就要從小學習「生活禮儀」（也可稱之為「公民禮儀」），內容包括「衣、食、住、行、育、樂」等等的生活面向，充分學習尊重他人與遵守「公眾生活規範」，敬人也受人尊重。「禮儀」其實不一定要冠上「國際」兩個字，就算是在國內的公共生活圈之中，「公民禮儀」就是基本的知識與規範。

　　再往上一階層來看，如果進入職場工作，奠基於一般「生活禮儀」之上的能力，便是要學習「社交禮儀」與職場上的「公商務禮儀」，例如：職場形象塑造、儀容穿著禮儀、稱謂禮儀、介紹禮儀、名片禮儀、交通行進禮儀、電話禮儀、文書禮儀、會議禮儀、餐宴禮儀、餽贈禮儀、公務拜訪禮儀、面試禮儀，再加上人際關係與商業倫理及修養，把這些知能實際投入在工作之中，便成為了實務上的「接待禮儀」，這也是一般行政事務人員所必備的能力。

　　假如，您對於更深入與專精的禮儀工作有興趣，那麼便可再上一層樓，學習相關專業知能與能力，在會議、典禮或其他公開場合中擔任神采奕奕、氣質非凡的「主持人」或者是「司儀」工作，而這些更為專精的禮儀工作，就必須具有特殊的「人格特質」與相關的「口語訓練」，甚至還需要具備籌辦活動的豐富經驗，相當具有挑戰性。

　　而居於「金字塔」頂層的「活動專案經理人」，就「專案管理」的角度來看，就是主辦公商務專案活動的「承辦人員」或「主辦團隊」，是屬於活動辦理的靈魂與主控大腦，整場活動的「達成效益」、「活動風格走向」、「組織建立」、「人員分工」、「時間掌控與管理」等等項目，都能在他（他們）的掌握

之下，或許「專案」可大可小，但是擔任「活動專案經理人」就必須全盤掌控活動的進行，而相關對外的「禮賓工作事務」，也是他們所要規劃的項目之一。換句話說，「活動專案經理人」的職能面向與所處理的事務方向，較「禮賓工作」更為深廣，是屬於更高階的禮賓工作與禮儀事務的主管人員。

（2）禮賓工作光譜

先從一般社會大眾的認知與成見上來看，大部分的人對於所謂「禮賓人員」或「接待人員」，印象上是不是還停留在穿著改良式旗袍的「禮儀小姐」，而工作大多流於「定點」迎接，也就是常在會場入口或接待檯一字排開，整齊畫一、手勢與表情一致，而不是更進一步、更深入需要專業知識能力的「禮賓專案工作人員」，兩者之間其實是存在著很大的差異，而後者如果是在國家外交界工作，就是所謂的「國家禮賓官」，在世界各國政府及外交界的地位不低，就是主司國家典禮或禮儀的官員；而在中國歷史上，南北朝時就有這項「禮官」制度的設置，掌管皇室典禮的規劃與進行，維持皇家與王朝的威嚴及尊榮。

如果單就禮儀事務而言，相關的專業人士又可以橫向歸納，在現代禮賓工作的面向上，本書認為存在著一條光譜，圖示的原則為：**左易右難、左簡右繁、左低右高。**

如下圖所示：

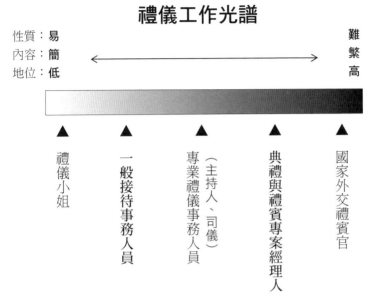

我們將此圖再對照上面所提到的「禮儀工作金字塔」，就可以大致瞭解相關禮賓工作人員的角色與面向了。

三、一般接待事務人員

我們常常提到「禮賓人員」，心中想到的總是一些特定的工作與行業，例如：公關工作、外交人員、活動籌辦等等的從業人員。作者曾經在一個場合中，觀察到一個現象，才驚覺一個更應該讓各行各業、政府機關或是民營機構值得正視的問題：

有天作者所服務的單位，出借場地給政府某個委員會做為召開大會之用，因為本辦公室也支援一位同事來幫忙協助接待賓客，個人基於督導之責，也出現在入口巡視一下狀況，發現所有的引導動線中的工作人員，只有我們單位支援的同仁是西裝筆挺，其餘某委員會前來支援工作的接待人員（全都是小姐們），

服裝隨性到令人驚訝的程度！心想：在這麼正式的場合之中，為何這些擔任臨時禮賓工作人員的服裝居然是如此的「輕鬆」與「休閒」：有人穿涼鞋、有人著蓬蓬裙裝著與黑色半統襪；有位小姐下半身裙著裝絲襪高跟鞋，終於找到一位符合我心目中穿著的最低標準了……但是往上一看，上身穿的，是一件可愛大頭狗圖案的T恤！而後面轉角站在定點的一位小姐，肩上背著自己的名牌提包為賓客指引方向……。對於長年所受禮賓訓練與累積相當經驗的作者來說，真是令人覺得匪夷所思而瞠目結舌！至少在個人十多年的工作記憶裡，是從來不曾有的景象。當然，這是別人處理的「場子」，也沒有作者本人有所置喙的餘地，只是剛好有了一個難得的機會去思考：一般人是怎麼看待「接待賓客」的工作與「禮賓人員」的角色？

目前國內各大學院校已經紛紛成立相關「禮賓親善」性質的社團，都可以視為將來在社會職場上「禮賓人員」的預備人才。但是，在一般的公司行號與政府機關之中，如果沒有相關的公關科室與人員，難道平常業務的往來、乃至於國際性質的接觸與交往，有許多的工作是牽涉到「公關禮儀」與「禮賓實務」工作，那麼，都是由誰來擔任呢？當然，撇開大型的會議、宴會等等專案，外包給專業的公關公司或會議公司承包辦理不談，如果您的公司或單位並沒有「外包」的財力與能力，勢必相關賓客接待的工作，一定是由公司內的員工來擔任，這便是標題所稱的「**臨時編組的禮賓人員**」。接下來，我們不禁要問：公司企業、政府單位甚至是一些非政府組織（NGO），怎麼看待「接待賓客」的事務，又怎麼樣培養「禮賓」知能以擔任相關的工作？我們先來來揣度一般公司與單位主事者的心態：

「只不過接接人、送送客而已嘛～沒什麼大不了的……」

「嗯～我們部門有派人過去支援指引大會的動線啊！只要客人不要走錯地方就好了……」

「公司指希望我們員工加強專業知識就好，其他不關我們的事……」

「我從不知道公關禮賓工作也是一項專業技能，從我出社會工作到現在也沒有人教過我……」

以上的對話，都是作者親身所聽到的，印證之前的實際例子，就可以知道一般單位多不注重「公務禮儀」乃至於「禮賓工作」，到底是「無知」還是「忽視」？恐怕只有主事單位的主管人員才清楚，而為何指陳是單位的「主事者」須負起責任，因為主管如果認為「禮賓接待」是一件慎重的事，代表著主辦單位對會議的「謹慎」，以及對於出席人員的「尊重」，就絕對會要求現場接待人員的「服裝」，還會指點現場工作的「技巧」，也不會出現作者所遇到的現象，相信這應該是冰山的一角，或許在國內的許多場合之中，類似如此的案例層出不窮，也許很多人不以為意，因為大家都是一樣的心態來看待這樣的工作，產生上面的對話，也就不足為奇了！

在「國際化」的趨勢之下，國內各行各業的從業人員，對於與國外人士的接觸勢必愈來愈頻繁，不論是接待國外賓客，甚至是到國外參加會議等等的場合，國際間公商務人士對於「禮賓事務」嚴謹的程度，還有對於「禮儀工作」的豐富涵養，國內恐怕還差國際一大截，而且，這些人士並非全都是從事所謂的「禮賓」專業工作。其實，所觀察到的是，國內企業主與公部門單位主管，一貫的態度都是過於強調「部門專業」、「專案研究」等等的範圍，而對於具有「程序性」、「儀式性」與「過程性」的「禮儀」與「禮賓」事務，就顯得相當的漠不關心甚至是毫無興

趣，總覺得這些不是解決事情的「根本」，完完全全是「枝微末節」的事務，殊不知「禮賓」工作就是**搭橋**的工作，業務要到達成功的彼岸，你可以精力充沛，用「游」的過去，但是又何必浪起浮沈，用走的不是比較快嗎？條條大路通羅馬，「禮賓」工作就是「**鋪路**」的工作，與其沿路顛陂，走條坦途不是比較好嗎？

其實不只是國際間如此重視禮賓事務，甚至連中國大陸公商各階層都已急起直追，對於「禮儀禮賓」的重視以及員工的訓練，也絲毫不馬虎。也發現在中國大陸出版有關於「國際禮儀」與「禮賓工作」的專業書籍，可以用「汗牛充棟」來形容，或許內容與素質有所差異，但是對於「一般員工」的在職訓練而言，「禮儀禮賓」也成為其中的一項課程，值得我們深思。

以下是本書的建議與思考的要點：

1、對於賓客接待的禮儀，亦即所謂「禮賓工作」，不可等閒視之，因為某位賓客的不滿或是不悅，不見得會當場表現出來或者事後抱怨，然而卻是放在心中，因而影響了某些層面的決定，或者可能造成了一些負面影響，而這些卻是當主人或者是主辦單位所永遠不知道的問題所在。

2、設身處地的站在賓客的立場想想：我受到尊重了嗎？

3、賓客所見到的「接待人員」的整體印象，就成了所屬單位的「整體形象」。

4、「公商務禮儀」與「禮賓工作技能」，都是現代職場上所必備的工作知能，是每個商務人士都要學習的。

5、你的公司曾經提供這方面知識與技能的學習機會嗎？

6、學習「禮儀」與「禮賓」，要從主管做起。管理階層有了正確的認知、正面態度與深刻的體會，才會對所屬員工有所要求與加強訓練。

所以，就算是「臨時編組」的禮賓人員，也要建立起正確的態度，學習與充實相關的「禮儀工作」技巧，相信你也可以表現的很出色，為自己的單位塑造出正面的形象！

以下就談談在一般的商務場合之中，一般事務人員如何正確的接待賓客：

（1） 引導入座的禮儀實務

當賓客到達時，應先引導到貴賓室就座休息並且奉上茶水，再立刻通報主管或負責人會面。在雙方見面之前，秘書人員應先將來賓的「基本資料」、「來訪目的」以及「談話相關參考資料」提供主人（或是主管）參閱，以便雙方在見面時能立刻進入狀況。

（2） 賓客到訪時正確的應對進退

將訪客引導給受訪者之後，先退後一步再轉身離去，再隨手輕輕關上門。如果訪客提早到達，應該請賓客在休息室或會客室稍坐一下，並可拿出報紙、雜誌，或者是公司的出版品請賓客閱覽。

（3） 奉茶禮儀

當賓客來訪並且就座後，隨之就應立刻奉茶，上茶的人可以是接待人員親自服務，或者是專門奉茶的人來服務。如果飲品可供選擇，可以先請教客人的喜好，看是喝茶或咖啡等等的飲料。

如果備有茶點招待，就應該事先擺好，或者是點心端出之後再行上茶，記得飲品溫度應該適當，茶水不要過冷或太燙，而且倒約8分滿即可。當端上茶杯時，需襯以托盤端出，如果茶杯或咖啡杯有拿柄，那麼拿柄的方向應朝向客人的右手方，以方便賓客取用，如此也能表現出接待人員的體貼與細心。此外，如果現場賓客坐定後才一一奉茶，上茶的次序應該秉持「**先賓後主**」，以及位階「**先高後低**」的原則奉上，如此才符合接待的禮儀。

（4）送客禮儀

　　當賓主雙方即將展開會談後，不論是正式晤談還是私下會面，接待人員都不需停留在場地之內。當會談結束之後，禮賓接待人員也要立即隨同主人做歡送的動作，依照主賓與主客之間位階的高低，看是主人送到會客室正門即可，還是送位階較高的賓客到公司正大門也好，負責接待的工作人員都要隨同引導與協助。如果賓客步行離開，禮賓人員送至公司正大門後，也不能立即轉身就走，因為這是很不禮貌的舉動，應該以眼睛目送對方，保持笑容頷首或揮手道別，直到客人離開視線為止。

　　假設是送客人上下車，此時就有些必須注意的事項：

　　（1）如果賓客有司機為其開車，那麼司機就有為賓客開車門的職責與義務，在正式場合中，禮賓人員並沒有為賓客開關車門的義務，而為客人提行李或物品也不恰當，因為一些屬於私人的隨身物品，尤其國外賓客不見得願意讓他人代勞，就算在大飯店搬運行李物品的也是行李員（porter）的工作，國內人士常常不清楚這種小細節，更不知道各種身份所應該要有的份際為何，特別是在外交場合接待國外貴賓時，如果禮賓官員為人開關車門而成了「司門」，這便是自貶了身份了。當然，禮儀工作是

隨機應變的，如果來賓是身障者，或者是賓客攜帶的物品太重或太多，實在是騰不出手來，協助他上下車時開關車門也是人之常情，這時只是純粹幫忙而無關乎地位與禮儀，不須太過於拘泥。此外，如果在一般的場合中，我方多位人員陪送賓客到大門上車，為求迅速起見，也可由低階人員開關車門，這也是權宜措施，主人或高階迎接人員不需要過於殷勤而親自為之，除非接送的是自己的長輩或師長，彼此有著特殊的關係或私人情誼才能如此。

（2）如果賓客是搭乘計程車，禮賓人員可以「協助」開關車門，以及基於「安全」的理由以手掌護住賓客頭部幫忙上下車。

四、禮儀小姐

在談「禮儀小姐」之前，我們先看看相關新聞的報導節錄：「北京奧運帆船賽在青島舉辦，為了迎接這次盛大的比賽，特地從1000多名報名者當中，選出25位擔任奧運禮儀小姐負責頒獎典禮。想要當禮儀小姐除了要具有黃金比例的臉蛋和身材外，練習走路要頂書本在頭上訓練，平常還得咬筷子練習笑容，而且只能露出6到8顆牙齒，平均年紀只有20歲，要上禮儀課、芭蕾課，還有舞蹈表演課。為了讓大家一張嘴就能露出6到8顆牙齒，一開始的時候，會讓大家咬著一顆筷子練習，頭上要頂著一本書，就讓她走路不會上下顛、左右晃，還要要拿紙夾腿保持身姿。她們的身高都在168公分到178公分之間，臉蛋五官小巧精緻，因為想當奧運禮儀小姐，得要有黃金比例的身材、甜美的笑容、專業的服務態度，北京奧運會場上，禮儀小姐將是選手外最令人賞心悅目的焦點……」

中國大陸主辦活動的單位，對於徵選「禮儀小姐」是嚴格出了名，根本就是比照模特兒選拔或是大型選美比賽的標準來要求。至於國內呢？

　　「2008年520總統就職典禮，一改以前由○○大學金釵隊領隊，而改由○○親善服務團負責接待外賓，同學們絲毫不敢馬虎，光是鞠躬一個動作，每天就要練個上百回，連角度都有要求...首先鞠躬只能15度，眼睛要注視對方、對笑容要求：嘴唇微開露出上排10顆牙齒，雙手則擺在正前方，虎口交叉拇指不露出來，最後雙腳併攏，成人字步站立……」

　　美麗的「禮儀小姐」近年來成了矚目的焦點，而所謂「禮儀小姐」，原來指的是剪綵典禮中從旁提供協助的女性工作人員，助剪者多由主辦單位的女性職員著正式服裝擔任此一工作。相關工作演化至今，主辦單位常以多人組成的團隊提供以下的服務工作：

　　1、迎賓：在活動現場負責列隊迎來與送往。

　　2、引導：進行時負責與會貴賓的行進、就位（或就座）與退場。

　　3、服務：為來賓提供飲料茶水、文件資料發送等相關服務。

　　由於近年來「禮儀小姐」選拔的基本條件，都朝向相貌姣好、身材頎長、年輕健康、氣質高雅、音色甜美、反應敏捷、機智靈活、笑容可掬等等的外在條件徵選，有些重要場合甚至必須接待外賓，因此還加上語文能力的評選，幾乎可與近年來所帶動的「名模風」相互比擬。作者多年辦理重大活動時，也數次必須借重大學院校學生的支援，來擔任賓客接待的「禮賓小姐」，而學生的來源多半來自餐旅、觀光、航空等等相關科系的學生，因

為與其所學有關，而且也被視為重要的工作經驗與資歷，因此學校徵選時學生報名相當踴躍，競爭也相當激烈。近年來因為風氣已開，不但是女性願意擔任此一工作，連男性也頗感興趣，因此又產生了「禮儀先生」的工作人員。此外，就人員的訓練來說，梳妝打扮多要求化淡妝、盤髮，穿著統一色彩與同款式的服裝（改良式旗袍或者是套裝制服），並著絲襪與穿黑色高跟鞋，也不佩戴任何首飾，重點在於穿著打扮、甚至連身高也盡可能地整齊劃一。目前國內多所大學院校社團如「親善服務社」、「禮賓大使」就是培訓此等禮儀工作的學習性社團，也有許多機會受邀擔任各個公私機關團體與公司行號活動與典禮的禮賓接待工作。

五、參觀導覽人員

　　在現代的公商務活動中，有時賓客是第一次到訪，被拜訪的公司常常會安排環境或設備的參觀與解說，對於各個產業而言，這正是宣傳單位品牌、行銷公司理念與產品特性的大好機會，也有助於來賓能夠更深入一層認識我方的各項背景與資料，包括歷史、沿革、組織、經營現況、發展目標以及對未來的展望，而這方面活動的安排除了配合簡報工作之外（本書第陸篇將會討論），往往也會搭配實地的參觀；此外，對於政府單位或是非營利組織、基金會等等單位，也每每有展示品、建築物、歷史文物甚至美術藝品對外公開展出。因此，「參觀導覽人員」便成為近年來頗為流行與需求殷切的專業人員，而且，很特別的是，對於政府單位以及相關文化歷史與藝術景點，也有熱心而且不支領薪水的「義工」投入這一項工作。參觀導覽人員的工作型態、特質以及訓練素養，也需要接待來賓的相關技巧，因此，這項工作的從業人員，也可以列入「禮賓工作人員」的行列之中。

就如同上面所提到的，參觀導覽人員也如「一般接待事務人員」一樣，有兼任的（公司單位臨時賦予任務），也有專職專業擔任的（如博物館及美術館解說員），但同樣都需要充實一定的禮儀知識與禮賓技巧。針對「導覽人員」的工作特性，有以下的安排與要求重點：

1、參觀導覽人員的形象管理

　　（1）居於「準主人」的角色：心態與角度都必須以單位為觀點，就如一般的禮賓接待人員一樣，來訪賓客會把對「導覽人員」的印象，投射成公司團體的形象。

　　（2）適用禮賓人員合宜的「靜態禮儀」與「動態禮儀」：以整潔、淡雅的穿著打扮面對訪賓，並且運用笑容表情、聲調與肢體動作，親切、誠懇並且耐心的向賓客解說與進行互動。

2、極為熟悉介紹與解說的內容

　　不論是公司單位內部兼任，或者是臨時的任務交付，還是專職從事固定解說導覽的工作者，導覽解說人員都必須對於解說內容的「人、時、事、地、物」充分瞭解，甚至於詳加背誦而致滾瓜爛熟，對於實際工作才能發揮其專業素養以及流暢的口語表達，這也才能夠成為隨時臨場「隨機應變」、「信手拈來」以及「侃侃而談」的基礎。

3、對於解說對象背景資料要有基本的認識

　　解說導覽訴求的對象就是到訪的來賓，必須根據不同國家、語言、年齡、教育程度來對解說內容作適度的安排與調整，甚至妥善預先規劃參觀行程內容與動線。以下針對不同的解說對象來分析工作技巧：

　　（1）外國人士：除了能夠流利的使用該國語言為之解說外，也必須注意國際間共同遵守的禮儀，避開政治、

宗教與文化差異等等的口語禁忌，肢體動作與行禮方式也須事先瞭解。

（2）年長者：行進間不可過於快速，除了配合賓客步伐外，也要特別注意安全，例如上下樓梯與跨越門檻時，都必須先要提醒，必要時也可以協助攙扶，解說音量也可略為提高。

（3）身障人士：事先探查與規劃適當行進動線，並配合無障礙設施協助導覽工作。

（4）學童：用親切和藹的態度，以及用「孩子們聽得懂的話」、「說故事」的方式來解說，也可贈送小獎品，以有獎問答方式提高學童的注意力與興趣。解說時間不要太久，與年長者一樣，適時安排休息與上廁所的時間。

（5）地方性團體與宗親組織：此時如能安排配合所屬的方言導覽，更能拉近彼此間的距離，而增加親和力。例如接待「全國客屬宗親會」時安排客語導覽人員、接待「海外傳統華僑社團」時，如安排「粵語」導覽，就更能貼近賓客所使用的語言，客人會感受到主辦單位的「用心」與「貼心」。

4、解說導覽的「方式取捨」

參觀導覽人員多半由一人擔綱，而工作人員本身可以建立起專屬於自己的風格，解說時可分為：

（1）「走動式解說」：也就是邊走邊講。

（2）「圍站式解說」：在動線中當到達值得細加講解的景點或物件所在地點時，可以請參觀賓客面對解說人員

成半圓式隊形,向觀眾解說與互動。

（3）「圍坐式解說」：如果動線中有特別的地方,需要花相當多的時間講解,而場地也能讓聽眾坐下聆聽,採取這種方式也能讓賓客都能聽到導覽人員的詳細解說。

5、解說導覽的「內容取捨」與「時間管控」

其實這兩方面是息息相關的,先瞭解有多少時間講解導覽,再據以取捨內容甚至安排動線。更重要的是根據現場導覽的實際情況,如果時間上有餘裕可以多詳細講解,甚至多回答幾個問題。相反的,假如時間不夠用,那麼恐怕只能點到為止了,尤其不要為少數幾位賓客而佔去太多面對所有觀眾的時間,除非他是團體中的主賓或重要的賓客。

6、導覽人員解說的風格建立

解說人員的口語表達,就如站在講台上向聽眾發表演說一樣,也需要一些技巧。在規劃的時間之內,妥善利用寫文章般「起、承、轉、合」的技巧:

「**起**」：簡短歡迎詞與問候、組織單位簡介、緣起與歷史。

「**承**」：開始介紹動線中或簡報中的主要內容。

「**轉**」：例如,面臨時代挑戰與問題解決、反向詢問聽眾想法、觀感與意見。

「**合**」：對未來的展望、短中長期計畫。最後加上感謝詞。

解說風格上的建立與取捨,還是要依據訪賓的特性決定。大致來講,對於社會一般成人民眾採取「敘述式」解說,也就是

簡略並且突顯令人印象深刻之處，以加深對方印象即可。對於高階層等等的專業人士則採取「簡報式」，可加上數據、條列式的方式，講求精確與翔實。此外，對於學生或團體可採取「問答式」或「探索式」的解說技巧，以提高學子們的學習興趣以及增加趣味與互動。

　　近年來各公商團體為了增加對於社會大眾的認識與提昇知名度，進而建立起在社會大眾中的優良形象，不論是對於組織本身或者是辦理各項的活動中，「導覽解說人員」已經成為一種相當專業而且不可或缺的人員。總言之，「導覽與解說人員」是集「知性美感」於一身的專業工作者，一方面具有豐富的專業知識，另一方面更是屬於「禮賓人員」的一份子，任務在於接待前來參訪的賓客，而能使來賓對於自己的單位增加瞭解，以及充實相關的知識。所以，外在形象的建立與相關禮儀訓練，對於導覽人員來說，也是必備的學識與能力之一。

六、活動司儀

　　什麼是「司儀」？本書來下個定義與解釋：

　　所謂司儀者，按照字面的解釋：「**司**」者主導控管、「**儀**」則為禮節程序是也。簡單來說，就是掌管典禮儀式進行的人，英文為「master of ceremonies（MC）」，也有另外一個字Emcee，也是司儀的意思。

　　不論任何公開場合，只要有一定的「程序」者，就要有「司儀」的存在，他的職責在於掌控會場流程的順暢，也是工作的首要任務，是扮演會場的「**監督者**」、「**提醒者**」與「**掌握者**」的角色。例如，司儀須設計讓會議耳目一新的開場白，以及表達熱誠歡迎與會者的歡迎詞，最重要的是：提醒與會者注意「手機禮

儀」（開會前宣布關機或調整為震動模式），並且簡單的介紹場
地與動線（例如茶水間與洗手間的方向及位置），之後適切地介
紹主席。

　　各位讀者從上面對於「司儀」的定義與工作方向來看，您
是不是可以發現，「司儀」的根本角色，就是一個「發號施令
者」，不論是官階再高、地位崇隆的人士，只要到了一定的場合
之中，也都要聽司儀的宣布與遵循指令，很了不起吧！既然在工
作性質上有如此「神聖」的地位，對於「司儀」的素質與培養來
說，也就必須採取「高規格」的要求了。但是在談司儀的「條
件」之前，還是必須釐清司儀的工作內容，以及他的「份際」、
「角色」與「定位」為何。

1、司儀的工作項目

　　關於司儀的工作項目，可以包括下幾點：

　　　（1）配合典禮、大會、會議、宴會活動的主辦單位，對
於節目各個「節點」掌控與現場宣達。

　　　（2）現場「**注意事項**」的宣布。

　　　（3）適切簡潔的介紹活動主席與貴賓。

　　　（4）時間的「**精準**」掌握與「**彈性**」控制。

　　　（5）現場氣氛的「**帶動**」與「**收斂**」。

　　　（6）臨場對於突發情況的隨機應變。

　　　（7）有外賓則須備有傳譯（翻譯人員），如果司儀有能力
也可以兼任，有時外賓有即席致詞演說內容時，則注意是否需準
備口譯人員（Inpreditor）。

2、司儀工作的三項要求

對於司儀工作的素質表現，基本上有三個要求：

（1）**穩健**：就是落落大方、氣定自若，有能力與氣勢掌握全局，因為「大家都要聽你的」！

（2）**順暢**：就是讓現場程序順利進行，讓每個節目或順序都能銜接的自自然然，司儀工作就是這個連接與轉場的機制與功能。

（3）**靈巧**：簡單來說就是「隨機應變」（香港人稱之為「執生」），長期擔任司儀的專業人士都會有不少的經驗，每個流程或節目不見得都會依照原先計畫進行，有時臨時面對節目增刪或次序調動、某位貴賓臨時缺席或突然出現，或者是許多不可預期的突發事故與狀況，這正考驗著擔任司儀者的臨場反應與隨機應變，而對良好「隨機應變」的形容詞，便是「靈巧」，如果擔任司儀者能練到靈活的隨機應變，那便是一位成功的司儀了！

3、司儀的種類

雖然每種場合都有可能安排「司儀」，但是您可知道，司儀可以分成很多種類型：

（1）典禮司儀：

元首軍禮、贈勳，官方及企業組織的動土、開幕、開工、落成、通車、週年慶祝大會、表揚大會、頒獎典禮等等。在這些場合的司儀所宣達的儀式節點明確清晰，一個宣布賓客就是一個動作，特性是莊重又具正式性。

（2）會議司儀：

　掌管會議流程進行的工作與重要事項的宣達，重點在於掌控會議的流暢性與時間管理。

（3）禮俗司儀：

　就是在婚禮以及喪禮上掌管儀程的人員，前者的特性屬於喜悅、溫馨與感性；後者則充滿哀戚與肅穆的屬性。總之，禮俗司儀除了按照婚禮或喪禮¹的儀節程序之外，更是著重在適切「氣氛」的營造。

（4）公關活動節目司儀：

　所謂公關活動，就包括了公務與商業宴會、音樂會、表演節目等等的公開場合，在每個節目的開始與結束中，主要負責「串場」的工作，表現的特性為順暢、輕鬆與自然，讓所有節目活動都能「珠玉串連」而順利進行。打個比喻，節目活動如果是「珠玉」，那麼「司儀」便是串起節目的絲繩，重要性不言可喻！

4、司儀搭配的型式

　可以單人、雙人乃至於多人搭配，而雙人搭配的組合又有兩種情況，一是男女搭配，這是為了增添陽剛與柔和的相互調和，具有相當的節目效果，較趨近於「**主持人**」的功能取向。而另一種則是因為語言翻譯的關係，一人為國語司儀，另一人則為即席翻譯，因此組成了雙人司儀搭配的形式。如果擔任司儀者能夠「**雙聲帶**」，例如中英語、中日語或中西語（西班牙語）等等外

---

　1 藉此機會特別與讀者釐清一個國人常常犯的錯誤：對於喪禮而言，一般會有「家祭」與「公祭」，各位是不是常常看到「告別式」的字眼？其實在中文裏沒有這樣的用法，應該說是「公祭」才正確，「告別式」是日語，不知何時被轉用於中文使用。

語，而方言也可為雙聲帶，例如國台語、國客語等等。當然，能夠「多聲帶」甚至到達「中外語」皆備的能力，一人可擔任多人的司儀工作更是理想，那就更是上乘的司儀人才了。

5、司儀工作的「角色」與「定位」

這裡對於「工作定位」非常的注重與強調，因為只有認清一項工作的「職權」與「份際」，才能擔負起「稱職」甚至是「成功」的角色。針對本書之前對於「司儀」工作的分類之後，「司儀」的特性定位與角色扮演，相信就非常清楚了：

（1）司儀是「**最佳男女配角**」：請記住司儀的工作重點，是在輔助活動流程的進行，千萬不可「喧賓」又「奪主」，擔任司儀者要配合主辦單位與活動的規劃，「主從」關係一定要弄清楚。

（2）各種司儀各有「**調性**」：當然專業司儀可以轉換各種不同的場合，但是根據作者長年工作所見與擔任司儀工作的經驗來看，很少有所謂「全方位司儀」，因為各種場合需要搭配不同「屬性」的司儀。舉例來說，如果是官方正式典禮與儀式的場合，司儀的表情、音質、聲調等等表現，便是雄糾糾、氣昂昂，讀者可以看看國慶大典或元旦升旗典禮的司儀，是不是就是所說的那樣？又如宴會、茶會、會見、會議等司儀，司儀本身流露的便是自信、自然、親切、和緩的特質，語音的傳達是具有「知會」、「提醒」與「敦請」的特性。如果像是民俗禮儀場合中的喪禮司儀，又是另一種不同專業的工作面向；而婚禮、表演節目等歡樂場合的司儀，調性又是大大不同，甚至不見得要長相體面，反而是善於帶動歡樂氣氛，運用技巧說說笑話、開開玩笑，而有時又能營造溫馨的氣氛，其實已經偏向於婚禮、節目活動的主持人的性質了。

然而，擔任司儀的人，不見得一定要讓自己成為「通用型」司儀，因為每個人的特質，包含外貌、音質、說話語調、氣質甚至是個性，都有偏向適合於某種場合的特性。譬如說，你是一位長期擔任正式典禮的司儀，突然間要你擔任婚禮或慈善晚會的司儀，如果還是拿洪亮聲音與正氣凜然的語調來說話，恐怕就不適宜了，除非您「轉場」的功力雄厚、「變聲」的工夫了得，不過實際上很難到達如此的境界。所以，認清自己的形象塑造、氣質屬性與口語特性，來選擇擔任適合自己的發揮場合，而且進一步的充實技能與加強實戰演練，才能成為一位「適才適性」且能「發揮所長」的司儀。此外，對於擔任**調性**相差太大的司儀工作，要特別謹慎小心，因為每個人總有一些根深蒂固的「職業反應」，一不小心就可能會鬧笑話，甚至造成極端尷尬的情況，這裡有一個堪稱經典的例子：

　　根據2007年8月24日新聞媒體報導：位在高雄縣的杉林大橋，這年8月3日舉行通車典禮，司儀站在杉林大橋旁口沫橫飛地講祝賀詞，沒想到後來當宣布「奏樂」時，口誤成了「奏哀樂」，當場喜事變喪事，讓在場的人臉都綠了，說錯話的司儀頻頻道歉，最後連新臺幣2千元的工作用費也不敢拿。沒想到在事隔16天後，竟然就發生杉林鄉許姓民眾連人帶車墜橋死亡的悲劇，墜落點還是在同一個地方，邪門吧？想必這位司儀平常應該就是擔任「喪禮司儀」的工作，一時之間直接的反應便是「奏哀樂」，長久的「積習」與「直接反射動作」是人類最難克服的弱點之一，所以必須要認清自己是屬於哪一種「調性」的司儀，這是一項非常重要的前提。

6、「司儀」與「主持人」有什麼不同？

相信大部分的讀者一定常常搞不清楚兩者的異同點，本書大致說明如下：

（1）「司儀」通常偏向於儀式性較強、時間與節目「節點」明顯的場合，例如典禮儀式與大會。而「主持人」則偏向較為軟性的場合，例如婚禮、聯歡會、表演節目等。

（2）「司儀」屬於配角，而「主持人」有時也可能成為主角之一，例如在會議中的主席亦可稱為主持人，而宴會中的主人也可擔任主持人的角色。這也可說明一般司儀台都在舞台側邊，而主持人卻可步上舞台中央的緣故。

（3）「主持人」可以兼任「司儀」的工作內容，而一併主掌節目程序的進行。相反的，司儀的工作限制較為嚴謹，就只能主司流程的進行、管制與宣布而已。

（4）「主持人」可以在台上多說話表現自己，司儀反而不可如此。

7、「司儀」的人格特質與養成條件

對於司儀的「角色」與「定位」來說，只要把這項職務的面向、工作項目與功能界定清楚，就可以尋找適合的人，或者是瞭解需要怎麼樣的能力與條件，才能擔任「稱職」乃至於「成功」的司儀。而哪些是成為良好「司儀」特質？作者依據長年的實務工作經驗提出看法，簡單的說明如下：

（1）就個性而言，喜歡與人群互動，願意主動與不熟悉的人接觸。

（2）說話與應對的收放，掌握的相當良好，不會沈默寡言，也不會滔滔不絕，也就是對於說話應對，分寸處理的很好。

（3）說話發音咬字清晰、速度快慢適中。當然，音質是天生的，如果有人與生俱來一副磁性嗓音，說起話來動聽悅耳，那還真是老天爺的恩賜，早些年一些電台廣播節目的主持人，就是屬於「天賜」型的，天生就是靠聲音吃飯，這也可以理解一些正式的重要場合，會挑選符合「調性」的司儀或者是節目主持人，就會從廣播電台主持人中尋求擔任，近年也有從電視台新聞主播中尋找的，作者就曾有經驗與某電視台男女主播合作過，他們兩位擔任節目主持人，個人則擔任司儀，的確是相當難得的經驗。

當然，大部分人的聲音都不是如此這般麗質天生，如果您對司儀工作有興趣，的確可以靠後天的練習，勤練「發音」（正音）、「咬字」、「節奏速度」、「音量」等等的說話技巧，熟練有自信後，也可以風采翩翩的站在司儀台的麥克風之前，請各位讀者相信，只要有心，真的可以做得到！

（4）容易自我調適者：在這裡明白說，就是懂得想辦法克服緊張，能儘快進入氣氛與狀況的人。任何人面對群眾都會有壓力，壓力隨之帶來緊張，即便像作者個人雖經歷十多年禮儀禮賓的實務經驗，當我面對從來不曾辦理過的事情，或者是特別隆重的場合，我也會緊張，只是本於多年的訓練與經驗，我會懂得如何「繞過」心理障礙，第一步先弄清楚所有的活動流程，然後確定擔任司儀時所要掌控的節點，接著撰寫「司儀稿」，再加以適當的練習之後，在麥克風之前便可以氣定神閒，讓「指揮群雄」的氣勢與感覺「上身」（找不出更好的形容詞來形容這種感覺！），那便能迅速的進入會場狀況了。

（5）個人特質符合「調性」：請注意！在各種工作與活動場合之中，不同類型的司儀各有「**調性**」，對司儀工作有興趣的讀者，請先思考自己的氣質、談吐口才、外表等等內外在條件，

比較符合哪一種「司儀形象」？「典禮司儀」、「會議司儀」，還是能進一步談笑風生成為輕鬆場合如宴會、婚宴、展覽會、促銷活動的司儀乃至於主持人？

（6）要對於「**公商務禮儀**」嫻熟者：學習知識可以靠後天的努力，「司儀」既然是「禮儀禮賓」工作者的一員，又多於公商務場合出現擔綱而負有重任，又怎麼能不嫻熟禮儀規則呢？尤其是「禮賓排序」（precedence）、「稱謂禮儀」、「謙語敬語」等等的使用，這都是擔任司儀所必須具備的基本知識。

因此，本書鼓勵讀者試著學習與多加爭取擔任「司儀」工作的機會，因為這工作真的是一項「綜合性」、「協調性」乃至於「應變性」很強的工作，就算您不見得成為像作者一樣的專業司儀，也可能會在工作中臨場客串司儀工作，個人見過不少視拿麥克風為畏途者，當被指派發言時，拿麥克風好像接到手榴彈一樣，手還不停發抖，曾經看過電視新聞報導中，某公司有位自稱為「公關主任」的人接受電視採訪，手拿著麥克風時手直發抖，真是令人驚訝！畢竟稱為「公關主任」者，還是無法克服心中下意識的恐懼，專業的公關人員，還是要適才適性較好，否則必須是非常喜歡這項行業與工作，還要花上比別人更多的努力與磨練，才能克服個性上的弱點。

8、談「司儀」的工作項目與重點

談到司儀的工作，工作執掌包含以下各項：

（1）領導典禮、會議或節目的進行：

在各種公開的場合，只要有「明確」時間點的安排，就會有所謂的「程序」（官方稱為**儀節**），而在每個程序與程序、節目與節目之間的宣布與串場，就必須由一位專責負責的人員擔

任，他就是所謂的「司儀」，只要司儀沒有宣布下一階段的程序，流程就沒有辦法進行。但是請注意，司儀並不是單純的發話機或是傳聲筒，而是一位或多位能夠獨立思考以及掌控現場狀況與流程的「司令官」，說是領導典禮、會議也不為過。

司儀的工作必須「**三維思考**」，也就是由「點」來串成「線」，再由交錯與平行的線組織而成為「全面」（單場節目），如果這位司儀是負責多場「節目」的進行，例如三天的國際會議，在會議與會議之間也會串場連結，因此加入時間因素，就變成了「空間-時間」**四維**的工作面向。司儀的「連結」功能非常重要，沒有司儀的順暢組織，節目就成了一盤散沙。

從以上的說明，讀者們更可以瞭解，為何司儀不單是現場進行時的工作，如果是大型的會議專案或典禮，也必須親自參與會前會議與流程討論，熟知每一個節目時間節點，也對於主持人、主講人、頒獎人、演講人有所瞭解，是屬於綜觀式的全盤思考。因此，司儀在確定節目流程之後，就要把節目流程表（儀節表）詳細研究註記，並且據以撰擬各場（或僅有單場）的「司儀稿」。

（2）列席會前會議（或籌辦會議）甚至參與討論：

在前一項就已經說明了司儀是屬於全盤流程的掌握者，因此有責任也有義務出席籌備會議或者是說明會，以求瞭解主辦單位的規劃與要求，再儘量配合以達到預期效果。當然，如果有問題與建議，也要適時提出，以求彼此充分的溝通。

（3）司儀稿的撰擬：

根據確定的程序儀節，開始撰寫「開場白」、「注意事項」、「賓客介紹」、「程序宣布」等等詞稿，重要原則如下：

a. 撰寫原則：簡潔、明晰與通暢。

b. 注意賓客介紹的禮賓次序。

c. 注意「稱謂禮儀」，以及「敬語」、「謙語」的運用。

d. 用語文雅，不過於口語化或流俗化。

e. 注意「破音字」（同音字），避免使人誤解。例如：「素食」與「速食」、「傅局長」還是「副局長」等等。

f. 注意「抑揚頓挫」：記得在司儀稿上標「重音」。

以下是一般大會、宴會等活動中英語司儀稿的通用範例，讀者們如果有機會擔任司儀工作，可以根據實際情況作為選材撰擬稿件的參考：

程序順序	儀程節序	適用場合	司儀詞稿內容
1	歡迎詞	問候	各位女士、各位先生，早安（午安）！ Ladies and gentlemen, good morning（good afternoon）！
		大會	歡迎您參加「2011年臺北國際企業管理大會」！（語氣上揚） Welcome to the「International Business Administration Conference 2011 Taipei」.
		晚宴	各位女士、各位先生，歡迎參加今晚的宴會！ Ladies and gentlemen, welcome to tonight's banquet.
		茶話會	各位女士、各位先生，歡迎參加今天的迎賓茶會！Ladies and gentlemen, welcome to today's tea party.
		通用	首先，誠摯歡迎所有參加開幕典禮的國內外貴賓！（語氣上揚） First of all, let's extend our warm welcome to all of the distinguished guests both at home and abroad for this opening ceremony.

程序順序	儀程節序	適用場合	司儀詞稿內容
2	開場白	安場頓秩現序	（如會議場合，有必要時） 請各位來賓就座，會議即將開始！ Ladies and gentlemen, the meeting(conference)will begin in a few minutes. Please take your seat.
		程序說明	今天的歡迎茶會（宴會）進行程序如下： The tea party（banquet） will proceed as follows: 主人頂新集團張總裁文順暨夫人將於10時到場，在與各位貴賓致意後，邀請您一起享用茶點。大約10分鐘後，請張總裁致歡迎詞，續由國際企管協會會長Dr. Augustin Soliva致答詞並致贈紀念品予張總裁。隨後，Dr. Soliva也代表各位接受回禮。 Our hosts of today, President of Ding-Shin Group, Dr. Vincent Chang and Madame Chang will arrive at 10 o'clock .After the greetings, you'll be invited to enjoy some refreshments. About 10 minutes later, Dr. Chang will give his remarks, and Dr. Augustin Soliva will also give us a few words. After that, Dr. Soliva and Dr. Chang will exchange souvenirs.
		照相安排	最後，我們將會安排各位貴賓在大廳一起合照。 Lastly, we'll arrange a group picture taken in the lobby.
		請候賓開客場等	茶會（會議、宴會、音樂會）即將於10分鐘後開始，請各位貴賓稍事休息。 Our tea party（meeting, banquet, concert） will start in 10 minutes. Thank you.

程序順序	儀程節序	適用場合	司儀詞稿內容
3	注意事項的提醒	通用	各位貴賓，提醒您將行動電話關機或轉為震動，感謝您的合作！ （Ladies and gentlemen,） please turn off your cell phone or switch it to vibration mode. Thank you for your co-operation.
4	主人歡迎致詞	通用	各位貴賓，現在請今晚的主人，頂新集團張總裁文順致詞！（語氣上揚） （Ladies and gentlemen,） now our hosts of the evening, President of Ding-Shin Group, Dr. Vincent Chang will deliver his welcoming remarks.
5	主賓致答詞	通用	請國際企管協會會長Dr.Augustin Soliva致答詞！（語氣上揚） Dr. Augustin Soliva, Chairman of the International Business administration Association, will now give us a few words.
6	宣佈活動開始	餐宴	各位貴賓，宴會正式開始！ （Ladies and gentlemen,） the banquet will now begin. Please enjoy yourselves.
		音樂會	各位貴賓，音樂會現在開始！ （Ladies and gentlemen,） the concert will start now!

程序順序	儀程節序	適用場合	司儀詞稿內容
7	介紹現場重要嘉賓	以開幕典禮為例	接下來，為各位介紹今天參加開幕典禮的重要貴賓，他們是： Now, we'll introduce the honorable guests in this opening ceremony. They are： ·國際綠十字協會總裁暨執行長：李荷托閣下（瑞士） Dr. Alexander Likhotal, President and CEO of Green Cross International（Switzerland）. ·國際舉重總會總會長：湯瑪士·阿漾閣下（匈牙利） 　Mr. Tamás Aján, President of International Weightlifting Federation（Hungry）. ·亞洲醫藥協會總會長：菅波茂博士（日本） 　Dr. Shigeru Suganami, President of Association of Medical Doctors of Asia（Japan）. ～～～ 今天到場的嘉賓還有中華民國〇〇協會的會長暨副會長，以及來自世界各國的與會代表，讓我們以熱烈的掌聲對所有貴賓的蒞臨表示熱烈歡迎！（語調上揚） Today, the president & vice-presidents of 〇〇Association, R.O.C（Taiwan）and delegates from other countries are present as well. Let's give our distinguished guests a warm round of applause.

程序順序	儀程節序	適用場合	司儀詞稿內容
8	請發言賓客	通用	請主辦單位代表○○公司張經理發言。 Now, the representative of the organizer, Mr. Chang, Manager of ** Co. Ltd., will give us a few remarks.
9	感謝賓發言貴		感謝張經理的發言。 Thank you, Mr. Chang.
10	請剪綵貴賓	開剪幕綵	現在，恭請立法院王院長金平與鼎新集團張總裁文順剪綵！（語調上揚） Hereon, we'd like to invite His Excellency. Wang Jin-Pyng, President of the Legislative Yuan, and Dr. Vincent Chang, President of Ding-Shin Group, to cut the ribbon.
11	介紹「安排音樂節目節目1」	通用	各位貴賓，現在向大家介紹具有40年歷史的「臺北市兒童合唱團」，現有團員100人，所帶來的2首歌曲：臺灣童謠「點仔膠」以及西洋經典歌曲Over the Rainbow。」，展現小朋友們純真自然的聲音，請大家欣賞！ Now we'd like to introduce the "Taipei Municipal Children's Chorus", which has 40 years of history and features100 students. They will perform two songs: "Asphalt", a Taiwanese children's ballad, and "Over the Rainbow", a western classic. Please enjoy.

程序順序	儀程節序	適用場合	司儀詞稿內容
12	介紹「安排舞蹈節目2」	通用	各位貴賓，下一段表演是由「臺灣民俗藝術舞蹈團」所帶來的舞蹈：「桃花過渡」，是根據臺灣歌仔戲，描寫桃花姑娘想要過河，與擺渡人之間詼諧有趣的對話，請大家欣賞！ Our next performance is presented by「Taiwanese Folk-art Dance Group」. The dance「Peach Blossom Takes the Ferry」is adapted from a popular classic Taiwanese ballad, portraying a young girl who wants the ferryman to take her to the other side of the river. Please enjoy.
13	接近尾聲	宴會	各位貴賓，宴會在這裡告一個段落，感謝各位貴賓的蒞臨，晚安！ Ladies and gentlemen, thank you for gracing us with your presence, and hope you all have a pleasant night.
		開幕式	謝謝各位到場的嘉賓，開幕式到此結束，請參觀展館。 Once again, thank you for gracing us with your presence. This concludes the opening ceremony. Please enjoy the exhibition.
		贈送禮品	各位貴賓，宴會到此結束，主辦單位中華民國企管協會與您歡度元宵佳節，特別準備了手做燈籠作為禮品，請您離去時不要忘記攜帶。 Ladies and gentlemen, the banquet is now concluded. To celebrate the Lantern Festival, the host, the Business administration Association, R.O.C（Taiwan）, has prepared for each of you a Chinese paper lantern. Please don't forget to take it with you when you leave.
		道別	祝您有個愉快的夜晚！ We hope you all have a very pleasant evening!

以上是中英語對照的司儀稿，大致來說，一般的公商務常見的正式活動都不脫這些程序，讀者可以依實際場合擷取與修改。當然，沒有外賓的場合，只要就國語部分撰擬合宜的司儀稿即可；如有需要必須中英語司儀同時進行，司儀可以一個人擔任，也可以同時由兩人分別擔任不同語言的司儀。在實務上，如果現場需要將致詞貴賓作口譯的工作，也可以協調口譯人員擔任外語司儀的角色，兩人之間也必須事前演練以培養節奏與默契。

（4）工作之前現場的檢查與練習：

　　會場這項工作的成功與否，這一項佔很重要的部分，司儀必須提前相當的時間到達現場（個人的經驗與要求，至少1小時之前到場），檢查與瞭解現場賓客動線與相關設施（洗手間、茶水與服務接待檯等）位置，測試影音設備效果（音樂播放、麥克風試音）與聲音大小，有問題立刻請「場控」或其他負責人請求協助與改善。一切無誤後，再利用時間演練（rehearsal）一番，藉此培養心情與順暢的口語表達，兩人以上的司儀（含翻譯）也要相互作「提示（cue）練習」，來培養彼此的默契，而使相互之間的詞語表達更加的流暢。

（5）節目、會議或儀式開始前提醒事項的宣達：

　　司儀還扮演著「諄諄提醒者」的角色，要把所有與會者都當成第一次步入會場的陌生人，要提醒所有人將行動電話關機，或是轉為「震動模式」，並且說明洗手間與點心茶水所在位置的方向等等事項，讓會場裡所有人都能儘快進入狀況。

（6）節目或程序即將開始的「暖場」：

　　這項暖場的台詞一開始就必須寫入司儀稿之中：首先歡迎所有貴賓的蒞臨與參與、簡單介紹即將開始的主題等等。在實務

上，也有把上面第5點的提醒事項宣布一併寫在這一階段，使得「暖場工作」一氣呵成。

（7）介紹 主人（宴會）、主席（會議）、主持人（節目）、主講人（員工月會、發表人、學術研討會等）、頒獎人（表揚典禮）、致詞人（大會等活動），以及介紹重要與會貴賓：

這可就是標準的禮賓工作了，請注意幾個要點：

a. 事先瞭解被介紹的對象：有經驗受邀的致詞者，會給主辦單位書面的簡介，司儀再據以簡單扼要的濃縮成介紹稿詞，適時介紹給所有人。假設致詞貴賓沒有給簡歷，主辦單位就要自行準備並且核對一下是否為正確的資料，無誤後交給司儀進行介紹的宣布工作。

b. 如果同時介紹數位貴賓，請依照「**禮賓順序**」（precedence）：如果司儀不按照職位高低順序宣布賓客，這可是會得罪人的！

（8）精確掌控時間：

這就是為何司儀必須具有「**決斷力**」的緣故。常常見到致詞者冗長的發言，相信你我都不陌生，因為居高位者，通常都有強烈的「發表欲」，能夠「克己復禮」者當然不少，但總是有一些致詞人或表達意見者喜歡喋喋不休，然而節目或議程總是有時間上的限制，更重要的是，每場節目環環相扣，在「骨牌效應」之下，往往造成時間延宕，導致台下賓客疲累不堪而煩倦不已。此時，司儀有責任使用技巧提醒致詞者時間有限，該結束講話了。常用的方式，包括遞紙條提醒、比手勢，甚至適時在講者停頓時，委婉表達因為時間實在有限，必須進行下一個議程或節目。

如果是與會者發言，也可請他以書面方式發表意見。實務上常常看到司儀憚於致詞者的地位，而不敢有所提醒與暗示，使得讓整場節目因為時間拖延而造成負面影響。

（9）現場氣氛與情緒的管控：

有些特別的場合，例如表揚大會、員工激勵大會、溝通協調會、追思紀念會，都有一些特殊的調性與氣氛，就算是一般公開場合的致詞者，也可能不只安排一位人士上台講話。如果第一位賓客舌燦蓮花、幽默風趣或是感動人心，因而台下聽眾反應熱烈、氣氛熱絡，在大家一致的鼓掌叫好聲之中，如何把大家的心情「歸位」，也是司儀的職責之一。否則，台下聽眾情緒仍舊很高亢，對第二位上台的致詞貴賓來說，不就處於一個不利的地位了嗎？因此特別對於人數較多的場合，司儀對於現場氣氛與聽眾情緒的掌握，必須「收放」自如。譬如說，當演講者或貴賓蒞臨現場，司儀就要宣布：「○理事長到達現場，請大家掌聲歡迎！」如此帶動現場氣氛。相反的，如果聽眾反應熱絡，而有起立或離座的情，或是掌聲久久不歇等等的情況，司儀就必須適時「收斂」現場氣氛，例如，可以即時透過麥克風提醒賓客：「各位貴賓，請回座！」、「各位貴賓，請就座！」，甚至是僅僅宣布：「各位貴賓！」，提醒賓客停止掌聲，因為司儀要說話了。此時，暫停約3到5秒鐘的時間，司儀這時眼光巡視觀眾一番，等所有人都停止了動作，再宣布下一位致詞者或是下一個程序的進行。氣氛的「收斂」可是需要一些經驗與功夫，司儀如果沒有軒昂的自信，還有充分的決斷力，可是無法掌握這項技巧的！

（10）突發事故的處理與臨場應變：

這就是專業的司儀工作的修煉與藝術之所在了！如果您是

臨場客串的司儀，或許不會這麼「幸運」就遇到臨時突發狀況，對於經常性的司儀工作者來說，「臨場應變」與「隨機反應」就是他所要具備的能力，因為所有的公開活動場合，都是充滿著「人」的因素，說到人，唯一不變的的情況就是「多變」與「善變」，常遇到的臨時狀況包括：致詞貴賓遲到、中途貴賓蒞臨、臨時變更程序、刪去或增加節目、增加某位人士講話、宴會中臨時幫某某人慶生等等，這些都是最常見的「臨時事項」，擔任司儀者必須立即反應，修程序、改司儀稿等等立刻應變。還有一些是想都想不到的情況，個人十多年前還曾遇到某退休高級長官要作者本人（正擔任司儀）也跟隨賓客高歌一曲的，那時還真的楞在現場令人不知如何是好！也有聽過開幕典禮上因為聚光燈過熱，讓布幔著火的情況發生！所幸小火立刻被撲滅，而司儀也充分發揮了應變的特性，正當賓客驚甫未定之時，宣布表示這正代表者「遇水則發、遇火則旺」的象徵！貴賓聞言無不鼓掌稱讚，現場氣氛瞬時輕鬆許多。

擔任「司儀」的挑戰性與趣味就在這裡！你是不是只甘心埋首在辦公桌前，鎮日趕文件忙著打字嗎？如果公司舉辦活動時，不妨爭取當「司儀」的機會，讓自己在單調的辦公生活中，也能爭取在上司與同事前表現的機會，展現自己不同的能力，試著站在麥克風之前，展現你的大將之風與非凡的氣質吧！

9、 談「司儀」工作的誤區與禁忌

對於「禮儀學」中，有一項稱之為「**避忌原則**」，就是只要不犯明顯的錯誤與避開禁忌，至少就及格了！基於同樣的道理，禮賓人員只要平平順順的完成任務，也可算是稱職了。那麼，哪一些是擔任「司儀」工作所要避免犯的錯誤與禁忌呢？

(1) 司儀是「綠葉」，來賓是「紅花」：

成為司儀必須有個工作上的體認，就是在角色的定位上，要成為最佳男女配角，是屬於「襄助」的角色，當儀式或節目能夠順利進行，司儀就是「幕旁」（反而不是幕後）的「**推手**」，除了掌控流程之外，也是要在現場彰顯主人與貴賓的地位與重要性。因此，不要多話、插話甚至過於情緒化，司儀可以泰然自若，但也必須要「謹守份際」！

(2) 不需表演不要「秀」：

呼應第（1）點，司儀不需要「自我介紹」、「自我彰顯」、「代表他人的身份講話」、「談論自己的事務」、「講笑話」與「說故事」等等與議題及程序無關的事項。安排雙人（男女）司儀時，兩人之間也不要相互聊天插科打諢，因為在場人士沒有義務、也沒有興趣知道這些事情。

(3) 根據場合精簡話語：

當然，許多不同的場合具有不同的調性，氣氛輕鬆或嚴肅之間就存在著一條光譜，大致來說，像典禮、表揚大會與正式會議等等，性質就比較莊重，程序也比較固定，司儀可以自由發揮的地方不多，對於說話用詞的方式則相當的文雅精簡，類似於「公文」所使用「半文言、半白話」的方式。舉例來說，在莊重的典禮上，請貴賓致詞時，司儀可宣布：「現在請○理事長○○上台致詞」，如果在較輕鬆的場合，例如公司內部員工績優表揚大會，司儀稿就可以改成「各位同仁，現在是不是請我們的大家長王總經理○○上台說幾句話，與大家共同勉勵！」。又例如司儀請主人、主席或貴賓暫時留在原地，不要頒完獎後或講完話後立刻轉頭就走，要說：「請張董事長**留步**！」，如果司儀要請在場

貴賓發表意見，可說：「請各位**貴賓惠賜卓見！**」，這也就是為什麼擔任司儀的本質學能要懂得「稱謂禮儀」與「敬語」、「謙語」的使用，如此一來，便可展現專業司儀文雅簡要的「說話藝術」！

（4）適切美化致詞人或演講者：

簡單來說，就是不要過度吹捧來賓，如果在請貴賓上台致詞或演講前要簡單介紹，其實最好由「主人」或者「主持人」擔任介紹的角色方為適當，如果交由司儀擔任，也不是不可以，只是要以簡單與簡約的陳述即可，主持人或司儀不需要渲染誇張，稱人「學術泰斗」、「大師」等等稱呼，或是浮誇事蹟，讓聽眾甚至連被介紹者自己都掉雞皮疙瘩，這就「太超過」了！作者甚至聽過在某一商務場合，公司負責人迎接德國賓客的歡迎詞一開始，便稱「德國人是世界上最優秀的民族……」云云，此時外賓臉色大變當場抗議，因為這種帶有「民族階級意識與偏見」的恭維之詞常有人不自覺有什麼不對，特別是國人若把吹捧拍馬屁的文化用在涉外事務場合上，嚴重的話會成為一項「禁忌」而得罪人，這是非常危險的事情。

（5）詞語表達不卑不亢而且親疏合宜：

您是不是聽過主持人或司儀說過：「各位親愛的長官與貴賓……」，特別是在公開的公商務場合中，「親疏合宜」是很重要的原則，在場賓客其實跟您不見得如此熟悉，如此呼喚「親愛的」，好像不太好吧？

（6）介紹賓客或是邀請賓客上台，禮賓排序不當：

請各位讀者記得作者個人的長年禮儀與禮賓工作心得：**嘴裡愈說不重視排名的人，才愈是在乎與計較排名者！**無論如何，

「禮賓排序」是相關工作重點中的重點，因為名次先後隱含著地位的重要性，這是非常敏感的！在司儀工作進行之前，請把「司儀稿」與專案總負責人或其他主管再次確定排序，如此才能避免失禮與不愉快的情況發生。

（7）遺漏賓客：

相對於第（6）點來說，遺漏更是失禮，被漏掉的貴賓會覺得被刻意忽略，不會想到其實是司儀稿漏寫，或者是看走了眼沒有念到。

這裡有個實際的案例：

媒體報導：「司儀漏請 吳揆鬧彆扭拒上台」

（2010年12月27日 蘋果日報：王文傑／花蓮報導）

「祈福大典氣氛僵：行政院長吳敦義、立法院長王金平昨到花蓮德興運動場，參加縣府舉辦花蓮各宗教為民祈福大典，由王金平主祭並念禱文，祈求來年風調雨順、國泰民安。主祭時因司儀漏請吳敦義上台，惹惱吳，吳索性坐在台下觀禮不願上台，縣長傅崐萁一度中斷祭典下台相請，但吳敦義仍不動如山……」（下文略）。

在重要的典禮儀式上，其實最忌諱漏掉貴賓名字，在這場活動中，司儀先介紹由立法院長王金平擔任主祭，而花蓮縣長傅崐萁、議長楊文值，以及其他宗教代表依次上台陪祭，卻偏偏單獨遺漏了行政院長吳敦義而讓他枯坐在座位上（依照行政院官員禮賓次序，行政院長還排在立法院長之上），後來司儀才發現漏請，趕緊補請吳院長上台，但是他卻揮手示意典禮繼續進行。當事人心中在不在意？對主辦單位和司儀自己來說，應該很清楚明白知道，真的是得罪人了！

因此，司儀在活動開始之前，便要就賓客名單再次核對與確

定！所以不論是「恭請」貴賓上台，還是「介紹」台下的重要嘉賓，司儀在事前一定要一再確定無誤，現場宣名或介紹時，也要一一用筆勾畫註記，以避免上述的疏失與錯誤發生。

有人問：如果因為緊張或看走眼真的漏念，怎麼辦？

只要當場發現的話，司儀便要隨機應變馬上插入補行宣布，因為這樣總比沒念到來的好，只要損害控管得宜，「或許」現場人士多半不會注意或是計較的。

（8）念錯名字或頭銜：

「名字」與「頭銜」就是公商務人士的個人招牌，念錯了就是當場失禮，就如同第（7）點所談的，司儀事先必須翔實核對貴賓姓名與頭銜，以避免張冠李戴，或是誤植頭銜的情形發生。

（9）無謂語助詞：

司儀的宣布如果能夠順暢通達，對於現場賓客而言，實在是一件很舒服的事情。這裡對於「順暢通達」來下個定義：就是說話不疾不徐、速度適中，而音量控制也剛好，加上精簡優美的司儀詞，能夠自然的表達出來。所以，有時候在每句之間，有些連接詞如「接下來」、「是的」、「好的」要謹慎運用。至於「嗯」、「ㄟ……」、「這個」等等停頓時的語助詞，練達的司儀是不會發出類似這種的聲音，因為這些對於聽眾而言，是一種聽覺上的「疙瘩」，會讓司儀的口語不順暢，或許這是一種自然而然的說話習慣，但是這種習慣對於司儀工作來說，是一種負面因子，必須要練習克服，並且加上培養自信心，才能去除這種口語上不好的習慣。

（10）音量不當：

如果聲音太小，當然聽眾不清楚你在說些什麼，而且也會顯出自己缺乏自信；相反的，聲音太大也會對於現場人士產生干擾。此外，如果字字鏗鏘，每字每句都是重音，也會讓人覺得突兀，畢竟，人們喜歡的是悅耳的聲音。

（11）語調平淡，無抑揚頓挫：

可以說是「念乾稿」也不為過，現場來賓一聽到這種乏味的「乾稿語調」，會覺得很不自然，這樣的毛病常出現在新手或是臨時客串的司儀身上，因為緊張怕念錯，所以一直盯著稿念，當然語氣僵硬，該停頓該換氣的地方都略過，語氣沒有高低輕重變成了不自然。要克服這種問題，必須要事前適當的演練與資深者在旁聆聽與修正，再多磨練幾場才能自如。

（12）「螺絲」連連：

吃「螺絲」（語氣不順、不當停頓或念錯），對於司儀來說，已經是讓人自責了，就實務來說，因為「自責」又會讓人不斷的出錯而螺絲連連，這是會有骨牌效應的。對於有經驗的司儀來說，歷練的過程中多少都有吃螺絲的經驗，只有事前多加練習與放輕鬆心情，才能減少「吃螺絲」現象的發生。當然，如果當司儀時偶然有「小小螺絲」產生，重念一次無妨，輕鬆以對，正確就好，當下順過去，化小瑕疵於無形，千萬千萬不要影響心情，讓自己還停留在那一個已經無法挽回的「誤點」之上，否則，您可能會不斷的出錯而導致一發不可收拾，多年來作者看過不少這種「災難」的發生！本書想要分享的是，不要期望成為一個無懈可擊、超級完美的司儀，就算專業工作者也或多或少有些「小錯誤、小疙瘩」，專家與生手之間最大不同處，是專家懂得

「圓滑」的潤飾過去，心理建設強的很，請有興趣的朋友可以找機會來磨練磨練！

（13）注意某些特殊的用語、習慣的稱呼方法：

對於專業司儀而言，常有機會面對各式各樣的團體與對象，而各自或許有些不成文的「習慣」與「作法」，不論是主辦單位或是賓客對象要多詢問以及多請教，尊重對方的習慣，便是司儀的工作禮儀。

例如，稱呼「國際獅子會300 A1區」，司儀該怎麼念？應該念做「國際獅子會參零零A ONE區」，而不是唸成「三百A１區」，成功司儀之道無它，除了「經驗」還是「經驗」、除了「請教」還是「請教」！

（14）避免「聯想」上的禁忌：

所謂「禁忌」者，就是絕對不要犯的錯誤、不要踩的紅線，因為您就算做對了99項事情，只要犯了一項禁忌，工作成果就是「零分」！

作者舉個實務上的例子來說：

司儀請台上貴賓回到原座位，該怎麼宣布？

錯誤禁忌→請貴賓「下台」！

正確→請貴賓「回座」！

在2009年臺北聽障奧運的開幕式表演中，有一段由明星郭富城擔綱演出的歌舞表演，表演前是與臺北市長郝龍斌在台上對話，對話結束之後表演即將開始時，郭富城說了一句：「請郝市長下台！」，真是讓人嚇了一大跳！郭天王應該是無心之過，畢竟他不是司儀，更不知「官場禁忌」，就是叫人下台！

主人、主席或首要貴賓先行離開，司儀該如何宣布？

禁忌→「各位貴賓～郭總裁要先離開我們了，請大家……」，聽起來是不是怪怪的？這是真實案例，當時台下還引來一陣竊笑聲……

正確→「各位與宴貴賓～郭總裁因另有要公，必須先行離去，請大家掌聲歡送！」

嚴重的禁忌口誤：

就如前文所提到的，橋樑啟用典禮中，司儀誤喊「奏哀樂」，事後還引來一些不幸的巧合，您說是不是真的犯了禁忌呢？

（15）自信不足、眼光閃避：

這還包括一直盯稿念，明顯就是逃避群眾眼光，「缺乏自信」就是司儀工作的致命傷。既然要擔任「司儀」，就是成為現場的司令官，是要發號施令的，讀者您是否看過不敢面對眾軍士的將軍嗎？那麼仗還能打嗎？

10、司儀工作經驗與心法

其實，這個工作要做的好，不光只是要有知識與技術而已，還需要一些藝術巧思才能勝任愉快，有一些心得是可以跟大家分享的。

> 請讀者思考一下，您是否甘心於一成不變的職場生活？除非自己本來就不喜歡面對人群，自我歸類為「宅男」或「宅女」。
>
> 在生活與職業生涯之中，是否有一些可以挑戰自我而勇於突破的地方？

成就感如何追尋？

如何尋求「表現」的機會？

你想在群眾面前講話而不膽怯嗎？

你想成為綜理事務的「活動專案經理人」嗎？

　　如果您對於以上的詢問有肯定之處，那麼擔任「司儀」的工作，就是最好的途徑與訓練。對於司儀工作，本書有一些看法：

（1）我們常說要培養「自信心」，但是這樣說法有些籠統與抽象，直接說就是要讓自己有種「表現欲望」，這樣才有膽量在公眾之前講話。

（2）擔任司儀「準備工作」極其重要，對於服裝儀容要適合場合的屬性，對外（針對主辦人、負責人或主辦單位）要耐心傾聽與瞭解，有疑問立刻詢問與溝通，不可以不懂還裝懂，或者自認為「理所當然」的事，就一股腦的做下去，這樣常常會發生現場實際狀況與自己的經驗認知有所相悖之處。

（3）雙人司儀搭配，一定要事前找時間「對稿」練習相互「cue」一番，避免搶話或同時緘默的尷尬，培養良好的默契是成功順暢的重要關鍵。

（4）不練的藝術：不是要不斷的練習嗎？一般的老生常談，就是叫你要不斷的「練習」，但是就實際的經驗來講，並不是真的「不練」，正確應該說是「適當與適量」的練習，練習到一個自認最佳的狀態之後，就要懂得停止，接下來就是要維持這種站在「高點」上的情緒與感覺，因為「超量練習」其實是會有反效果的！

司儀工作表現實際成果量化示意圖

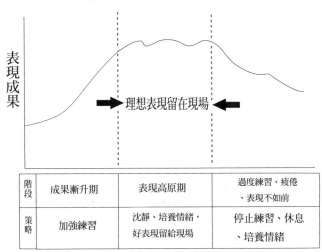

階段	成果漸升期	表現高原期	過度練習、疲倦、表現不如前
策略	加強練習	沈靜、培養情緒，好表現留給現場	停止練習、休息、培養情緒

　　作者有一個深刻的經驗：十多年前曾經擔任一場西班牙語系訪客的司儀工作，司儀稿中有幾句簡單的中西語司儀台詞，但是某位主管卻要求作者整個下午一直反覆練習，簡單幾句話不斷覆誦，最後發音正確卻也已經聲嘶力竭，真正上場時反而表現得不如理想。其實，一般人的練習過程的表現，效果如果畫成圖表，其實是呈現出一個「拋物曲線」，應該是要讓效果的「相對高點」階段，留在實際現場表現出來才對，不斷練習到了最後，成果的效益已經遞減，臨場反而不是表現較為理想的那一段。

（5）強力司儀心法：司儀一就位，你就是上前線打仗的將軍，就是站在孤島上奮戰的勇士，必須隨時觀察現場狀況，能夠機敏決斷而隨機應變。

（6）克服緊張與增強信心的實用方法：上場之前，請到休息室或洗手間的大鏡子之前站定，整肅儀容，兩眼正眼直視自己，不斷的告訴自己：我是領導者，全場都要聽我的！

（7）提前就定位，站在麥克風之前，看著賓客入場，睥睨全景，大家都會感覺到你的非凡氣勢！

（8）在儀式之中，眼睛注視全場，眼光採用「N」字或是「Z」字注視法掃過全場，讓貴賓或聽眾都覺得，你是跟他（她）說話，發表演講、致詞簡報技巧也是運用同樣的方法來抓住觀眾的注意。

（9）籌備會議或在上台前，必須要瞭解幾件事情，包括：聽眾的年齡層、性別、職業、階層、教育程度、人數多少……等等。

（10）保持彈性，預做隨機應變的準備。例如：準備好相關人員的行動電話號碼隨時找人支援、預留反應彈性時間，以便隨時安插進來的節目、台上致詞者動作的緊急支援（例如講話者麥克風沒有聲音，司儀就近先遞換自己的麥克風再說）。

（11）趁目前的節目正在進行時，觀察是否下一個節目或程序已經準備好。例如，晚宴或晚會上要為壽星慶生，趁老闆還在致詞時，就要確定蛋糕已經在場外準備好，司儀一宣布就可以立刻推進場，這樣節目才有效果，程序才算流暢。要不然，當司儀的只是「按表操課」，程序緊接程序，萬一宣布之後讓大家等了老半天，還是不見蛋糕推車的蹤影，或是宣布請得獎人上台合照，結果負責攝影的工作人員剛好跑去上廁所，這可就尷尬了。當然，在重要的正式場合，司儀旁邊多半會安排一位工作人員（甚至是負責監督的主管），可以走動聯繫內外，畢竟司儀站定位之後是不宜隨意走動的。

（12）司儀看稿當然可以，畢竟比較保險，但是某些簡單句子背一背，看著觀眾說，不但自然而且感覺也好的多。

（13）司儀不是「Talking head」（照稿念者），要懂得察言觀色。

察誰的言？

　　要察主人、老闆或主賓的言。譬如說，聽到：「感謝主辦單位的精心安排，個人僅代表……」等等的話語，就知道講話快結束了，司儀以及相關人員也該要為下一階段的程序作準備。

觀誰的色？

　　要觀主人、老闆或現場聽眾的色。「色」者，表情態度也，如果老闆或聽眾頻頻看錶、呵欠連連、面露不耐神情，甚至是眼光看著司儀，那就表示台上的人講太久了，當司儀的，就趕快救救聽眾吧！

（14）想成為專業司儀的朋友，可以觀察盛大的場合中專業司儀的氣質神采，學習他們現場表現的技巧與風範，請記得：多看就是多學！

（15）專業司儀，要懂得保護自己的嗓音，不抽煙、飲食避辛辣，生活作息要正常。所以，一個優秀的司儀神采奕奕，不是沒有他的道理！

（16）專業司儀路途要廣，就要多聲帶。台語甚至客語，有能力擔任外語司儀尤佳，必須說明的是，司儀不必要兼任傳譯，只要能夠將程序用不同語言宣布就可以。

（17）根據作者的經驗，主辦活動者不要兼任司儀，因為現場煩人的事情太多，你一定會忙不過來的。當司儀就

是現場專任，只有「專任」才能「專心」，只有「專
　　心」，司儀工作才做的好。

（18）擔任「司儀」，是一份責任，更是一種無比的榮耀！

　　坐而言不如起而行，現在您要做的，就是累積實場經驗，多
多爭取當司儀的機會吧！

七、活動專案經理人

　　對於許多的公商務活動辦理中，往往會有主要辦理人或者是
實際執行的負責人，在實務上，會給予「負責人」、「總監」、
「總幹事」或「執行長」等等的「任務型職稱」，實際上就是
「活動專案經理人」。專案負責人，可以是召集人，召集人有時
是敦請具有名望的人士掛名，但總執行人則是由其他人擔任，常
有名稱為「執行總幹事」之類的職銜便是，就企業管理上稱之為
「專案經理人」，是屬於任務型的編組，專案一完成臨時任務編
組就解散，人員也隨之歸建到原來的單位，在當今公部門、非政
府組織與各大企業公司很缺這方面的人才。

　　請讀者再次參閱本書第壹章有關於「專案」與「活動專案
管理」的定義與內容。對於綜理「活動專案」的總負責人，便是
「活動專案經理人」。要成為一個優秀專案經理人的條件，包
括：

（一）具有一定的語言能力

　　包括英語或其他外國語文作為對內對外順暢的溝通媒介，更
可以運用語言的優勢來「拓展人脈」、「爭取經費與資源」，以
及成功伸展「活動專案」的觸角與影響力。此外，也不要忽略運
用方言的暢達溝通，特別是對於活動的對象（客戶），是屬於地

方民眾或人民社團，更能達成彼此的思想意見能儘快有所共識，訴求表達方式也能更加親切而讓人接受。

（二）暢達圓融的溝通能力

明白來說，就專案管理的實務中，有可能常常見到「外行領導內行」的情況，因為「專案經理人」的角色可以是通才，不必一定是專才，所領導的分工幹部在某個專業領域有可能懂得比上司多，但這也是組織分工中，要依照專長與經驗分配執掌的道理所在。專案管理總負責人的天職，就是要將人力「適才適所」（專長任務分配）以及對事「調和鼎鼐」（資源、物力、時間與資金分配）。因此，必須具備相當的「溝通協調能力」，讓所有具有專長的人員各就各位，運用「激勵」及「約束」的方式，進而凝結成為一個工作團隊。

（三）時間管理能力

「專案管理」不但是在期限已屆時要達到預定的效果與績效，也是在每段時間進度上都能適當的掌握應有的速度，有經驗的專案經理人，必須要在擬定活動計畫時，根據以前的例子「調查舊案」當成參考，或者與工作團隊採取「腦力激盪」（Brainstorming）的方法，想出可能遇到的障礙與變數，對於時間的妥善分配才能作更佳的彈性運用。

（四）預算管控能力

所謂「巧婦難為無米之炊」，辦理活動一定要有資源、人力與經費，但是對於一般的公商務活動專案而言，經費預算往往很有限，如何將有限資源加以妥善的分配與利用，而能發揮最大的效益與展現成果。

（五）具有韌性與耐力的人格特質

要對一個活動專案擔任總負責人與執行者，往往必須承受

時間的壓力、面對資源的不足，也必須協調與處理複雜的「人員管控」問題，除了具備相當的知識與能力之外，基本上，也要培養下列的個性或工作認知，當個「活動專案經理人」，才能全心投入並且勝任愉快！

1、不怕難不怕煩：

活動專案往往是以前所不曾出現過的案子，或許前案相類似，但是資源條件與活動目的所要達成的績效與目標，絕不會相同。而且，大型的活動往往也包含了許多的個別專案，錢少事多的情況下就不能畏難，尤其在進行活動專案辦理期間，往往所有雜事紛至沓來，如果這時你心浮氣躁，往往會使得方寸大亂，一步錯則步步錯，因而導致「政不通」且「人不合」的情況發生，對於專案執行的成效與成敗結果，您可想而知了。在實務上曾見過許多專案執行者，不是能力不好，也不是各種的資源不夠，而是在他的個性與執行專案的工作認知上出現了問題。所以，要成為一個稱職且易於成功的活動專案執行人，一定要具備相當的「抗壓性」與「多工進行任務」的能力。

2、要培養、多歷練經驗及「宏觀眼界」：

您還記得什麼是「專案管理」中的4項要素嗎？請您再看本書第壹章所說的，專案經理人對於P.C.T.S要精確掌控與執行：

成果導向（P，performance）

成本控制（C，cost）

時間管理（T，time）

眼界（S，scope）

特別是對於最後一的「眼界」來說，負責專案的經理人對於整個專案，一定要「宏觀控制」（Macro-control）與「鳥瞰監督」（panoramic view），也就是不要跳下去親自動手做，必須信任分工與整體性的監督與執行過程，千萬不要拘泥與沈溺於各組的細項工作，特別是對於機械式的工作（例如打字、校對、邀請函印刷、黏貼等等所謂的「紙頭作業」（paper work）可以發包出去或者交代下去。

請記住，對於活動專案的辦理，「時間」與「個人精力」的重要性，甚至比「經費多少」還更居於關鍵的位置。

最後，對於「活動專案經理人」的角色定位來說，是統整全部活動的大腦與靈魂，或許對賓客的「禮賓接待事務」而言，也只是專案分組的其中一項。但是，畢竟專案總負責人對於禮賓工作安排也能具有基本的素養，對於活動的執行，在「精緻度」上一定會有相當大的不同。畢竟，對於工作任務的完成，可以從做到「對」（及格），更可以做到「好」（優良）。對於「專案管理」來說，是另外一門專門的學科，有興趣的讀者可以參加相關的課程與訓練，甚至通過檢測而成為「專案管理師」，在這裡就不再深入討論了。

伍、
活動專案的組織與管理

對於所有公商務活動的策畫來說，都必須先進行與完成一些「統整性」與「規畫性」的前置作業，這便是所有活動專案策畫的組織與管理。在發起一項活動之前，必須先進行「企劃」的規劃工作。

一、活動企劃書的撰擬

（一）什麼叫做「企劃」？

就是確定達成的「目標」以及服務的「對象」，對有限的「資源」與「時間」做理性適切的調度籌劃，所進行的行動方案規劃就是「企劃」。

對於活動專案來說，要達到預定的目標或績效，其實有著許多的方法與途徑，對專案提出特定規劃的人，可以有不同的思考方式與進行的作法，正所謂「條條大路通羅馬」，企劃提報人必須反覆思考，怎麼樣才能達到預期的目標，甚至把「績效」最大化。根據上面對「企劃」的定義中，「資源」可以包括「資金」、「人力」與「物力」，而「時間」方面的因素則要求「進度」的管控，因此企劃乃是企圖達成目標與預定成效的周詳策劃。

針對上述對於「企劃」簡單的說明，當某個單位或團體想要舉辦各種活動的專案，為了執行相關的「謀略」與「策劃」，就必須要撰擬「活動企劃書」。面對公商務不同種類的活動，就可以有許多不同種類的企劃書形式。例如：

一般企劃案

行銷企劃案

產品開發企劃案

廣告企劃案

公共關係（ＰＲ）企劃案

公司內部年度目標企劃案

　　以上只是舉例說明企劃案依照其性質與目標，而有著多種不同的分類與態樣，本書在這裡就必須先界定討論與舉例的範圍，就是針對一般所舉行「會議」、「宴會」與「禮賓專案」等等複合式的活動，性質主要包含上面所提到「一般性企劃」與「公共關係企劃」的性質。

　　（二）製作「企劃書」的用途為何？

　　大致上來說，之所以要擬定活動企劃書，主要有兩大目的：

第一是「**說服**」

第二是「**遵從**」

而就用途來說，可分對內與對外：

對內→上級批准（說服）＋內部組織與管理（遵從）
對外→募款及資源募集（說服）＋爭取外界合作與支援（說服）

　　簡單來說，「企劃書」就是對上下與裡外的「活動說明書」，擬定適切可行以及**具有說服力**的企劃書，才是辦理活動專案成功的第一步！

（三）製作「企劃書」的基本格式及要項

對於一般常見「活動企劃書」的格式而言，通常包含以下的項目：

1、**企劃名稱**：從名稱就可以看出此次活動的意義與目的。

2、**企劃案的達成目標或預期成效**：可包含活動的緣起、目的以及所要達成的目標與效益。

3、**企劃撰擬人（提報人）姓名**。

4、**企劃進行的起迄日期與舉辦時間**。

5、**主辦與協辦單位**。

6、**活動地點或區域**：可以附上場地規劃圖與現場動線圖等等的圖示說明。

7、**參加對象**（訴求對象）與**預估人數**（規模）。

8、**企劃的詳細說明**：包括活動流程表與現場儀節表等等。

9、**組織分工編組與工作執掌**：根據活動大小與複雜程度作適當分工編組，例如：行政組、財務組、總務組、文宣組、禮賓接待組、交通組、會場醫護組等等。分工編組不要疊床架屋，分工必須明確。

10、**預算表**：雖是預先估計的金額，但也必須根據舊案往例以及目前合理的市場價格作為推估編列的依據。對於具有經驗與細心的企畫案審核人來看，從預算表的編列就可一窺擬定企畫案的負責人，對於項目與經費的規劃是否過於浮誇，也可一探這個企畫案是否具有可行性。所以預算的編列，對於企畫案的通過准駁與否，是相當重要的決定因素。

11、工作預定進度表：可將各單位的聯繫協調、場地勘察、企畫提案、組織分工進度、活動協調會議的召開時間，乃至於當天現場的工作，加以表格化列出，或採取繪製「甘特圖」（Gantt chart）的方法表示與列管。

12、聯絡人姓名、電話與電子信箱。

13、其他附註事項：如有需要強調與附帶說明的事項加以註明，例如相關的「備案」等等。

（四）如何撰擬出一份具有說服力與可行性的企劃書？

說明白一點，這就是靈感的產生與撰擬能力的培養。萬事起頭難，剛開始動手草擬企畫書，在大部分計畫書的要項中，或多或少要有一些巧思與創意，如何發想，有以下的建議：

1、傳承與改良：

也許所辦理的活動以前曾經舉行過，看看有沒有舊案可供參考？或者是請教以前承辦活動的人員，甚至是詢問以前曾經參加過活動的人，以前的「優點」與「缺點」各在哪裡？接下來，就可以根據以往寶貴的經驗，傳承過去辦理活動的方法與優點，再針對缺點加以改進與添補其不足，把這些納於企畫書中，更能增加說服力。

2、「單打獨鬥」不如「集思廣益」：

正如俗語所說的「三個臭皮匠，勝過一個諸葛亮」，企畫案撰擬人不妨先行召集日後可能參與活動專案執行的人員，採取「腦力激盪法」（Brainstorming）的方式，相互激發意念與想法，甚至產生創新的構思，思想意見在一陣的天馬行空之後再檢討落實，然後形成共識並且寫入計劃之中。

3、認清自己所處的環境與瞭解自我的地位：

正所謂「知彼知己，百戰百勝」，或許您的團隊必須要跟

其他人競爭活動的辦理，或是爭取預算的執行，如何省錢而又有效益，這可是很具有說服力的！我們就必須認真思考：我們「自身的條件」與面對「外在的環境」，有甚麼與眾不同的地方？優點與缺點各在哪裡，競爭力又在哪裡？此時，我們可以運用「SWOT分析法」，運用簡單的分析方法認清自己所處的地位與環境。

SWOT示意圖

內部條件	優勢 Strengths	劣勢 Weakness
外部環境	機會 Opportunities	威脅 Threats

如上圖所示，從事活動專案的企劃人員，可以清楚而且簡單的把目前我們所在的地位與條件加以釐清，以下就是運用SWOT分析法來幫助我們擬定企劃書：

（1）內在所擁有「利」與「不利」的條件：優勢與劣勢分析（SW）

在擬定計劃書之前，仔細思考一下：我們之前有沒有相關的經驗？目前擁有的資源是多少？時間是否充裕？這些就構成了「內部條件」，也就是目前準備進行某項專案時，所站的地位到底是如何。

（2）面對外在競爭環境：機會與威脅分析（OT）

除了審視自己的團隊，也要仔細觀察目前所處的外在環境：是不是對於某項專案的爭取，還有其他的競爭者？是的話，競爭者多嗎？對手實力如何？再把以上的說明用SWOT分析法，舉例填入表格中：

	優勢	劣勢
內在所擁有的條件（SW）	・團隊與個人具有規劃與執行相關活動專案的經驗。 ・執行專案人力充足。 ・執行專案時間充裕。 ・具有相當的人際脈絡尋求資源協助與整合。	・團隊與個人沒有規劃與執行相關類似活動專案的經驗。 ・人力不足。 ・時間急迫。 ・人際脈絡資源貧乏，尋求資源協助難度頗大。
	機會	威脅
外在競爭環境（OT）	・競爭者不多。 ・對手實力不強。 ・外界提供許多活動專案機會，專案團隊選擇機會多。	・競爭者眾多。 ・許多對手實力頗強。 ・外界提供活動專案機會不多，競爭激烈。

所以，在著手撰寫企劃書之前團隊的集思廣益，就可運用SWOT分析法，先來「**認清自我**」，隨之的策略便是：「**避短揚長**」、「**減少缺點**」後，再進一步「**擴大優勢**」！

（五）企劃書範例

2012年兩岸青年交流研討會企劃書

一、活動名稱

2012年兩岸青年交流研討會

二、活動目的

希望藉由○○○○○○○○○○○，擴大兩岸青年學生學術與觀念交流，加強雙方之瞭解與溝通，並邀請政府、學術界代表與青年代表一同交流與討論，彙集更廣泛的意見與需求，達到○○○○之目的。

三、主辦單位

社團法人新世紀青年發展協會

四、協辦單位

教育部、行政院大陸委員會、國立臺灣大學、國立暨南大學、國立中山大學、國立東華大學、淡江大學、實踐大學

五、活動日期與時間

中華民國101年5月7日（星期一）09：30～21：00

六、地點

臺北市福華文教會館1樓前瞻廳

七、參加對象

1、中國大陸7校聯合青年訪問團師生團員

2、國內大學部暨研究所在校學生（報名表如附件000）

八、預計人數：總計約200人

九、活動流程表

時　間	項　目	內　容	附註
09:00-09:30	報到	與會者進場	
09:30-10:00	迎賓致詞與雙方介紹	1、教育部部長致詞。 2、陸委會主任委員致詞。 3、主辦單位理事長致歡迎詞。 4、中國大陸七校聯合交流團團長致詞。 5、青年代表介紹。	
10:00-10:10	休息		備茶水
10:10-12:00	演講：「由○○○○看○○○」	主講人： 國立暨南大學○教授○○	
12:00-13:30	午餐		供應餐盒

13:30-14:20	第1場交流座談：○○○○經驗分享與交流	兩岸青年團員座談	
14:20-14:30	休息		備茶水
14:30-15:20	演講：「○○○○」	主講人：○教授○○	
15:20-15:30	休息		備茶水與點心
15:30-16:20	第2場交流座談：○○○○	兩岸青年團員座談	
16:20-16:30	休息		備茶水
16:30-17:40	兩岸青年「過去、現今與未來」：展望與合作	簡報：報告人：新世紀青年發展協會執行長○○○	
18:00-20:00	歡迎晚宴		○○餐廳

十、人力編組及工作職掌

專案總負責人（專案經理）：

主持人：

助理主持人：

財務組（經費預算、補助申請、費用收取、費用結算）：

總務組（採購、餐盒、會場佈置與宴會）：

文宣組（製作活動海報、新聞發佈、攝影照相、志工招募）：

活動議事組（製作活動企劃書、活動設計、議程規劃、司儀、主持人、會議記錄）：

禮賓活動組（報名工作、邀請函與邀請事宜、賓客聯繫、賓客統計列冊、禮賓座次排序、現場禮賓接待人員統籌事宜）

十一、經費預算

支 出 項 目	數量	單價	總價	說明
點心茶水費				
交 通 費				機票與住宿費用由來訪單位自行負擔
住 宿 費				
印 刷 費				
場 地 租 金				
場 地 佈 置				
午 餐 餐 盒				
晚 宴 餐 費				（含服務費）
雜 項 費 用				（重要之彈性項目）

十二、報名方式

1、網路報名：本報名表公佈於○○○網站，請於網站下載報名表，填寫完畢後e-mail至abcd1234@yahoo.com.tw信箱。

2、傳真報名：報名表填寫完成後，傳真至02-2300-6666。

十三、附件（報名表）

姓名	出生日期	性別	服務單位（科系年級）	電話

十四、附註事項

二、活動組織的建立

　　對於一般公商務活動專案的辦理，如何將所有人員「任務編組」，而成為一個有行動效率的團隊？建議可以分成以下的分組組別，工作項目也舉例說明如下：

（1）**秘書組**：議事安排、印刷品、會刊、主持人、司儀⋯⋯

（2）**聯絡組**：賓客洽邀聯繫、與談人聯繫、國內官員與貴賓洽邀、製柬與寄發⋯⋯

（3）**總務組**：賓客訂房、餐飲安排、接風宴、惜別宴、歡迎茶會之籌辦等等⋯⋯

（4）**設備組**：各種活動的場地洽租、影音設備、現場佈置等工作⋯⋯

（5）**交通組**：車輛租賃、路線行進、車輛調度、停車位規劃⋯⋯

（6）**活動組**：洽辦相關參訪活動、高爾夫球敘、外賓溫泉

體驗與夜間觀光行程，並負責「先遣」預置人員。

（7）**禮賓接待組**：茶水服務、會議與晚宴報到與接待……

（8）**新聞組（文宣組）**：新聞公關媒體聯繫、新聞稿發佈
攝影與照相安排……

當然，以上的分組名稱可以稍加修改，而工作項目內容也可
以相互調整，對於大型、複合式等複雜的活動專案，分工組別當
然以不只是以上所舉例的這些，應當視專案實際情況與人力調度
的情形而定。在執行活動專案一開始，就必須召開協調會議明訂
執掌，以避免權責不清、相互交疊，甚至是產生「三不管」的模
糊事項，這些對於專案的執行成敗，是相當重要的關鍵。

三、時間與工作進程管控

對於專案執行進度的管控與掌握，通常以兩種方式表現與管
理，一是以「**工作進度表**」由上而下依序表列，優點是工作項目
一一詳列，依序漸進，也可以註明負責組別與負責人員等資訊。
第二種則是以「**甘特圖**」（Gantt Chart）方式表示進度以便於掌
握，「甘特圖」是由亨利·甘特（Herny L. Gantt）於1917年發展
出來，是屬於一種時間條狀圖（Bar Chart）的表現方式，用以顯
示項目、完成進度以及表達出時間相互之間的關係。在專案管理
中，甘特圖顯示各個起迄點，由於屬於圖像方式的表現，對於專
案經理人的進度掌握與激勵團隊成員工作進程，在心理層面上，
會比表列式令人更有感覺而且一目了然，以下是兩種時間管控的
範例：

工作進度表（範例1-以會議專案為例）

編號	工作內容	開始時間月日	完成時間月日	負責組別（負責人）	備註
1	會同各有關單位勘察場地				
2	選定會議與宴會場地				
3	擬定專案企畫書（含編擬預算）				
4	召開第1次工作籌備會議				分組與工作協調
5	大會相關證件圖案設計（包括貴賓證、工作證、車輛通行證等）				
6	印製邀請函、專用佩證、專用車輛通行證、大會手冊				
7	依貴賓名單寄出邀請函				
8	聯繫各有關單位核發工作人員佩證				
9	確認出席狀況並安排會議與宴會座次				
10	召開第2次工作籌備會議				各組進度報告與協調事項
11	禮賓接待組實地預演				

編號	工作內容	開始時間月日	完成時間月日	負責組別（負責人）	備註
12	「大會期間工作手冊」發送				
13	現場工作執行				
14	現場收場工作				
15	經費結報				
16	檢討會議與結案歸檔				

甘特圖（Gantt Chart）（範例2-以會議專案：學術研討會為例）

工作項目	起日 (月日年)	完成日 (月日年)	日數	1月	2月	3月	4月	5月	6月	7月	8月	9月	10月	11月	12月	1月	2月	3月	4月	5月	附註
1 撰寫企劃書與提報	01/03/2012	03/20/2012		■	■																
2 第一次工作會議	03/22/2012	03/22/2012				■															
3 場地勘察與確定	03/22/2012	05/10/2012				■															
4 演講人及研討學者名單研擬與確定	04/10/2012	10/30/2012						■	■	■	■	■	■								
5 邀請函製作與寄發	11/20/2012	02/20/2013													■	■					
6 議程名稱與內容順序確定	08/01/2012	11/20/2012										■	■								
7 演講人與談人及與貴賓出席確定	01/20/2013	03/15/2013															■				

8	印刷品 製作 （證件、 會刊與 相關資料）	11/01/2012	02/25/2013																				
9	印刷品 分送	01/01/2013	04/05/2013																				
10	第2次 工作會議	03/15/2013	03/15/2013																				
11	交通 聯繫 與接送 事項	01/20/2013	04/30/2013																				
12	接待人員 講習與 演練	12/10/2012	03/15/2013																				
13	現場 工作	04/29/2013	04/30/2013																				
14	會後相關 工作	05/01/2013	05/31/2013																				

四、現場工作的管控與活動流程管理

　　所謂「養兵千日、用在一時」，活動專案工作在事前所有詳盡的準備與努力，都是為了活動當天與現場，能夠充分表現與確實執行出來，為了讓所有活動專案工作人員都能有書面資料有所依循與備忘，也都會製作「現場工作流程表」（Rundown）。

　　以下是某大型晚宴的籌辦專案範例：

○○同業公會2012年全國會員大會迎賓晚宴專案現場工作流程表			
程序	時　間	行　動　要　點	人　　員
一	1430 │ 1500	工作人員搭乘租賃巴士從公會大樓1樓發車前往圓山大飯店。	1、公會秘書長為專案督導 2、禮賓接待組同仁 3、活動組同仁 4、交通組同仁 5、總務組人員
二	1500 │ 1630	1、總務組人員檢查相關擴音設備與燈光狀況，設置歡迎看板。 2、禮賓接待人員熟悉環境設施與接待引導動線。 3、活動組人員放置貴賓座位卡片，檢查宴會現場餐桌擺設。	1、公會秘書長為專案督導 2、禮賓接待組同仁 3、活動組同仁 4、交通組同仁 5、總務組人員
三	1630 │ 1645	入口迎賓處接待檯設置完成	1、禮賓接待組同仁 2、活動組同仁

四	1645 — 1730	司儀預習與禮賓人員演練晚宴流程及動作。	1、司儀 2、總務組同仁 3、禮賓接待組同仁
五	1800 — 1830	晚宴賓客陸續抵達，賓客接待工作開始。	1、交通組同仁 2、禮賓接待組同仁
六	1830	1、賓客入席就坐完畢。 2、司儀預備。	1、司儀 2、禮賓接待組同仁
七	1835 — 1845	宣布由經濟部部長致詞，致詞完畢，舉杯向賓客祝酒祝福大會圓滿成功。	司儀
八	1845 — 1855	宣布由公會會長致歡迎詞，致詞完畢，舉杯向賓客敬酒。	司儀
九	1900 — 2030	宴會進行	
十	2030	宴會結束，指揮調度賓客接駁交通車或轎車離去。	1、交通組同仁 2、禮賓接待組同仁

　　不論是各種常見的公商務活動專案的辦理，將活動當天的所有工作流程，依時間序列與節點將條綱一一列出，使得所有工作人員都能「按表操課」，這樣就可以在活動進行到某一時間點之前，人員都能夠事前「就定位」，活動必定能井然有序，好的「Run-down」就成為活動圓滿成功很重要的書面工具！

陸、
各種場合禮賓排序
與位次的藝術

在所有公商務的活動場合中，有一項「關鍵性」又具有相當「敏感性」的工作，那便是「禮賓排序」與「座位安排」！這項工作的重要性，可以說是活動籌辦成功與否的關鍵所在。就「禮賓工作」的態度來說，必須要以賓客的角度來思考，想想是否出席的賓客會感受到「尊重」與「榮譽」？而讓人立即感受最深，而又最直接的，便是「禮賓排序」的結果了。那麼，什麼是「禮賓排序」？起源又是如何而來的呢？

一、什麼是禮賓排序？

所謂禮賓排序（order of precedence，或稱「禮賓次序」），指的是國際交往中對出席活動的國家、團體與各國人士的位次或座次，按某些規則和慣例所進行排列的先後次序。一般而言，禮賓次序表現出地主（國）對賓客所給予的**禮遇與尊重**，在一些國際性的集會上，則表示各**國主權平等的地位**。禮賓次序安排不當或是不符合國際慣例，常常會引起對方的不悅、爭執與糾紛，甚至影響雙方乃至於國家之間的關係。

禮賓排序除了在國際間的「外交禮節」中佔了相當重要的位置，在一般公務或商業的往來中，「職位高低」對相互間往來份際的拿捏，也是非常重要的一項考慮因素，如果運用在「禮賓工作」之中，表現出來就成為了「禮賓排序」。由於禮賓排序必須掌握一些原則與技巧，卻又必須根據不同對象、不同時空環境與想要達成的目的，而做一些「彈性」的調整，而不是死板的墨守一些原則，安排的結果也希望能讓所有人都能「接受」（但在實務上，讓所有人都能「滿意」實在很困難），所以為何本書說「禮賓排序」與「座次安排」，不單是一項「技巧」，而是一項「謀略」與「藝術」的緣故。

二、禮賓次序的重要性

本書在之前的章節，已經多次說到「禮賓事務」，就是一種「搭橋」的工作，事務的性質是偏向於**程序性**的，但千萬別小看這項工作，因為沒有透過適當程序的安排，雙方或多方就無法進行到「**實質性**」的討論、磋商、會談、協議、合作甚至是談判，所以您說這項工作重不重要呢？

中國自古以來，傳統上都講求「揖讓而升」的禮儀，彼此互相謙讓一番，顯得和氣又客套；但從西洋外交的歷史上來看，恐怕就不是如此的「溫柔敦厚」了！數個世紀以來，外交禮節的重心多在次序先後的問題，因為這個問題牽涉到「**國家人格**」、「**國家尊嚴**」、「**國家光榮**」、「**國家地位**」與「**國家體面**」，在國家平等原則，以及民主主義的基礎還沒有樹立與鞏固之前，外交禮節上次序的問題，往往成為國際交往上最大的阻力與障礙，而且，國際間對於這方面問題的爭執，幾乎都是關係到「次序先後」與「階級」的問題（唐京軒，1980.23）。例如，在歐洲歷史上，法國與西班牙為了彼此在外交上駐外使節的前後次序，誰也不讓誰，數度發生爭執與糾紛。在西元1504年，羅馬教皇朱利鄂士二世（Pope Julius II）下令頒佈歐洲各君主的排列序位，但是各國國王大多不滿這項排序的結果，因此實際上常常各行其是。例如，法國政府曾訓令其駐外大使在重要場合，位次千萬不要讓西班牙大使搶先在法國之前。同樣的，西班牙也訓令其大使，不要讓法國大使居於之前（呂雄，2007.22-23）。於是乎，爭執就此發生：

1、西元1633年，丹麥王國為王子舉行婚禮，法國與西班牙大使因宴席上座位的先後問題產生爭執，結果西班牙大使一氣之下降旗歸國。

2、西元1659年，法、西兩國駐荷蘭海牙大使的馬車在某一狹窄巷道內「狹路相逢」，雙方互不相讓，居然就這樣僵持了3小時之久。後來是荷蘭政府被迫將路邊的房屋拆除，讓西班牙大使的馬車通過，而法國大使的馬車也無須相讓，才結束了這場「糾紛」。

3、西元1661年，瑞典駐英國新任大使到任，依照當時的外交禮儀必須舉行盛大的歡迎儀式，英國國王派皇家馬車前往迎接，而其他各國大使也須派出馬車歡迎以壯聲勢。當時瑞典新任大使行進在前，法國大使的馬車隨即緊跟在後，西班牙大使的馬車車伕一看，認為此舉將置西班牙國王的尊嚴於何地，便與法國車夫吵架，結果法國車伕被拉出車外，馬也死了好幾匹，還好護衛大使的百餘位士兵沒有跟著動武，否則事情會鬧的更大。法國國王路易十四（Louis XIV）在當時的歐洲是何等人物，獲知法國大使受辱，便與西班牙斷絕外交關係，並且提出嚴重警告：如果不為此事道歉與賠償，並且懲處西班牙駐英國大使，結果便是「宣戰」。西班牙為了息事寧人，只勉強能答應。

　　除了法、西兩國之間為了位次問題爭的你死我活之外，其他國家恐怕也好不到哪裡去。西元1768年冬天，英國倫敦政府舉行正式舞會，廣邀各國使節參加，依當時國際慣例，法國使節的席位是在教皇及皇室所派的大使之後，並且在所有國家的使節之前，然而俄國政府卻訓令其使節席次不可以低於法國。現場俄國大使先到，法國大使後到，想坐在俄國大使之前，因此發生爭執而彼此動手，最後居然是以「鬥劍」的方式來決定「誰有理」，結果俄國大使還因此受了傷。（唐京軒，1980.4）（呂雄，2007.23）。

以上的案例都是幾個世紀之前所發生的歷史事件，就現代人的角度來看，似乎反應過度而流於「野蠻」。但是，如果將層級拉高到國際外交的高度位階來看，事關國家的尊嚴，以及君主與元首的面子，爭的面紅耳赤甚至拳腳相向，恐怕也不是沒有道理存在。在當今的社會，如果禮賓排序的不當，所引發的結果，雖然沒有嚴重到「兵戎相見」的情況，卻也會嚴重影響到重要場合既定事務的進行。

　　再舉一個現代國際歷史上的案例：在1973年，由越南共和國（南越）、美國、越南民主共和國（北越）及「越南南方民族解放陣線」（National Front for the Liberation of Southern Vietnam，又稱越共）在法國巴黎簽訂的「巴黎和平協約」，這個和平協議目的，是為了停止越南戰爭以謀求和平，也停止美國的直接介入戰事，以及達成停火的目標。當初在和談準備開始前有個插曲，各方為了談判桌是擺成「長的」、「方的」還是「圓的」，而爭執不休，和談因此延宕了近6個月之久。或許這是談判運用的策略手段之一，在談判場合上利用「**程序問題**」來干擾「**實質問題**」，或者是運用「程序問題」為手段，來爭取到解決「實質問題」為目的。在外交上，運用「禮賓層級」的升高（甚至是「破格」），來禮遇來訪貴賓，而培養雙方友好的氣氛，藉此進一步增強雙方鞏固友誼與實質的合作。另一方面，「禮賓層級」也可負面運用，如果我方就對方某一事件或方式不滿，便可以運用降低接待層級，或減少禮遇的方式表達（降格）。換句話說，就國際外交禮儀上，講究的是平等對待與禮尚往來，猶如天平的兩端，「禮賓待遇」上的變化，便隱含與表達著外交話語，成為雙方關係的溫度計，「禮賓」與「接待」工作是如此的重要，不但不能忽視它，反而必須加強與重視。

總而言之，「禮賓排序」的重要，在於它是屬於「**前置性**」以及「**程序性**」的工作。「**程序性**」的工作如果沒有共識，在任何公商務的活動場合就沒有辦法進行到「實質性」的事項，例如進行「會議」、「談判」、「磋商」、「訪問」等等的實際內容與本體工作。如果以圖形來表達，就如下圖所示：

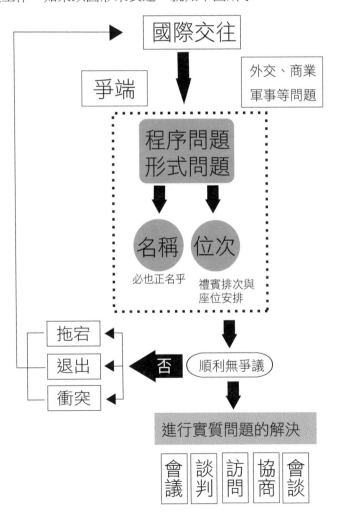

三、國際間對於「禮賓次序」原則的確立

如果就西洋歷史來觀察，早先國際間的外交「禮賓次序」先後順序的決定，大致是由以下的條件與原則所決定的：

1、宗教因素與國勢強盛與否。

2、政體與尊稱。

3、階級高低。

4、抵任先後：亦即同一階級則以報到履新的時間先後，來決定禮賓次序的順序。

5、依照「字母排列」（Alphabetical Order）及「上位交互辦法」（或稱「輪流制」，the alternate system）。

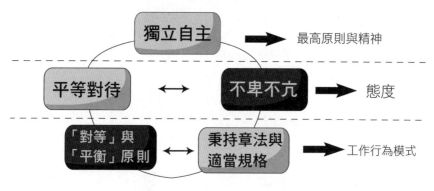

現代禮賓工作的精神與原則

近一世紀以至現代，自從宗教影響力式微，以及民主政治代替了貴族政治，再加上國際間提倡各國「獨自自主」與「平等對待」的精神，國際外交上「禮賓排序」的原則只剩下以上的「**職位高低**」、「**抵任先後**」與「**字母排列**」的方式而已。所以，讀者也可從國際間「禮賓排序」原則演變嬗遞的歷史中，察覺到從

「神權」、「君權」乃至於「民權」的演進。然而，奠定今日具有**平等**與**平衡**精神之「禮賓排序」原則的里程碑，到底是從何時發軔的呢？主要是在西元1815年的「維也納會議」所訂立的國際條約《維也納會議議定書》（Final Act of the Congress of Vienna），規定「外交代表等級規則」（Règlement sur le rang entre les agents diplomatiques），以及西元1818年所召開的「愛拉夏伯爾會議」中所訂立的《愛拉夏伯爾會議議定書》（Final Act of the Congress of Aix-la-Chapelle），確定了國際間外交官的階級與次序，雖然當時只規範於歐洲地區，但是後來日漸通行於全世界，直到現在，也為世界各國所採行與遵守。

四、安排禮賓次序與位置的基本原則

　　或許我們對於上述的「外交禮節禮賓排序」來說，會覺得位階很高，似乎對於們平常的工作與生活來說，感覺相當的遙遠。其實，「禮賓排序」對於現代公商務的各種場合中的實際運用，同樣也是非常的重要，只是因為在外交場合上，如果不把相關的「排序」明定，牽涉到國格與尊嚴，一定會引發紛爭，產生的後果恐怕難以預估。在一般的商務場合，對於排名順序也許不見得會爭得如此白熱化，但卻是各種活動程序與座位安排的重點，因為「排名先後」與「座次高低」對於賓客或參與活動的人員來說，就是「隱含」主辦單位或主事者對某位人士的「看法」或「重視程度」，所以，這項工作是非常具有**敏感性**的！而對於某些具有政治性的場合來說，敏銳的觀察者甚至可以透過「座次高低」的安排，來解讀政治人物「權力」與「位階」的變化。所以我們可以說：「禮賓排序」是一門相當奧妙的「**藝術**」與「**學問**」，甚至往往成為活動成功與否的重要關鍵！

而對於現代公務或商業的各種場合與活動而言，通用的「排序原則」與安排「座次」的方式為何呢？對於這方面的工作，首先要詳列所有賓客的職銜與姓名後，再按賓主雙方分別排序，一一按照機關單位或公司內部公認的排名，依次序臚列成一份賓客名單，才能繼續「安排座位」的工作。

（一）禮賓名次排序原則

　　對於名次排序的原則，有以下的根據來衡量，在這裡必須事先說明的是，要採取哪一種原則，或者是哪幾種原則，需視賓客或人員的組成性質而定：

1、階級職位（Position）：

　　這是禮賓次序排列的主要根據。在一般的官方活動，經常是按身份與職務的高低安排禮賓次序，例如按國家元首、副元首、政府總理（首相）、副總理（副首相）、部長、副部長等順序排列，各國提供的正式名單或正式通知是確定職務的依據。由於各國的國家體制不同，部門之間的職務高低也不盡一致，禮賓排序則要根據各國的規定，按相當的級別和官銜進行安排。在一般民間機構或是公司的商務來往活動中，禮賓次序的高低順序，也是以「職位高低」為首要衡量的依據，例如：公司內部依次為董事長、總經理、副總經理、協理、襄理、經理等等的排序。當然，對於「職稱」的定名來說，實在是非常多樣化，在有制度的公司內部，應該有一套職位的排序列表可供參考，當辦理活動、舉行大會與內部會議時，才有工作上的依據。另外要補充的是，如果屬於國際間大型會議或運動大會等等的場合，常常會由參與的國家派出多人組成的「代表團」觀禮、參與大會甚至參加比賽，有時也可以按照出席代表團的「**團長身份**」高低排列各團的次序。

2、政治考量（Political Situation）

在安排排序與位次時，再進一步考量賓客相互間的位置關係，若相鄰座位的兩人因為國家（或單位間）的關係不佳，也可以考慮調整位置而不坐在隔壁。另一種外交藝術，稱之為「破格接待」，原本國際外交禮儀上的通用原則為「平等」與「對等」，如果因為特別政策與外交手段的緣故，想要提昇某位對象禮遇的規格，迎賓時可由比訪賓更高階的東道主來迎接，座次安排上也可以更加禮遇，由此安排讓被接待的訪賓體會地主國的禮遇意涵與用心，進而加強雙邊關係的增進，這種辦法用於一般的商務場合也是相當適用，也成為建立彼此交往促進商誼的方法與手段之一。

3、人際關係與交誼（Personal Relationship）

有時候在考慮「職位」的優先次序之後，或許還有其他必須考慮的地方，例如：雖然某人的職位較高，也許與其他人還有某些必須考量的因素，例如彼此之間有師生情誼，在華人的社會習慣之中，往往不敢排在老師之上，否則到了活動現場相互還會謙讓一番，至於這種「人際關係與交誼」來說，主辦單位或承辦人員是否知曉，往往無法一一瞭解，當然只能儘量探求便是，實在無法全知全能，這也就是為何負責禮賓工作的專業人員，必須長時間累積經驗與開拓廣博的視野，對於這種人際之間複雜的關係才能較為「練達」的緣故。

以上3種排序，便稱之為「3P原則」，也是一般坊間禮儀書籍常常談到的。但是，在實務工作上，所謂「3P原則」實在無法含括所有的禮賓排序工作，在國際上常見的排序原則，以及適用於華人社會慣用的排序之方式，還包括以下的原則與方法：

4、依中文筆畫排序：

有時人員並沒有特別的「職位」，或者是彼此的「職位名稱」之間難以比較，如果都是國內人士，也可採用「姓與名」的中文筆畫順序排列。例如，使用中文的出版品，參與人士的排名可以依照中文姓名筆畫排序（並且聲明以姓名筆畫順序排序）以避免爭議。

5、依英文字母排序：

在國際間多邊（多國參與）活動中的禮賓次序，依當今的慣例會按照參加國國名字母順序排列，一般以「英文」字母排列居多，少數情況也有按其他語系的字母順序排列（例如歐盟使用法文），這種排列方法多見於國際會議、體育比賽等等，例如奧運會開幕、閉幕典禮的各國進場排序，並且地主在最後入場（另因「希臘」是奧林匹克運動會的發源地，所以習慣由希臘首先出場）；另外如聯合國開議時，國家排序是每年先抽籤決定從哪一個字母開頭，再依之後的英文字母順序來排序，以避免某一些國家（像是A、B開頭的美國、巴西等等國家）總是佔據前排席位，也讓各國都有均等的機會排在前列。因此在國際會議的席次、公佈與會者名單、懸掛參與國的國旗，相關的座位安排等等，大多按照各國國名的英文字母順序排列為基本的原則。值得注意的是，在有關於「**國際簽約**」場合中，若僅有兩國締約，各方的收執本各以本國元首與國家居前；若在多國簽約的場合中，也有所謂的「**輪流制**」（the alternate system），這是為了使每個簽約國都享有第一位簽字的榮譽，在技術上將給每個簽約國的收執本，給該國優先簽署在第一位，之後再給其他締約國依「法文」國名順序依次簽字。如此，各國在名義上都享有優先權，也

解決了各國對於「排序」等等程序問題上的爭議，但是現今多已不見採行，而是依照國際通用的「英文」字母排序簽署。

6、依年齡大小、出生年月日排序（敬老尊賢原則）：

如果活動的性質，不需要以階級頭銜為考量，甚至是因為大家頭銜都差不多，在**華人社會**通常也接受「敬老尊賢」的說法，而依照「年齡大小」來做排序。但是必須加以說明的是，國際間排序還是以「單位」與「職銜」為考量，不認為「年齡」是一項重要因素，如果某位國際人士知道他坐上位，只是因為「年紀」比其他人大，恐怕他不見得會欣然接受的。

7、依進場或報到順序（FCFS原則）：

西諺常論及「First-come, first-Serve」，意思是說先來者先服務、先來者先享受，也可以引申為先到場先報到者先選位入座，對於舉辦中大型會議或宴會時，常會運用這項原則，實務上重要賓客常搭配上面的幾項原則安排固定座位，其餘賓客再按照這項原則入座，但是現場必須配合司儀宣佈自由入坐，還有由禮賓接待人員協助入席較為適當。

8、抵任先後（比年資或資歷）：

在工作職場中，「排資論輩」乃是人之常情，彼此間排名先後與座次安排也成為重要的依據之一。人們不只在工作場合的「人際生態」中愛比資歷，在國際外交禮儀的場合中，在某國的他國駐節大使之間排名先後，就是以抵任該國時向元首呈遞「到任國書」的先後次序，來決定彼此大使間的排名次序。

9、對於軍職人員的禮賓排序

相信絕大部分的人對軍職人員的禮賓排序都毫無概念，軍中

除了軍階之外，也是非常講究學長與學弟間的期別倫理。其大致依循的原則如下：

（1）**軍階**：依次為將官、校官、尉官與士官。

（2）**軍種**：陸軍、海軍、空軍、聯合後勤、憲兵等等排序。

（3）**年班**：同軍種則比期別。

10、其他禮賓次序安排的慣例與依據

　　對於禮儀工作來說，「**入境問俗**」的原則還是會發揮作用，相關的安排往往也必須尊重主辦國或主辦單位的特殊考量，例如：國家之間的關係、所在地區、活動的性質與內容、對於活動的貢獻多少，以及參加者（包括代表團團長）的威望、資歷等等；有時也會把同一「集團」的、同一「地區」的、同一「宗教信仰」的、同一「語文」的，或者是「關係特殊」的國家或企業的代表團（或代表人及成員）排在前面或安排在一起，而對同一級別的人員，常把威望高、資歷深、年齡大者排在前面，有時還會考慮業務性質相近的、相互往來較為頻繁等等的因素，納入排序或座次的考量。不論主辦者依據哪一種因素當成標準，都必須讓大部分的參與者能夠認同，最起碼主辦者要能夠「**自圓其說**」，因為禮賓排序在積極面是要讓人感覺到「被重視」與「被尊重」，在消極面則是要能達成參與者彼此間的共識與平息爭議為目的。

（二）官方明定排序的實例

　　由於在外交上或者是官方的禮賓工作，對於「**位次**」的要求是非常嚴謹的，必須「明定」官員之間的排序，相關活動才會井然有序，可不要認為每個國家政府內部官員排序的訂立，只是建立「朝儀」而已，而是對於政府內部以及國際間活動的往來交流建立一套制度，如此才有一定的辦理標準，否則官員之間誰是排

在前、誰居於後都爭論不休，光是「程序」問題就牽扯不清，國家政事豈不耽誤？

因此，世界主要國家對於其內部官員與重要有威望人士，都會一一詳列其職位的「**禮賓排序**」，換個角度來看，有明定禮賓排序的國家，幾乎都是國際間強權或是重要的國家，因為從良好的禮賓工作制度中，就可見其端倪。

以下舉出美國官方禮賓順序為實例，看看官員與顯要之間是如何排序的，一方便作為參考資料，另一方面希望讀者們從中也有所啟發，甚至運用在您個人的工作之中。

◎ 美國政府官員禮賓與重要人士排序（節略）

VIP 1 Code:

1. PRESIDENT OF THE UNITED STATES
2. HEADS OF STATE/REIGNING ROYALTY

VIP 2（FOUR-STAR EQUIVALENT） Code:

3. VICE PRESIDENT OF THE UNITED STATES
4. GOVERNORS IN OWN STATE (SEE #43)
5. SPEAKER OF THE HOUSE OFREPRESENTATIVES
6. CHIEF JUSTICE OF THE SUPREME COURT
7. FORMER PRESIDENTS OF THE UNITED STATES
8. U.S. AMBASSADORS, WHEN AT POST
9. SECRETARY OF STATE
10. PRESIDENT, UN GENERAL ASSEMBLY (IN SESSION)
11. SECRETARY GENERAL OF THE UNITED NATIONS
12. PRESIDENT, UN GENERAL ASSEMBLY(NOT IN SESSION)
13. ACCREDITED AMBASSADORS OF FOREIGN POWERS

14. WIDOWS OF FORMER PRESIDENTS
15. ACCREDITED FOREIGN MINISTERS AND ENVOYS
16. ASSOCIATE JUSTICES OF THE SUPREME COURT
17. RETIRED CHIEF JUSTICES OF THE SUPREME COURT
18. RETIRED ASSOCIATE JUSTICES OF THE SUPREME COURT
19. SECRETARY OF THE TREASURY
20. SECRETARY OF DEFENSE
21. THE ATTORNEY GENERAL
22. SECRETARY OF THE INTERIOR
23. SECRETARY OF AGRICULTURE
24. SECRETARY OF COMMERCE
25. SECRETARY OF LABOR
26. SECRETARY OF HEALTH AND HUMAN SERVICES
27. SECRETARY OF HOUSING AND URBAN DEVELOPMENT
28. SECRETARY OF TRANSPORTATION
29. SECRETARY OF ENERGY
30. SECRETARY OF EDUCATION
31. SECRETARY OF VETERANS AFFAIRS
32. SECRETARY OF HOMELAND SECURITY
33. ADMINISTRATOR, ENVIRONMENTAL PROTECTION AGENCY
34. CHIEF OF STAFF TO THE PRESIDENT
35. DIRECTOR, OFFICE OF MANAGEMENT AND BUDGET
36. U.S. TRADE REPRESENTATIVE
37. DIRECTOR, NATIONAL DRUG CONTROL POLICY
38. OFFICE OF HOMELAND SECURITY

39. U.S. REPRESENTATIVE TO THE UNITED NATIONS(IN SESSION)(SEE #59)

40. CHAIRMAN, COUNCIL OF ECONOMIC ADVISORS

41. PRESIDENT PRO TEMPORE OF THE SENATE

42. UNITED STATES SENATORS(BY SENIORITY; WHEN EQUAL, BY ALPHA)

43. FORMER UNITED STATES SENATORS(BY DATE OF RETIREMENT)

44. GOVERNORS WHEN NOT IN OWN STATE(BY STATE DATE OF ENTRY; WHEN EQUAL, BY ALPHA)(SEE #4)

45. ACTING HEADS OF CABINET LEVEL DEPARTMENTS

46. FORMER VICE PRESIDENTS OF THE UNITED STATES

47. UNITED STATES HOUSE OF REPRESENTATIVES(BY SENIORITY; WHEN EQUAL, BY ALPHA)

48. FORMER CONGRESSMEN(BY DATE OF RETIREMENT)

49. DISTRICT OF COLUMBIA DELEGATE TO THE HOUSE OF REPRESENTATIVES

50. GUAM DELEGATE TO THE HOUSE OF REPRESENTATIVES

51. U.S. VIRGIN ISLANDS DELEGATE TO THE HOUSE OF REPRESENTATIVES

52. AMERICAN SAMOA DELEGATE TO THE HOUSE OF REPRESENTATIVES

53. RESIDENT COMMISSIONER FROM Puerto Rico

54. DEPUTY SECRETARIES AND UNDER

SECRETARIES(WHEN DEPUTY SECRETARY EQUIVALENT) OF THE EXECUTIVE DEPARTMENTS(NUMBER-TWO POSITION)

55. ASSISTANT TO THE PRESIDENT FOR NATIONAL SECURITY AFFAIRS
56. ASSISTANTS AND COUNSEL TO THE PRESIDENT
57. CHARGES D'AFFAIRES OF FOREIGN POWERS
58. FORMER SECRETARIES OF STATE
59. FORMER MEMBERS OF THE PRESIDENT'S CABINET
60. U.S. REPRESENTATIVE TO THE UNITED NATIONS(NOT IN SESSION)(SEE #38)
61. DIRECTOR, CENTRAL INTELLIGENCE AGENCY
62. SOLICITOR GENERAL
63. ADMINISTRATOR, AGENCY FOR INTERNATIONAL DEVELOPMENT
64. DIRECTOR, ARMS CONTROL AND DISARMAMENT AGENCY
65. DIRECTOR, U.S. INFORMATION AGENCY
66. UNDERSECRETARIES OF STATE AND COUNSELS
67. UNDERSECRETARIES OF THE EXECUTIVE DEPARTMENTS(NUMBER-THREE POSITION)
68. U.S. AMBASSADORS AT LARGE
69. UNDER SECRETARY OF DEFENSE FOR ACQUISITION(FOR ACQUISITION MATTERS ONLY)(SEE #77)
70. SECRETARY OF THE ARMY, NAVY, AIR FORCE
71. POSTMASTER GENERAL
72. CHAIRMAN, FEDERAL RESERVE SYSTEM
73. CHAIRMAN, AMERICAN BATTLE MONUMENTS

COMMISSION

74. CHAIRMAN, COUNCIL ON ENVIRONMENTAL QUALITY

75. FORMER SECRETARIES OF THE SERVICES

76. CHAIRMAN, JOINT CHIEFS OF STAFF

77. UNDER SECRETARY OF DEFENSE FOR ACQUISITION AND TECHNOLOGY(SEE #69), FOR POLICY, DOD COMPTROLLER/CHIEF FINANCIAL OFFICER, FOR PERSONNEL AND READINESS, FOR INTELLIGENCE

78. RETIRED CHAIRMEN OF THE JOINT CHIEFS OF STAFF

79. VICE CHAIRMAN OF THE JOINT CHIEFS OF STAFF

80. RETIRED VICE CHAIRMAN OF THE JOINT CHIEFS OF STAFF

81. CHIEFS OF SERVICES AND COMMANDANT OF THE U. S. COAST GUARD(SEE NOTE 1)

82. RETIRED CHIEFS OF SERVICES(4 STAR RANK) (SEE NOTE 1)

83. COMBATANT COMMANDERS(SEE NOTE 2)

84. RETIRED COMBATANT COMMANDERS(SEE NOTE 2)

85. DIRECTOR, WHITE HOUSE MILITARY OFFICE

86. GENERALS OF THE ARMY, FLEET ADMIRALS, GENERALS OF THE AIR FORCE

87. LIEUTENANT GOVERNORS AND ACTING GOVERNORS

88. FOREIGN NON-ACCREDITED PERSONS OF AMBASSADOR RANK

89. SECRETARY GENERAL, ORGANIZATION OF

AMERICAN STATES
90.　CHAIRMAN, PERMANENT COUNCIL OF THE ORGANIZATION OF AMERICAN STATES
91.　HEADS OF INTERNATIONAL ORGANIZATIONS(NATO, SEATO, etc.)
92.　ADMINISTRATOR, GENERAL SERVICES ADMINISTRATION
93.　ADMINISTRATOR, NASA
94.　ADMINISTRATOR, NATIONAL OCEANOGRAPHIC AND ATMOSPHERIC DMINISTRATION
95.　CHAIRMAN, MERIT SYSTEMS PROTECTION BOARD
96.　DIRECTOR, OFFICE OF PERSONNEL MANAGEMENT
97.　ADMINISTRATOR, FEDERAL AVIATION ADMINISTRATION
98.　CHAIRMAN, FEDERAL MARITIME COMMISSION
99.　CHAIRMAN, NUCLEAR REGULATORY COMMISSION
100.　DIRECTOR OF ACTION
101.　DIRECTOR OF THE PEACE CORPS
102.　U.S. AMBASSADORS ON OFFICIAL VISITS IN D.C.
103.　CHIEF OF PROTOCOL, DEPARTMENT OF STATE
104.　U.S. AMBASSADORS ON OFFICIAL VISITS IN THE U.S. OUTSIDE THE DISTRICT OF COLUMBIA
105.　STATE SECRETARY OF STATE(IN OWN STATE)

　　附註1：以上美國政府重要人士排序，尚有自VIP 3至VIP 8，也就是編號從第106到250，因篇幅所限省略。

　　附註2：其實我國中央政府首長間亦有明訂之禮賓排序並行之有年，而2010年1月12日立法院所通過的《行政院組織法》，在2012年

行政院下轄的組織機關，將減為29個，而成為14部、8會、3個獨立機關、1行、1院、2總處，其中還將新增科技部、文化部、環境資源部及衛生福利部。因此，屆時我國中央機關相關的「禮賓排序」也將隨之有重大的改變。

以上僅舉出美國政府的例子當成參考資料，其他國家例如：英國（含王室）、法國、德國、巴西、加拿大、中國大陸、香港特別行政區、丹麥、芬蘭、瑞典、挪威、瑞士、土耳其、印度、巴基斯坦、以色列、義大利、西班牙、波蘭、澳大利亞、紐西蘭等國，都有明訂國家官員之間的「禮賓排序」，以做為內部以及國際間官方往來互動之間活動辦理的依據。

（三）座位安排的「尊位原則」

如果賓客或參與人員的次序大致確定，接下來，便是因應各種場合（例如：會議、典禮大會、宴會、合影與會談等等）座位如何安排的問題。當然，位階職務比較高，或者是比較重要的人士，我們會安排比較「尊重禮遇」的位子，那麼，比較「尊貴」的座位如何決定？這便是通行於當今國際禮儀中的「尊位原則」，如下面的表格所示：

尊位原則

1. 以**右**為尊
2. 以**上**為尊
3. 近**中央**為尊
4. 近**內**為尊
5. 近**主人**為尊
6. 較**舒適**為尊

而對於公商務的**宴會**來說，是以達到「**交誼**」為目的，所以又有所謂「**分座原則**」，至於是如何分座呢？

宴會分坐原則：

1.「**男女**」分坐

2.「**華洋**」分坐

3.「**來賓、陪賓**」分坐

4.「**夫妻**」分坐（西式排法）

　　如果您已經大致安排好賓客的座位安排，接下來還必須根據以下特殊情況加以調整：

1、曾擔任過職位之高低：

　　有時受邀的賓客已經離開某項職位，也可能已經退休，或者是從事其它的事業。公務界最多的例子便是不再擔任高官要職，也許重新回到學術界從事研究工作，或者是重回校園擔任教職以作育英才，在座位安排上也可考慮賓客所曾經擔任的「最高職位」，因而向前調整到適當的座位，不可因為某位客人目前已無重要職位或是顯赫頭銜，而被安排在後座，這會讓人感覺到主人的現實與世態炎涼，這一點必須特別注意。

2、恩怨情仇：

　　有時公務餐宴中的座位安排，難免需要考量到一些無法明講的「私人因素」。例如，明明知道兩人不太對盤，就不要安排彼此相互鄰座；又如你主辦某場大型工商協會的餐宴，知道某兩家公司正在大打專利權官司，就不要讓兩家企業主剛好同一桌，一則避免尷尬，令當事人食不下嚥，二來也不要讓其他人因此多了個茶餘飯後的閒聊話題。因此，座次安排不必墨守成規，如有特殊考量就必須加以調整。

3、突顯重要性：

為了表示禮遇與重視對方，主方刻意提高某人的座次，升高接待的層次，這就是所謂的「**破格**」安排。這項禮賓工作技巧，常見於國際外交接待的實務上，其目的是為了積極爭取對方的外交友誼。若用於商務上，則是特別突顯某人的重要性，表現出特別的重視與禮遇，這是一種靈活運用的技巧。這一點會在本章最後討論。

4、現場工作之要求：

有時入席者對於某項活動也常常有工作在身，特別是在會議辦理的實務上，此時參與工作的入席者，就毋須拘泥自己職位的高低，要以方便現場工作為首要考量，儘量安排在方便出入的座位，以及不妨礙其他在座者的視線，或是不容易受到注意者為佳，不然有時因為工作，或者是處理現場臨時突發的情況而進進出出，將影響與干擾到其他在座的賓客，這可是非常失禮的事情。

5、最後要經上司核可確定的程序：

當然也是最重要的，各項活動的主辦人對於座次安排，是不是能夠**解釋周到**？依循的原則與安排的理由都能具有說服力，才是一個恰當的座位安排。最後，安排好的座位圖表，要記得給負責的主管或是擔任主人者核閱一下，或許他能找到你未能考慮到的重點也說不定。

五、「會議」座位安排

　　對於會議座次安排，首先要考慮到會議桌的型式，常見會議桌的形狀包括「長方型」、「T字型」、「戲院式」、「ㄇ字型」、「口字型」、「E字型」、「而字型」等等，最常使用的當屬「長方形」會議桌，因此在這裡以這種桌型為討論對象。

　　我們對於會議座次安排，主要以「**參加會議的單位**」為排序首要的對象，因為開會是以工作與討論為導向，同單位的出席代表坐在同一區塊，可以相互徵詢。如果是屬於內部的會議，參加開會的人便可單純依照職務位階，座位次序依照下圖安排入座：

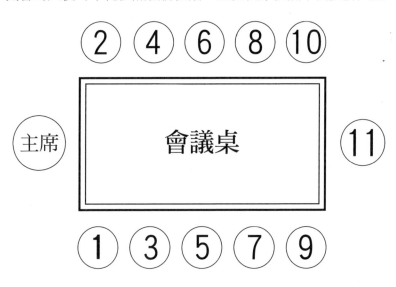

如果會議的性質，是屬於雙邊「洽談」、「協商」或「談判」的性質，彼此之間便可分為「主方」與「客方」，座位安排便明顯的涇渭分明。舉實例來說，譬如像兩國之間的經濟貿易談判與協商，或者像是「財團法人海峽交流基金會」（海基會）與「海峽兩岸關係協會」（海協會），雙方的協商與會談，所採取的座次安排，都是這種型式，如下圖所示：

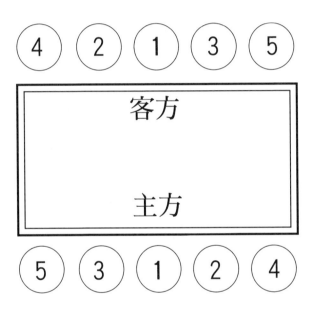

如果是國際間多國代表參與的國際大會，具有規模與制度的籌辦單位，多設有「議事組」或「秘書組」，而參加各國的會員代表，則依照國家英文國名的第一個字母，依照字母順序排列如下：

多邊國際會議

半圓形大會廳
Semi-Circle Form

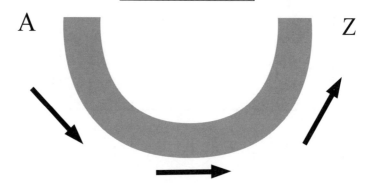

六、「餐宴」座位安排

對於商務餐宴或者是正式餐宴，「座次安排」絕對是工作中的首要重點，當整理出一份按照禮賓排序正確的「**賓客名單**」之後，又如何按照各種「桌型」與不同「桌數」來安排座位呢？

請各位讀者對於「尊卑原則」與「分座原則」再次複習一下：

《尊卑原則》	《分坐原則》
1. 以**右**為尊 2. 以**上**為尊 3. 近**中央**為尊 4. 近**內**為尊 5. 近**主人**為尊 6. 較**舒適**為尊	1. **男女**分坐 2. **華洋**分坐 3. **來賓、陪賓**分坐 4. **夫妻**分坐（西式排法）

基於以上的入座的安排，以下就是各種桌型的入座次序安排：

1、**中式圓桌第①式**：主賓與主人地位相同時（以11人為例，人數多寡可類推）

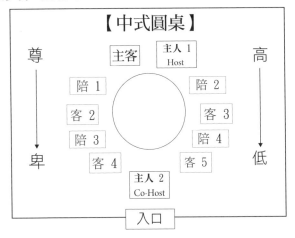

【中式圓桌】

中式圓桌第①式隨場地的調整-前有表演舞台時：主賓與主人地位相同時（以11人為例，人數多寡可類推），為了方便主人與主賓觀賞節目，而調整方位。

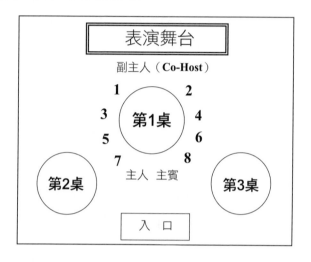

2、中式圓桌第②式：主人地位明顯高於所有賓客，也並沒有明顯主賓時（以14人為例，人數多寡可類推）

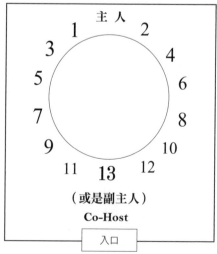

3、**中式圓桌第③式**：有主賓時（以14人為例，人數多寡可類推）

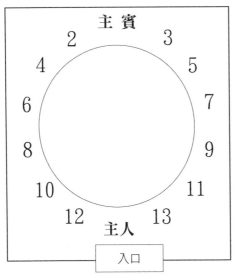

4、**中式圓桌第④式**：有男女主賓與男女賓客（夫妻或男女伴），主賓與主人地位相當時（以16人為例，人數多寡可類推）

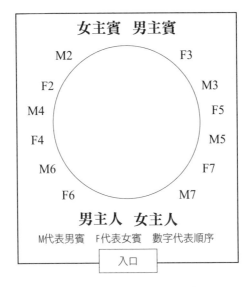

5、西式圓桌第①式：有男女主賓與男女主人，主賓與主人地位相當時（以12人為例，人數多寡可類推）

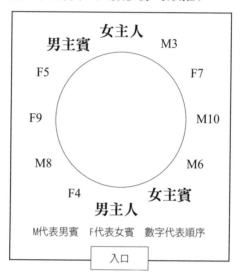

　　6、西式圓桌第②式：有主賓時（以12人為例，人數多寡可類推）

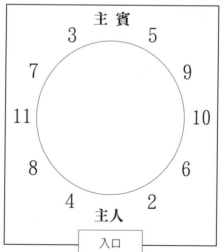

7、**長桌-英式排法第①式**：有主賓時（以12人為例，人數多寡可類推），其實您可以把它當成西式圓桌的排法。

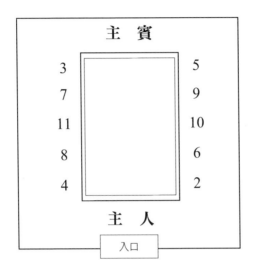

8、**長桌-英式排法第②式**：有男女主賓與男女主人時（以12人為例，人數多寡可類推），您也可以把它當成西式圓桌的排法。

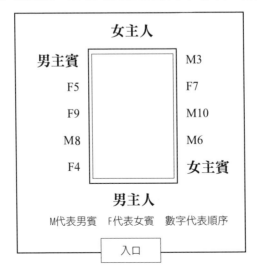

9、**長桌-歐美式排法第①式**：有男女主賓與夫妻或男女伴時（以16人為例，人數多寡可類推），以男女主人居中。

M 5	F 3	男 主 賓	女 主 人	M 2	F 4	M 6

F
7　　　　　　　　　　　　　　　　　M
7

F 6	M 4	F 2	男 主 人	女 主 賓	M 3	F 5

M代表男賓　F代表女賓　數字代表順序

入口

10、**長桌-歐美式排法第②式**：有男女主賓與夫妻或男女伴時（以14人為例，人數多寡可類推），以男女主人與主賓共同居中。

M 4	F 2	男 主 賓	女 主 人	M 3	F 5

F
6　　　　　　　　　　　　　　　　　M
6

M 5	F 3	男 主 人	女 主 賓	M 2	F 4

M代表男賓　F代表女賓　數字代表順序

入口

10、長條多桌型（排座原則冂字型、E字型、而字型皆統一適用）：

此種屬於大型正式會議與餐宴所適用，多年前我國的國宴與大型會議曾用過，但是缺點為各條桌間的賓客常常「背對而坐」，氣氛略顯得嚴肅，現今各國的正式餐宴大多已經不太採用。其座次先後安排原則如下（以「E字型」長條桌為例）：

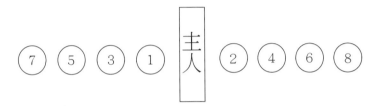

◆ **實例操作**：在這裡舉出一個實際操作範例

祥瑞公司邱董事長出面作東，準備宴請某報的主管餐敘，公司把這個辦理餐會的事情交給你，你該怎麼安排座位呢？

（一）首先，先擬定好一份正確的賓客名單，這份名單上所列邀的，都是國內的賓客，而且假設名單上的賓客都能出席：

賓客名單

時間：2012年9月9日（四）中午12時正
地點：凱撒大飯店3樓北京廳
賓主合計：12位

賓客	5位	王發行人○○○	（財經日報）
		羅總編輯○○	（財經日報）
		何主任○○	（財經日報）
		范組長○○	（財經日報）
		李○○先生	（財經日報記者）
陪賓	6位	王總經理○○○	
		張副總○○	
		李經理○○	
		賴經理○○	
		張主任○○	
		林專員○○	
主人	1位	邱董事長○○	

（二）接下來，決定採取「中式圓桌第③式」

（三）再根據安排座位的原則：

1、尊右為原則

2、分坐原則：：客方與主方人士分坐原則。

（四）實際排定的座次結果：

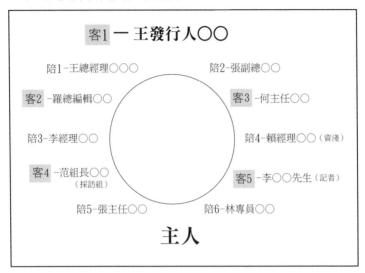

餐宴禮儀的延伸重點：桌次安排的先後

前面提到單一桌「座次」的安排原則與技巧，如果參加人數較多，勢必桌數也要增加，那麼兩桌以上的次序要怎麼安排呢？再重覆一次桌次安排原則：

多桌桌次尊卑原則

1. 以**右**為尊
2. 以**上**為尊
3. 近**中央**為尊
4. 近**內**為尊
5. 近**主人**為尊
6. 較**舒適**為尊

以下就分別從不同的桌數，以及根據現場場地的情況來分析：

2桌：

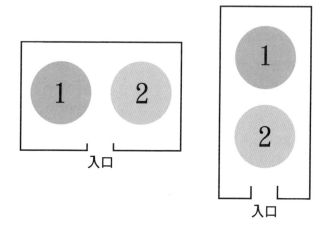

3桌：

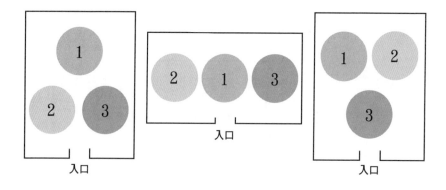

4桌：

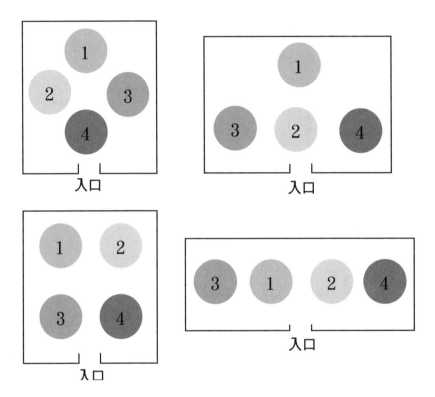

5桌：

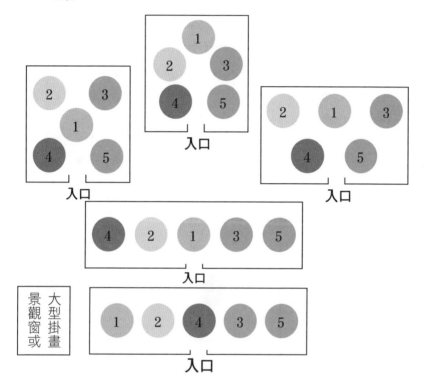

註：5桌一字排列桌型有2種排法，若宴會廳內部牆面有大型掛畫或景觀窗，則以靠近掛畫或有景窗戶為首桌（第1桌）。

多桌桌次安排範例：以某飯店宴會廳33桌為例

表演舞台

①

⑧ ⑥ ④ ②　　③ ⑤ ⑦ ⑨

⑯ ⑭ ⑫ ⑩　　⑪ ⑬ ⑮ ⑰

㉔ ㉒ ⑳ ⑱　　⑲ ㉑ ㉓ ㉕

㉜ ㉚ ㉘ ㉖　　㉗ ㉙ ㉛ ㉝

入口

七、「大會舞台」座次安排

在許多公商務的活動中，舉行室內的「頒獎典禮」、「演講」、「大型集會」的活動形式，常會利用「會議廳」、「大會廳」等等類似的場地，特色是有大型的舞臺，此時「大會舞臺」上的座次該怎麼安排呢？下圖就可以簡單的說明：

實際操作範例：

□	□	□	□	□	□	□	□	□	□
（客5）	（客4）	（客3）	（客2）	主賓	主席	（陪2）	（陪3）	（陪4）	（陪5）

　　　　　　　　　　　　□
　　　　　　　　　　講台　　　　　　　□司儀

　　○○○○○○○○○○　　　　○○○○○○○○○○
　　○○○○○○○○○○　　　　○○○○○○○○○○
　　○○○○○○○○○○　　　　○○○○○○○○○○
　　○○○○○○○○○○　　　　○○○○○○○○○○
　　○○○○○○○○○○　　　　○○○○○○○○○○
　　○○○○○○○○○○　　　　○○○○○○○○○○

在大會廳場地中，如果舉行的活動性質，在舞臺上的賓客相互間有著一些互動與對談時間，此時的座位安排，便可以把左右兩邊的座位，擺放略成為「八」字型，或是略成為開口面向觀眾的「半圓弧」型，不但讓舞臺上的人士相互之間的對談可以看的到彼此，這樣也會顯得更加的自然，並且符合**「與談會」**的性質。

八、「會見」座位安排

在公商務的活動中,「拜訪會談」是很常見的活動之一,那麼在會客室座位的安排上,該如何處理呢?特別是在正式的會談時,為了方便於拍照的考量,通常是主人和主賓都在會客室的正面就座,而其他客人和主方陪見人員則在兩側按禮賓排序就座,會客室座位安排如下圖所示:

(右為尊,來賓在主人右手方向入座。數字大小代表禮賓次序)

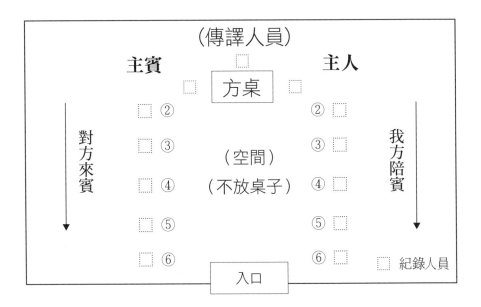

九、「照相合影」位次安排

　　在官方與商務正式會談所預定的流程中，通常也會在會面結束後安排照相，可以是主人與主賓合影，也可以安排全體人員的合照。有關雙方合影所站的位置，也是具有禮賓排序的原則：一般由主人居中，以「右」尊（以主人方面來看）、以「前」為尊為原則，主客雙方分立兩旁排列，亦有習慣將兩端由主方陪見人員分站（俗稱**把邊**），以表示禮貌，如下圖所示：

◎ 合影位置安排的實際操作範例：

情境1：僅有單排，主人與主賓地位略同，或主賓略高於主人時。

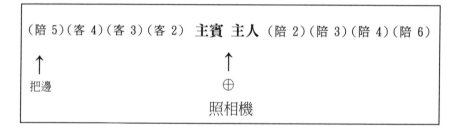

情境2：僅有單排，主人地位高於主賓。

情境3：賓客人數較多時，須排成前後多排，主人地位高於
與主賓時。此情況需另覓有階梯的大廳入口或其他適當地
方，前低後高，所有人才能全部入鏡，第一排也可以安
排座椅，以方便照相。幾位職位比較高的來賓，可以安排
在第1排，其餘人員就可不用分次序，站在第2排之後，原
則上個子高的站後方，才不會擋住他人的鏡頭，另外前後
排的人員之間插空隙，儘量讓大家的臉部都能入鏡。

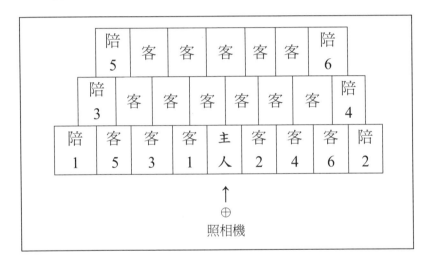

十、有關國際掛旗的次序禮儀安排

　　在現今的社會中，不論官方還是民間團體，對於外交活動
或國際交流，都已相當的頻繁，在一些正式的場合中，為了突顯
兩國或多國之間活動的正式性與莊重性，會場中往往會佈置彼此
的國旗與其他代表旗幟（例如會旗），而對於旗幟擺放或懸掛的
方式與「位次」（precedence）的問題，也是值得我們要多所注

意的。那麼，對於「國際掛旗」的慣例與原則是什麼呢？一般在大多數的國家與地區而言，有關於國際涉外禮儀中的「掛旗次序」，有以下的通用原則：

對於旗幟次序的安排，國際間通用的尊位原則如下：

（一）「右」為尊原則

（二）「中」為尊原則

（三）「高」為尊原則

（四）「前」為尊原則

（一）「右」為尊原則

這裡所說的左右方向，指的是依旗幟本身的位置為準，國旗的懸掛以右為尊，首要以**地主國國旗**為第一尊位。舉例來說，如果在本國舉行的典禮或其他活動，那麼我國的國旗就要擺放或懸掛於右方，對方國家國旗則居左。同樣的道理，如果我國國旗到了外國，懸掛或者是置放時，當地國的國旗就要居於右方尊位了。

（二）「中」為尊原則

如果需要擺放的旗幟不只兩面（兩國），那麼次序要先依照英文（或法文）國名的第一個字母來排列順序，國旗次序確定後，在依「右」為尊以及「中」為尊的原則擺放或懸掛旗幟。舉例如下：

1、在國內置放國旗之次序（**10國以內**，英文字母為假設該國英文國名的第一個字母）：

（1）國旗數目為單數時：

（2）國旗數目為雙數時：

2、在國內置放國旗之次序（10國以上，英文字母為假設該國英文國名的第一個字母）：

（三）「高」為尊原則

如果**國旗**與**非國旗**的旗幟同時懸掛時，此時國旗應居**右方**，而且旗桿也要略**高**，旗幟也可以略大一些。

（四）「前」為尊原則

其實這項原則與國際間活動「進場」次序有關，又因為進場時常會伴隨著各國隊伍之前的國旗「掌旗」進入會場，例如奧林匹克運動會開幕典禮進場，也主要是依照各國英文國名第一個字母順序排次，但通常主辦活動的地主國卻是最後入場的。

（五）有關於所謂「讓人不讓旗」的慣例與原則

就之前幾項原則而言，讀者可以發覺到地主國國旗都是居於「**最尊位**」，這是因為「國旗」是代表國家的象徵，牽涉到維護「國格」與「國家尊嚴」的立場上，是絕對不可以退讓的，基於這樣的理由與原則，因此地主國國旗的懸掛或置放，便要居於尊位。但是對於來訪國的貴賓，基於對人的「禮遇」與「尊崇」，往往便將右方尊位安排給主賓。所以，對於「尊位」的安排，**對人可讓**，**對國旗則不可讓**，這便是所謂的「**讓人不讓旗**」原則。如果把現場具體表現出來，就如下圖所示：

◎ 假設這是個會談、締約，甚至是國家元首間簽署聯合公報（Joint communiqué）的現場：

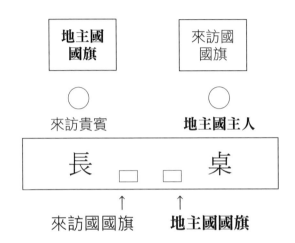

（六）有關桌上立旗的「定位」與「原則」

　　如第（五）點的示意圖中的長桌，常常會準備兩國桌上型的「小型國旗座」，那又該如何擺放呢？這就要看在典禮現場中，是如何定義小型國旗座的「功能」而定。如果認為一樣適用於「讓人不讓旗」的掛旗慣例，那麼，地主國的桌上型旗座還是要置放於長條桌的右方（以賓主就座的方向來看），這樣便形成了來訪國主賓座位的前方是地主國國旗，而地主國座位的前方，反而是來訪國國旗現象。而目前的實際作法，是將桌上小型的國旗座，定義為「賓主雙方」簽約時的位置，而不須受「地主國不讓旗」原則的約束。因此，實務上訪賓座位之前就是來訪國國旗，地主座位之前就是地主國國旗，在攝影鏡頭上的效果而言，也就成為各自代表其所屬國家的「身份」，來進行簽署文件的儀式，這是更具有象徵意義的國旗擺放方式，也是我國官方現行的方式與原則，至於民間機構任何公商務的場合，都可以準用之。

（七）國際外交掛旗禮儀的軼聞趣事

在這裡附帶聊一聊在國際場合中，有關於國旗懸掛問題所產生的故事，目的是讓讀者們知道，國旗不小心掛錯了，也可能發生很大的糾紛！

1、法國禮賓官真糊塗

作者在尋找資料，從事有關國際間涉外禮儀的研究中，偶然間閱讀到一篇立陶宛的外交新聞：

「The French Protocol doesn't know the Lithuanian flag

The Strategic Partnership between Lithuania and France began with on a wrong foot. The French Diplomatic Protocol, which is one of the most experienced services in the world, is not aware that Lithuania's nation flag colours are yellow, green and red. As it is apparent in the picture the French Protocol has placed a different flag during the signing of the Declaration of Strategic Partnership between Lithuania and France.

It is also unclear how the Lithuania's delegation did not notice this unfortunate mistake. Perhaps the French Protocol will make a decent gesture and will publicly apologies for the incident.（後略）」

（摘錄自：立陶宛論壇報,The Lithuania Tribune）

如果您對於國際外交禮儀也感到相當的興趣，您可以觀察的要點在哪裡？甚至從中發現哪一些存在的問題，值得深入研究？

這個場合其實是在2009年9月間，法國總統薩科奇（Nicolas Paul Stéphane Sarközy de Nagy-Bocsa）與立陶宛（Republic of

Lithuania，位於波羅的海東岸的立陶宛，面積為65,200平方公里，北接拉脫維亞，南界波蘭，東與俄羅斯相接，為波羅的海三小國中面積最大的一個國家，官方語言為立陶宛語）。總統Grybauskaite在巴黎簽署「策略夥伴聯合公報」，報導中評論雙方是從「錯誤」中開始，因為法國禮賓單位把立陶宛的國旗掛反了，原本由上到下，依次是「黃、綠、紅」的立陶宛國旗，變成了「紅、綠、黃」排列，這對於世界上最有豐富經驗外事禮儀的法國禮賓單位而言，居然沒發現這項嚴重的錯誤。而且，也不清楚為何立陶宛代表團也沒發現這個「不幸的錯誤（unfortunate mistake），報導認為法國官方應該正式表態，並且應該對這個意外公開道歉。兩國在如此正式且公開的場合中，居然發生了這種不可原諒的謬誤，實在是令法國官方顏面無光，在國際外交的場合上，實在是一個相當寶貴的研究案例。

2、美國禮賓官也糊塗

上面的例子談到法國政府的禮賓單位，把立陶宛的國旗在雙方總統簽署聯合公報的場合中掛反了。沒想到無獨有偶，連世界霸主美國也犯了跟法國一樣的錯誤！而這次的「苦主」則由菲律賓擔綱，新聞的報導如下：

「出包！菲國旗倒掛　美『善意錯誤』

（2010年9月27日聯合報A6國際新聞版）

　　　美國駐菲律賓大使館26日說，歐巴馬總統24日在紐約主持與東協（ASEAN）國家領袖的峰會上，菲律賓總統艾奎諾三世身後的菲國國旗被倒掛，這是美國政府的「善意錯誤」。按照菲律賓傳統，倒掛國旗顯示國家正處在戰爭之中。　美國駐菲使館發言人芮貝卡·唐普森說：『這是個善意的錯誤。美國珍視與菲律賓的密切合作關係。』但

發言人說，美國使館將查清這一『不幸事件』造成的原因。

（以下略）」

這又是一個在國際外交禮儀上產生謬誤的好例子，正如法國與立陶宛的事情如出一轍，只是立陶宛是波羅的海（Baltic Sea）小國，發生這事情國際間根本沒人注意，法國政府後來有沒有道歉也無從得知，只有見諸立陶宛新聞報導的牢騷而已。但是這次美國所犯同樣的烏龍事件，曝光度可就大大的不同了，國際各大通訊社包括美聯社、路透社與法新社都加以廣泛報導。原來是美國政府在2010年9月24日在紐約所舉行的東協（ASEAN）領袖高峰會上，為了把菲律賓國旗掛反一事道歉，並說是一個「honest mistake」（應該翻譯為「無心之過」才對），菲律賓國旗在承平時藍色應在上方，若在戰爭時則紅色在上方，而美國駐菲律賓馬尼拉的大使館發言人也沒提到是誰犯了這項錯誤，以及是如何發生的。依據作者的經驗來看，這是外交禮賓單位的疏失，應該是毫無疑問的。

3、國際間旗幟懸掛與擺放，都一定是「讓人不讓旗」嗎？

作者對於外交禮儀的研究中，原本對於地主國國旗懸掛一律居右方尊位，始終奉為圭臬，對於來訪主賓尊榮之故，而座位安排於右方尊位，這便是所稱的「讓人不讓旗」原則，為了禮遇貴賓，主人可讓出尊位，但是「國旗」可是國家的代表，必須維護「尊嚴」與「榮譽」，因此國旗尊位不可讓與。然而，經過作者不斷蒐集及整理國際新聞報導與相關的照片，發現所謂「讓人不讓旗」原則，在許多國家卻是不適用的。作者把「已經確定」（作者實際在現場或是蒐集到的照片中獲知）國際間的實際掛旗的方式列舉出來，相信讀者們一定可以清楚瞭解：

（1）「**讓人不讓旗**」：美國、韓國、瓜地馬拉、巴拿馬、多明尼加等國。

　　（2）「**讓人也讓旗**」：

　　　　‧中國大陸：以在國內中方主辦者為限，如果是外國人士或單位為主方的活動而且在國內舉辦，「中國國旗」仍應居右方尊位。

　　　　‧**法國**：而且將「歐盟」旗幟置於兩國國旗之中且偏後方。

　　　　‧**日本**

　　　　‧**沙烏地阿拉伯**

　　　　‧**中亞的「哈薩克斯坦」**（Kazakhstan）

　　　　‧**白俄羅斯**（Belarusian）

　　　　‧**伊朗**

　　（3）雙方國家在**第三國舉行**的活動：此時依國名英文第一個字母次序，來決定優先次序。例如，2009年4月1日在英國倫敦舉行G20高峰會時，法國總統薩科奇（Nicolas Sarkozy）與德國總理梅克爾（Angela Merkel）的雙方聲明發表時，現場的會場佈置，對於掛旗位置與講臺的規劃來說，場地有左右兩個講桌，人與旗的位置就是依國名首個字母英文字母來排列。因此，站在臺上右方的講台就是給薩科奇的位置，梅克爾則居左位，國旗位置也是同樣道理，也因法國（France）字母F次序比德國（German）的G先前，所以有此安排。在這場合中更為有趣的是，在各自的講臺之前，還標有「銘牌」，上面也印有法德英三國國旗與國名，而雙方標牌的國旗各自居首，文字也各用本國的文字，也就是薩科奇站的講桌銘牌使用法文，梅克爾的講桌銘牌則用德文，這也給了當今國際會議等等正式活動的一個啟發，而成為一項適用的標準範例。

十一、禮賓排序與座次安排：是靈活運用的「藝術」，不是一成不變的「技術」

（一）前面曾經提到以英文字母順序的排序方法，大部分的奧林匹克運動會便主要是以這種方式安排各國運動選手入場。然而，2008年在北京所舉行的奧運會，揭幕當天各國代表隊的進場順序，卻是依照各國的「中文簡體字國名」，按照筆畫順序安排入場，表現出國際「禮賓工作」中最高的原則：「**自主精神**」，而與以往的慣例以英文國名字母入場順序不同，而各國也必須尊重而予以接受。反過來說，從「禮賓排序」原則的靈活與彈性運用，不必墨守成規，可以突顯主辦國「獨立自主」的精神，也就是由主辦國決定排序的**主體依據**：「中文」，之後仍舊依照筆畫順序排列，各國也一致遵從而無爭議。從這裡來看，禮賓排序所依循的標準與原則，可以透露出如此豐富的意義，可見此一工作的重要性，實在不可以等閒視之，而更是一項精巧又敏感的「藝術工作」。

（二）「輪流制」的精神：**各自為主、各自為尊**。

就如上面曾經提到的，簽約採取「輪流制」署名的方式雖然已不多見，但是將此精神運用在一些容易產生「爭議」與「各有堅持」的簽約場合上，還是有其解決問題的作用存在。舉例來說，在2010年6月29日海峽兩岸雙方在簽署「海峽兩岸經濟合作架構協議」（Economic Cooperation Framework Agreement，簡稱ECFA）時，為了擱置爭議與發揮相互尊重的精神，對於彼此「用語習慣」的不同，譬如「架構協定」與「框架協定」、「智慧財產權」與「知識產權」、「貿易便捷化」與「貿易便利化」等等，以及使用「年代紀元」的方式，實際上就是臺灣使用「民國」紀元，而中國大陸使用「西元」紀元。前者用語不同的處

理方式，是採取「概括性附註」的方式處理，就是在ECFA第16條的條文最後，附加一句「四個文本，對應表述不同，涵義相同」，一句話解決所有用語不同的問題。而對於後者「紀元」使用問題，可是牽扯到雙方敏感的「政治神經」，而最後就採用了簽約「輪流制」的精神，雙方各所收執的合約本，大陸拿的是以「西元」標記日期，而臺灣則是以「民國」紀元，一個日期各自表述，擱置爭議與相互尊重，大家各自對內都能交代，這便與「禮賓排序」中的國際簽約「輪流制」精神不謀而合。

（三）「破格接待」的運用技巧

什麼是「破格接待」？就是將某位對象依據原本「職位高低」等等原則所安排應在的次序或座次，特別提前他的次序或提高其位置，使他感受到「禮遇」與「備受尊重」的感覺，目的是為了博取對方的好感，以達到我方爭取其認同與合作等等的機會與目的。

如果從外界對於主人（主辦國或主辦單位）「破格安排」的觀察，更可視為某位人士「權力變化」與「重要性改變」的象徵，這在國際政治場合是非常重要的觀察指標之一。至於在一般商業場合中，為了「突顯」某人的重要性，使其感受到主辦單位的「重視」與「禮遇」，藉以爭取他的「好感」、「合作」甚至是獲得各種形式的「回饋」，進而達到舉行「會議」、「餐宴」或「典禮」等等的場合所想要達到的目的，這便是運用禮賓次序或者座位安排「升格」的技巧與藝術。

對於禮賓次序來說，既然可以「破格提昇」，當然也可以「降格以對」，這便是禮賓排序工作「負面運用」的方式，但必須要注意，國際間「負面運用」須特別的謹慎，適用於向對方多次爭取與交涉後，仍無善意回應或滿意答覆時才可運用，如果對

方停止了不友善的舉動，或者對我方有善意的回應，我方的「降格」運用或行動就必須相對停止，這是由國際外交禮節中傳襲而來的精神所在。

柒、
各項活動專案的辦理

本書對於相關的「禮儀禮賓」工作，還有「活動專案管理」的要點說明之後，在這一章就針對各項常見的商務活動，特別是「**會議專案**」、「**簡報工作**」、「**會談工作**」、「**宴會辦理**」、「**公商典禮與大會**」、「**新聞發表會**」與「**外賓接待**」，一一的來說明辦理的程序以及要點，相信已經可以囊括大部分的公商務活動專案，因此，您如果可以熟悉以下各種活動實務的要點，再付諸實行與累積相當的辦理經驗，您也可以被稱為「**活動達人**」了！

一、會議專案

　　對於「開會」來說，相信讀者應該不陌生，但是籌辦「會議專案」可就不是簡單的事了！「會議」可大可小，從三四個人的「小組會議」，乃至於跨國際間、動輒上百人，甚至舉行多天的「國際會議」，都是屬於會議的形式。就性質而言，可以大致分為「企業界會議」與「非企業界會議」，前者包括「產品發表會」、「說明會」、「業務會議」、「教育訓練」及「行銷會議」等等；而非企業界會議包括國際性政府組織與國際性非政府組織（民間組織社團，NGO）的會議。

（一）「會議形式」的種類：

1. **集會（Meeting）**：各種會議的總稱，涵義最為廣泛，規模可大可小、與會人數可多可少，階層也可高可低。

2. **會員大會（Assembly）**：一個社團組織、協會或公司全體成員的正式集會。

3. **大會（Conference）**：任何公私團體與組織，希望藉由討論、意見交換、傳達訊息、辯論或針對某一「課題」而

徵求意見為目的，屬於正式會議的稱呼。

4.**代表大會**（Congress）：出席者是具有代表性的身份與
會，例如全國或是世界性組織某分會成員代表出席的會
議。

5.**年會或展覽會**（Convention）：如專業學術團體的專業會
議以及年會等大型集會。在美國通常指工商界大型全國
性甚至國際性集會，包括研討會、商業展覽等等。

6.**學術研討會、學術報告會**（Colloquium）：先由一位以上
的引言者就某一主題報告，再討論相關的問題。

7.**專家討論會、專題研討會或講座**（Seminar）：是由專家對
某個問題作專題或系列演講。

8.**研討會、座談會**（Symposium，**或稱**Small Conference）：
屬於專題性學術研討會，會議議題和討論內容比較狹
窄而僅針對某一議題，例如「亞太經濟國際研討會」
（International Symposium of Pan-Asia Economy）。

9.**圓桌會議、協商會議**（roundtable）：同儕間協商或交換意
見的會議，彼此之間地位平等。

10.**工作坊、講習班或實習班**（Workshop）：以「實做」與
「演練」作為討論與研習的會議。

11.**論壇**（forum）：相互討論以期廣泛交換意見的會議，常
常討論大眾所關心的議題。

12.**委員會**（Committee）：為了審議或處理特別的問題所成
立的議事型組織，如經濟專家委員會等等。

13.**高峰會**（Summit）：指參與會議的成員為「高階」人
士，如果定義更為嚴謹，在國際間則指稱「國家元首」
層級或企業界「負責人」參與的會議或大會。

（二） 什麼是「國際會議」？

　　除了上面所談到會議的性質與形式之外，從19世紀到現在所處的21世紀，最正式與最流行的，就是「**國際會議**」。什麼是「國際會議」？為什麼對當今政府與各個有制度的團體組織來說，懂得籌辦「國際會議」是如此的重要？

　　具有現代意義的國際會議，應為西元1648年的威斯特伐利亞（Westphalia）會議，這個會議簽訂了「威斯特伐利亞和約」，結束了歐洲國家之間30多年的宗教戰爭，而具有歷史意義的政治性與外交性的國際會議，應該是西元1814到西元1815年的「維也納會議」（Congress of Vienna）。時至今日，國際之間的交涉與來往透過會議方式，也常常由雙邊（兩國）轉向以多邊（多國）為主，而商議的目的也由原來的「政治」、「外交」或「軍事」為主，逐漸演變為以「經濟」、「貿易」、「關稅」、「金融」、「社會」、「政治」、「衛生醫藥」、「貧窮問題」為主要議題，特別是到了20世紀末與21世紀開始，有關於解決與協商有關於「經濟合作」、「打破關稅壁壘」、「環境保護」、「資源」、「能源」、「糧食」等問題，成為當今相當重要的國際會議議題，而且，國際會議的與會者，不再為職業外交官或政治人物所壟斷，愈來愈多各領域的專家學者成為了國際會議的主角或主要參與者。

　　上面所談到的是國際會議的沿革與歷史。如果單就國際會議來說，它是屬於一種**臨時性**的議事組織與進程，有時定期會週而復始的在同一地點或不同地點輪流舉辦，參加代表多來自許多國家或地區，就「單一議題」或「多項議題」展開討論，無論是哪種會議，「**平等原則**」是參與國際會議的最基本精神，只要是同一參與會議的身份，每個參加會議的國家與代表，都享有同等地

位與權利。此外，稱為「國際學術會議」者，就是以學術交流為宗旨，參加人員通過發表論文、專題討論和演講來互相交流，以及磋商學術見解與促進專業知識領域的發展，國際間的學術會議的議程與論文，通常以英語作為溝通的共同語文，以交流方便與普及為思考方向。如果再把「國際性會議」的定義釐清，下面兩項是國際會議組織對「國際會議」所訂立的不同衡量標準：

1、「國際會議協會」（International Congress and Convention Association, ICCA）：至少要在3個國家輪流舉行的固定性會議，舉辦天數至少1天，與會人數在100人以上，而且地主國以外的外籍人士比例必須超過總人數的25%。

2、「國際聯盟協會」（Union of International Associations, UIA）：至少在5個國家輪流舉行，會期在3天以上，而且與會人數在300人以上，其中地主國以外的外籍人士比例占40%以上。

　而我國官方對於「國際會議」的定義如下：

1、經濟部國際貿易局：與會人員來自3個國家或地區以上，以及總人數達100人以上（含會議舉辦地主國），且外國人數須達與會人數的30％或50人以上之會議。

2、臺北市政府觀光局：與會總人數至少100人，並來自5個國家地區（含我國）以上，其中外籍人士至少80人或佔40％以上。

3、高雄市政府：指參與國家3國以上，參與人數100人以上，且外國人士參與人數達40％或80人以上之會議。而國際學術研討會則指參與國家3國以上，參與人數100人

以上，且邀請外國專家學者10人以上，為促進國內外學術研究交流與合作之會議。

以上對於定義「**國際會議**」的條件，都約略有所不同，但如果在國內要舉辦所謂的「國際會議」，最基本與最起碼的條件，至少必須依據上面經濟部的定義：

（1）國家或地區：3個以上。

（2）參加人數：100人以上

（3）本國與會者以外的人數或比例：50人以上或達與會人數的30%。

如此，才可以稱之為「國際會議」。

（三） 策劃與執行會議專案的組織工作

當一個主辦會議的單位或者是專案經理人，如何籌辦會議工作？以下便是活動專案辦理的進程與要點：

步驟1 對於會議之發起，要先確定5個W，什麼是5個W？

（1）什麼緣由與目的（What）：

就是確定舉辦會議的「理由」，或者說是想要達到的目的。舉例來說，在公司內部舉行高階主管每個月例行會議的目的，是要統籌掌握公司營運全貌，就每個部門的業務執行進度與業績達成率提出報告，以及提出問題及討論。也可以上至大型的國際會議，例如舉辦「國際水資源學術研討會」，目的是為了藉由國際間對水文、氣候、環境與地質等等領域素有研究的專家學者共同研討，從而發掘問題與研究對策的學術性研討會。因此，確定舉辦會議的目的，就是活動的發想與開端，當開始執行會議專案到完成，就要回過頭來衡量與評估會議的成效，是否達到原先預定的目標與目的。

（2）什麼地方（Where）：

舉辦會議既然是集合眾人的智慧、意見或想法的表達，就一定會有舉行的地方，其中有兩個要點：一是「**舉行地**」，例如國際性會議的舉辦城市，這個決定的因素在於是否為主辦單位所爭取來的，對於當今世界各國來說，無不積極鼓勵國際會議在該國舉辦，藉以帶動消費與增加國際能見度，例如我國經濟部等部會也有相關規定給予協助與經費補助，以獎勵爭取國際會議在我國舉辦。如果辦理的規模階層不是如此的高，也可考量在主辦單位的所在地，或是考量參與者的交通便利起見，而選擇距離大部份的與會者較近的地點。二是會議舉辦的「**場所**」，這就要考慮會議的規模與所需硬體設施的條件，例如舉辦在大飯店的「國際會議廳」，或者是租借機關場地作為會議場所，如果主辦單位自己有適合的場地，更可以收地利之便，也跟原先所預估的預算有關，而據以決定會議舉行的「場所」。

（3）什麼時間（When）：

在決定時間方面，除了訂定適當的「日期」與「起迄時間點」之外，有時綜合多項議程的會議、聚會或其他活動的「複合性大會」，日期往往不只一天，而是長達數天的活動，這都必須要根據活動內容與預算來加以考慮，並且據以決定辦理期間的長短。

（4）對象或參與者是誰（Who）：

這就是擬定「會議名單」的標準所在，根據舉辦會議的主旨與目的，設定好參與者的資格，再詳列與會者的明確名單，以當作邀請的依據。

（5）什麼方式執行（How）：

這便是舉行會議的型式，根據會議目的的性質，來決定是採用研討會、演講會、座談會等等的方式舉行，再依照議程執行活動專案。

步驟2 參考舊案與前例，諮詢曾經辦理過專案的相關人員

如果像是會員大會、國際年會、例行會議等等，以前一定都執行過專案與計畫，假設您接到辦理會議的工作，不妨閱覽以前所留下的紀錄與資料，甚至還有優缺點的檢討報告，這對於專案人員來說，是非常寶貴的資訊與經驗傳承，當研究完以前的書面紀錄與資料後，也不要忘記詢問以前的辦理人員，請教他們的籌辦經驗，許多的關鍵重點也能由此獲取寶貴的心得，可以將活動承襲優點並且改進缺點，這就是活動愈辦愈好的原因所在！

步驟3 會議預算編列與管控

巧婦難為無米之炊，辦理活動經費一定是少不了的，當一個活動專案經理人構劃會議活動時，一定要將有限的預算妥為分配，先訂各種項目的優先順序，例如：

1、**場地租金**：有時專門出租給會議使用的場地（例如飯店會議廳或某些會議中心，都會提供一些會議的包套方案），場地的全套租賃已經包括一些常用基本的設施與配備，例如：擴音系統、音響設備、麥克風、桌椅、講臺、白板文具、入口接待檯等等，甚至有些包套方案也含茶水點心的供應。另外有一些專用設備例如看板、展示架等等，就必須另外付費或者自行準備。

2、**設備租金或購買費用**：主辦會議也可能用到一些設備，例如：筆記型電腦、同步口譯耳機、多媒體系統、錄影

設備等等。如果經過討論評估後確有其必要性，就必須列入租賃或購買的費用。

3、**印刷品**：例如印製會議手冊、邀請函、影印費用等相關費用。

4、**場地佈置費**：會場佈置是一種對於會場氣氛營造與修飾效果的工作項目。一般而言，項目常包括：鮮花佈置、看板（舞臺背板）製作、指示牌製作等等，必須依照會議或大會性質來決定必要的項目預估費用。

5、**講座與貴賓出席費用**：如果邀請知名人士或重量級貴賓發表演講，或洽邀專家學者出席評選，車馬費（出席費等名目）也必須列估於預算之中。在國內各政府機關或學校單位辦理講座或評選活動，支付的出席費用標準有相關的規定與標準，必須特別注意。

6、**宴會、便餐餐費、餐盒費用、點心茶水費、礦泉水等等餐飲費用**：如果是屬於多場相串連的會議與活動，以及必須安排相關的迎賓宴或慶功宴之類的活動，餐飲費用的列支也是編列預算的重點之一。

7、**交通運輸與通訊費用**。這可以包括：

（1）工作人員執行籌備工作衍生的交通與通訊費用。

（2）會議期間工作人員與特定邀請貴賓的交通費用：例如邀請貴賓的機票費用或其他交通費用，是否也須由主辦單位支付，這些事項都必須事先釐清與說明。

8、**紀念品**：例如獎牌、獎座（表揚大會）或者是感謝牌、紀念牌的製作，如果經費充裕，甚至還可製作致贈每位

出席者一份紀念品。

9、**其他**：就必須視辦理會議專案的情況而定。例如，需不需要負擔邀請貴賓的住宿費用？或者是外聘工作人員的鐘點費等等的特殊費用。

10、**雜費**：舉辦各種的活動專案，有許多小額且細項的花費，是當初規劃時無法預知的，此時便以雜費預估編列作為彈性費用的項目，這些費用常常包括：額外的清潔費、醫療費用、秘書服務、保險費用、公共關係等費用。

以上便是依照重要性臚列一般辦理會議專案時的通用費用項目。當然，您可以依照舉辦會議活動的性質、規模與其他特殊的需求預估經費。辦理活動經費充裕當然最好，但是一般來說，不管是任何機關團體都希望錢能用在刀口上，經費一定會有所限制，假設准許的經費金額捉襟見肘，策略便是重新檢討預算的項目，例如把致贈與會人員的紀念品省略掉，或者再精簡每一項的預算，例如減少參與人數，或減少車輛的租賃，以及採取以下「開源節流」的策略：

開源→尋求外界的贊助、對外募款，或者繼續向上級爭取經費。

節流→人力資源不足則以招募「志工」方式進行，也可以藉由物資募集來減少購買的花用，也可以依上面所提到的，重新檢討執行項目的必要性。

步驟 4 依照會議專案大小成立「大會籌備委員會」、「工作委員會」或「會議工作小組」等等名稱的工作團隊

專案工作的進行一定要透過**正確的分工**與**良好協調**工作內容，成立專案團隊的功能與目的，是要：

（1）確定工作內容與具體項目。

（2）明訂工作「組別」。

（3）每一組別確定負責項目。

（4）組別之間將模糊事項明確劃分清楚的分工權屬，以避免「有事沒人管」或者是「一事大家管」的現象。

（5）將工作人員依專長適當歸組分工。人員組別劃分可以依照合作單位性質與負責項目，而將同一單位人員統一劃分工作組別；如果只是內部的會議專案，或者是單純的組織與人數不多的工作人員，也可以打破單位建置，依照個人的專長甚至興趣來決定工作組別。

（6）專案工作團隊建立組織的原則：

a.「**平衡原則**」：性質類似的工作劃分同一組，每個工作組別的工作量要相對平衡，如果有些組別投閒置散，而有些組別忙的不可開交，這便是工作事項的不當劃分與人力的錯置，要特別注意。

b.「**明確原則**」：團隊工作最怕的就是「三個和尚挑水沒水喝」的現象，業務工作相互推諉的情況很常見，卻會對於活動的成效造成傷害，所以分工職責應該明確，而且隸屬分工和橫向的協調都要彼此能夠相互支援與瞭解。

c.「**扁平原則**」：特別是在舉辦大型的活動，往往

工作事項繁多，分工過於細微，尤其是監督領導層級過多，往往時效常常消耗在「層層請示」、「級級核定」的行政流程中，這種「金字塔」結構往往是「活動專案辦理」效能的最大殺手，「專案管理」著重的「靈活機動」與「快速反應」，因此組織階層要適當的「扁平化」。

以下是專案委員會的分工架構圖範例：

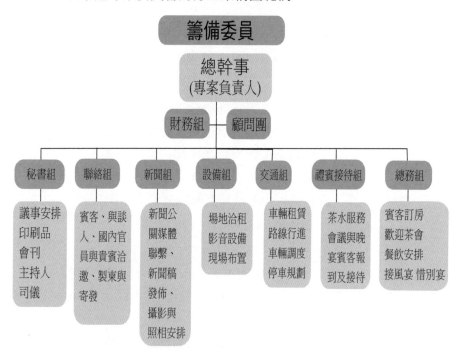

當然，每一種性質不同的會議專案，分工與組織結構也就大不相同，讀者如果負責某項專案，可以依照實際情況畫出組織結構分工圖。

步驟 5　進度管控

1、複雜或大型的會議專案，要製作工作進度表，例如製作工作甘特圖（Gantt Chart）。

2、專案執行進度管控與完成工作情況與成效的掌握，可以透過以下的方式進行：

（1）製作**大會手冊**：讓賓客與工作人員對相關的資訊與議程隨時都能瞭解與配合。

（2）製作**工作檢查表**（可標記時間縱軸）：完成的工作項目就逐項在前面打一個「V」，可以掌握完成的工作項目與進度。

（3）要定期召開「籌備工作會議」：對於大型或較為複雜、需要許多不同的單位協同完成的會議專案來說，「**協調**」與「**共識**」是非常重要的成功關鍵。反過來說，如果大家步調與想法不同，或者沒有相同的共識，籌辦工作就不會成功，所以在籌辦期間必須要召開工作會議，來定期追蹤進度、發現新問題以及提出解決的辦法。

步驟 6　流程、時效與目標管理

專案時間的控制，多以工作時間表或「甘特圖」的方式來表現與管制（活動時間管理請參考本書第伍章：活動專案的組織與管理）。重點在於時間的安排上要合理與保持彈性。就專案經理人的宏觀角度來看，整個活動就是一個系統，「流程管理」是指在活動中各項工作內容之間的相互「銜接」、「協調」與「配合」關係是否合理？有沒有出現問題與摩擦？專案經理人發現問題就要介入協調與處理。而對於「目標管理」，就是對於活動的

籌辦中，會議或大會的主題、意義與目的，都要掌握住對的方向，才能確定議程的內容、規格大小以及層級高低。譬如說，如果有安排對外發佈新聞與公開的會議或其他的活動，對於一些「具有話題性」甚至「爭議性」人物的邀請，或許將吸引一些鎂光燈的焦點，然而卻可能會讓會議活動產生失焦的風險與疑慮，假如從「目標管理」的角度來思考，就必須謹慎考慮要不要如此進行。

步驟 7　與會人士的邀請

出席人員的邀請是工作重點之一，「出席人員」大致可以分為一般參加聽講的聽眾、討論人員以及應邀演講或致詞的貴賓。至於邀請的方式可以分為：

1、媒體資訊的公開發佈：不論是對內部的通知宣達，或者是對外公告周知藉以接受報名的學術研討會議等等，都可以藉由報紙、雜誌等平面媒體，或者影視、網際網路的網頁公告來公開宣傳。這種方式是被動的接受報名，也可藉此打響活動的知名度。

2、電話邀請：主動以打電話的方式通知賓客邀請其參加，目的是預為通知，以方便一些貴賓的行程安排，後續仍需輔以正式的書面邀請，才算符合公務禮儀。

3、電子信件邀請：藉助網路通訊的便利，好處是快速便利，公務電子郵件的撰寫也是屬於公文書禮儀中的一項，在現今的商務禮儀實務中，撰寫用語及格式得宜的電子信函，實際上也已經具有「正式信函」的條件了，而且受邀與會者同樣也可以利用電子信件回覆參加與否，相當的便利。

4、書面信函邀請、開會通知或「請柬」（邀請卡）邀請：在公商務的禮儀中，使用書面的通知或邀請，才算是最正式與最禮貌的！同時在書面通知邀請時，還可以隨函附上「回執」（或稱「回覆單」），獲得邀請的賓客將出席與否的回函勾選後寄回，或者以傳真回覆，以方便主辦單位統計人數與安排入席等相關事宜。在這裡特別提醒，回執單內容的設計是非常重要的，其中內容應該包括詢問：出席與否、填寫姓名職稱（國際性會議還需填寫外文姓名與稱謂或職稱）、聯繫的方式（例如電話號碼）、預計到達目的地時間、是否需要接送與相關交通安排，如果備有餐點（甚至接著邀請參加宴會），還要詢問有沒有特殊的飲食要求？（例如素食或不吃牛肉等等飲食禁忌），當然就要看全部活動的設計如何，一次就將賓客的情況全盤掌握，因為這牽涉到現場「**禮賓作業安排**」成功與否的細節與關鍵！禮賓工作常常需要根據賓客個人的特殊情況與要求而**客製化**（customize），從這裡也可以說明辦理活動專案與「禮賓工作」是密不可分的，特別是成功的「禮賓作業」可以把活動辦的更好、辦得更加細緻，從邀請函回覆單的良好設計，就可以做好後續對出席賓客的服務作業。在這一項工作重點來說，辦理「宴會專案」也同樣適用。

5、確認出席狀況與掌握相關與會人員資訊：邀請函的發出，在宴會禮儀上的要求來說，至少要在7天以前發出，而對於會議專案的邀請，就必須衡量會議或大會的性質與規模，規模大的會議邀請時間，必須更加提早至1個月以上較為理想，如果像是學術性的研討會，與會

人員可能要準備發言與討論資料，受邀發表文章、演講、論文或是評論，更需要為其預留更多時間，邀請時間提早在兩個月以上更是常見。當受邀者回覆出席與否之後，主辦單位就必須一一統計人數與詳細註記出席人員的情況與要求，以便做後續的會場服務。如果依照工作管控表上的進度，在一定期限上就必須確定出席情況，如果有受邀賓客還沒有答覆，就必須以電話或寄送電子郵件的方式，再次詢問出席情況來全部確定，因為確定出席的情況之後，就可以隨之調整使用會場的大小或座位的多少，相關的資源準備（例如印刷品、餐食的份量與交通的準備等等）也才可以隨之調整。

> **步驟 8**　現場工作（1）：會前檢查工作重點

「養兵千日，用在一時」，事前的準備工作再充分，現場的表現才算見真章，在會議前的檢查事項包括以下各項：

- **接待檯**：貴賓證、簽到簿、貴賓資料袋（貼貴賓姓名）。

- **所有前置作業**：放置名片座位卡、場地佈置、看板、影音設備測試、茶水供應等等。

- **指示牌標示清楚**：例如像是**洗手間**的指示方向等等。

- **有關禮賓接待人員的事前工作**：

1、詳加熟悉引導動線與所有設施的所在位置。

2、接待人員服裝：依會議性質與調性搭配服裝，要求整齊畫一而且表現專業。

3、接待工作態度要求：主動詢問與接待。

4、注意尖峰時段：人力靈活調配。

5、如果人力充足，帶人一定帶到位。

步驟 9 現場工作（2）：重要人士的接待與相關安排

所謂的重要貴賓，指的是會議或大會的演講人、致詞人、指導單位代表人、政府高級官員等等蒞會人士，而對於「迎送」的安排，請注意以下的幾個重點：

1、哪裡接送？譬如說機場、車站或是會場大門，如果在會場入口以外的地方，就要妥善安排接駁的往返車輛。

2、主辦單位哪位主管代表迎送？先要把握公務禮儀上的「對等原則」之後，再安排約略相同位階的人員出面接待與陪同。

步驟10 現場工作（3）：總務工作的確定

總務工作可以稱之為後勤工作，資源的調度與即時供應，對會議工作的順利與否是居於相當關鍵的位置，以下有幾個重點，例如：

1、照相錄影的關鍵時間先確定，由此來安排攝影人員與器材，配合秘書組與禮賓接待組的任務與調度。

2、餐點安排是工作重點。例如：工作人員的餐盒發放、各項議程或節目之間的茶水與點心供應、會餐的形式與桌數等等，而對於各種的餐食的份量與數量，都一定要仔細統計，並且彈性的預留「備份」。其他如葷食素食的安排、貴賓隨行人員（不入會議席者，例如秘書、司機

等等的人員）的安排，像是為他們留有休息室以及供應茶水、餐盒等餐食，都是一種辦理會議專案的周詳與貼心的安排，辦理各項大型與正式的公商活動中，一定有他們的身影存在，也千萬不要忘記招呼他們的基本需求。

步驟 11　現場工作（4）：與會人員報到事項

對於小型的會議工作來說，與會人員的報到工作比較簡單，大多是出席證或者是貴賓證的配戴，以及資料袋的發放與簽到。但如果是屬於大型會議，那麼賓客報到就是一項複雜精細的工作，因為有時必須伴隨著出席費的發放，以及動線的指引與帶位，甚至還需要禮賓工作人員的說明與提醒。因此，在大會開始的迎賓接待與報到，就是禮賓接待人員的「主要戰場」，以賓客100人的大會為例，動態的禮賓接待人員人數，在預估的「尖峰時間」區段上，至少需要於6人以上，而且還要有一位接待組的主管來掌控全局並且隨時應變（例如「不速之客」的到場，或者是賓客臨時所提出特別要求等等情況的處理），人數比例依會議規模由此可以類推。請記得，報到接待處的服務工作，就是外界對於整個會議專案活動的第一印象，如果整個入場報到工作井然有序，不但與會人士將會感覺到尊重，對於之後的會議進程也會有很大的幫助。

步驟 12　會後工作

有關於會後工作的項目，包括有：

（1）撤收與復原工作

（2）經費結算與核銷

（3）檢討會議

（4）專案整理歸檔

（四） 辦理會議的工作心法

以下跟讀者們分享多年實務上的工作體驗，除了可以運用在會議專案的辦理之外，其他活動的籌辦也可適用：

1、**莫非定律**：就是明明知道有可能發生的事情，主事者卻故意忽略它的存在，往往實際上偏偏就會發生，這便稱之為「莫非定律（Murphy's Law）」。簡單來說，就是辦理活動時總有一些變數的存在，但是我們總是認為機率很低不太可能發生。例如，總是設想舉行活動時的天氣一定是晴朗的，往往到了當天卻下起大雨來，特別是在戶外舉辦的活動，一定要把氣候的因素考慮進去，換句話說，在一開始寫企劃書時，就一定要有「雨天備案」妥為因應。

2、**危機管理**：活動的辦理牽涉到許多工作人員與協力單位之間的「溝通」與「相互理解」，但是，就實務來說，往往工作人員或單位會基於「單方面的善意」，也就是沒有經過負責單位的同意就下了決定，往往造成專案工作的錯誤與困擾。因此，團隊工作必須加強分工的權屬觀念與工作模式，事前一定要說清楚講明白，就會減少許多錯誤的發生。此外，在大型橫跨多個單位合作的活動專案，很容易出現各個分組的「本位主義」，也就是各個工作單位只考量自己的角色，囿於本位的思考，而造成各行其事的結果。因此，專案經理人的角色就特別重要，要發揮協調與指揮的魄力，打破各組工作的侷限與藩籬。

3、**忽略的細節**：執行活動專案常常因為時間過於倉促，多半只能「**做到就好**」，但是許多細微末節都忽略了，而使許多工作項目因為馬馬虎虎的態度下趕工，而使得活動品質不甚理想，所以為了能「**做到好**」，先要嚴格執行對時間的控管，再仔細的將每一個小地方都加以檢查與要求。

4、口譯人員（interpreter）的工作安排也是重點：只要有眾多外賓出席的會議，特別是國際性會議，翻譯人員的配置就有其必要性，或許有人認為翻譯工作只是簡單的把語言及文字轉達而已，其實，翻譯或口譯的工作是非常專業的，要在短時間內將會議資料或發言人與演講者的言語，立刻適切地轉換表達出來，是非常不容易的，特別是較具專業性、學術性的研討會，會使用許多專業的術語，翻譯者不是這方面的研究者，要不然一定要事先做足功課才能勝任。如果主辦單位的經費不足以負擔專業口譯人員的僱用，也必須安排相關領域的人員擔任此一工作，不論是那一種翻譯人員，提前溝通十分重要，應該事先把要翻譯的相關資料交給翻譯人員，以便事先研讀與熟悉，並告知會議大致上所要研討與涉及內容的方向，如果牽涉到一些機密的內容，再正式上可以要求用書面立約的方式，保證接觸的機密內容不得對外透露。翻譯工作基本的工作要求為：「信」、「達」、「雅」，也就是不要夾雜個人情緒，首求適切表達就可以。傳譯人員有時在重要時刻具備一種「功能」，就是成為賓主之間的「緩衝」，有時講者不經意的用詞不當，傳譯人員必須在第一時間弄清楚原意，可避免主人與外賓間產生不必要的誤會。

二、簡報專案

「簡報發表」在現代的職場中，是很常見的「**溝通**」與「**說服**」的方式之一，目的是在有限的時間之內，藉助電子視聽器材將講者內心想要表達的內容，轉成具體的訊息（包括影視、圖像與聲音，或是運用講者本身的肢體動作、表情以及言語表達）顯示並傳達給觀眾，而使得觀眾接受其論說的觀點與意念，或是吸收資訊與觀念的方式。「簡報發表」是一種雙向溝通的方式，聽

眾除了被動接收簡報人的訊息表達，也可以回饋「笑聲」、「點頭搖頭」、「回答講者詢問」、「提出問題」或「表達意見或想法」，這便是「**簡報**」的特性。不論您是辦理各種公商務的活動專案，或許有很多人等著被你說服，除了撰擬書面的企畫書之外，另一個用來「說服」的工具，就是「簡報」了，它的目的也許是向客戶說明構想與計畫、向上級爭取預算、向同儕或下屬說明講解行動與政策執行的方向與要點，或者是專業人員向一般的聽眾傳授知識理念或激發想法。

以下便是如何辦好成功的「簡報專案工作」的各項要點：

步驟1　先確定5個W，什麼是5個W？

1、確定有關於時間（When）方面的安排：

（1）選擇適當的舉行日期與時間，主要站在聽眾的角度考量，要儘量給聽眾方便，同時也能吸引對你所講述的議題有興趣的人。

（2）簡報者要確定有多少時間可以發表？

通常簡報人發表的時間長短都是主辦單位給予的，時間長短攸關講述的內容多少與表達的方式，簡報時間可以從15分鐘到2或3小時的時間，時間愈短愈要採取精簡內容、突顯主題與令人印象深刻的方式表達，因為你沒有太多的時間來充分表達與鋪陳內容。相反的，時間較長的簡報很容易讓人失去專注力，最好安排短暫的「中場休息時間」，簡報方式輔以大量的照片，以淺顯易懂的方式說明。簡報者對於時間的分配得當與否，需要不斷的練習與累積經驗，在有限時間內必須懂得割捨與去蕪存菁，調整說話的語調與節奏，經過多次的演練之後，能夠在恰好的時間結束簡報就最為理想。

2、在哪裡舉行簡報（Where）？

這就牽涉到「場地」的問題，場地大小要依據聽講人員的多少來決定，其他如燈光照明、影音設備是否穩定、座位如何安排，這些都需要注意。作者根據多年的工作心得：當主持人、司儀或簡報者時，在重要場合會要求使用有線麥克風，因為較為穩定，以避免音頻上的無謂干擾。

3、聽眾是誰（Who）？

聽講者才是簡報的主角，講述人在製作簡報之前，一定要儘量先獲知聽眾的相關資訊，包括：

（1）有多少人聽你的簡報？這可以決定你現場的眼光走向，音量大小與肢體動作的幅度，簡報工作其實也是一種廣義的「**表演工作**」。

（2）聽眾的階層與程度如何？

這直接牽涉到你的簡報內容該如何安排。例如：大部分聽眾如果是簡報題目的初學者，就必須引起興趣而且淺顯易懂；如果面對專業人士，例如工程師或已經接觸過這類題材，或已經有了相關的實務工作者，就必須以「深入探討」、「發掘問題」、「創新議題」等等方式進行報告，資料與內容可以更加進階，因為太簡單就不符合觀眾的期待，甚至會被抱怨說是浪費觀眾的時間，對於簡報者而言，也會有很大的挫折感。就實務來說，甚至有些有程度的聽眾是來「看門道」的，如果能夠針對觀眾的程度發表簡報，進而使人感到「佩服」與「被說服」，才是一場成功的簡報專案。

4、講些什麼（What）？

當發表簡報者已經知道以上的3個W（When, Where and Who），就要開始構思：我要講些什麼？

不管是講題或者是內容，一定要根據簡報人的專長、背景、研究與經驗發表，這樣才會有**說服力**，也就是不光是發表人「想講」，更重要的是「能講」，觀眾才會「想聽」。至於想聽些什麼，有以下的方向與重點提示：

（1）聽眾感興趣的話題。例如：從時事研討或熱門話題中延伸而出的現象，從中探討與分享研究心得等等題目與內容。

（2）切合觀眾的需求。例如對學校畢業生說明「就業趨勢」與「求職必勝關鍵」等等題目、對職場人士分享「成功銷售年度冠軍的經驗分享」、對客戶說明「活動企畫所達到的廣告效益」等等的題目與內容，讓聽眾有所期待而能吸引其注意力，這樣聽眾才會樂於參加你的簡報活動。

（3）能解決聽眾的問題與解答疑惑。不管是自己對於某項事務（或說是「事物」也可以）的研究心得，或者是自己親身體驗與心得分享，能讓聽眾從中獲得「**啟發**」與「**突破**」，也讓聽者能從不太明瞭的狀況中，領略某一領域的樂趣。換句話說，就是講一些一般人不太清楚、不太知道的事情，經過說明與釐清之後，而讓聽眾有一種「恍然大悟」的感覺，這也是觀眾想要聽的題材與內容。

（4）學術性或技術性的內容與題材。這就比較偏向於理論性與專業性的內容，例如參加學術研討會上所作的報告就是屬於這種類型。

原則上，除了學術性的簡報專案之外，一般的聽眾不太喜歡太過於理論的東西。此外，報告或講題內容也要儘量參考聽眾的組成、年齡、所屬於的單位、教育程度與所學背景，甚至是價值觀與宗教信仰等等，來取捨哪一些可以說，而哪一些內容不必講。

　　5、怎麼講（How）？

　　這就是所謂的「簡報技巧」了，也就是現場的實際表現，這要根據講題的性質來設計相關的方式，這便進行到了簡報專案的第2步驟，有關於簡報內容的設計。

步驟2　前置作業：簡報檔案的組織與編寫

　　當簡報題目已經確定，當今大部分的簡報專案都是使用Powerpoint軟體播放.ppt檔案來呈現給觀眾，並且據以展開說明與講解。

1、「發想」與寫下內容節點：運用「魚骨圖」與「心智圖」的工具

　　所謂「萬事起頭難」，您是不是常常在構思的時候，總是覺得千頭萬緒，不知道如何下筆？所以我們必須藉助一些分析方法當成輔助工具，按部就班的幫助你來構想，並且寫下重點與節要，再把所有的「節點」依照邏輯次序串連起來，簡報的「骨架」就出現了。在這裡介紹「魚骨圖（Fishbone Diagram）」分析法，以幫助讀者釐清問題並且分析出講演的內容重點。所謂「魚骨圖」，也稱為「石川圖」（Ishikawa Diagram），因為這種分析方法是日本品管大師石川馨（Kaoru Ishikawa）所提出，也稱之為「因果圖」（Cause-and-Effect Diagram），也是屬於樹狀圖（Tree Diagram）的一種，可以幫助人們思考問題解決的流程，把簡報內容系統化與結構化，簡單來說，可以幫助簡報人清楚的寫下規劃的重點。

魚骨圖（Fishbone Diagram）：適用於尋找原因進而產生結果

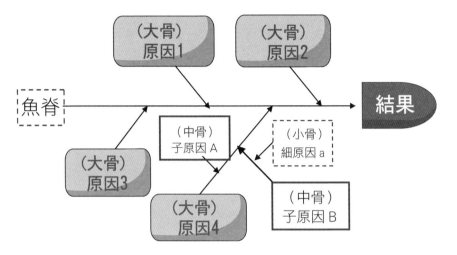

反魚骨圖（Reverse Fishbone Diagram）：適用於尋求方法
來解決問題

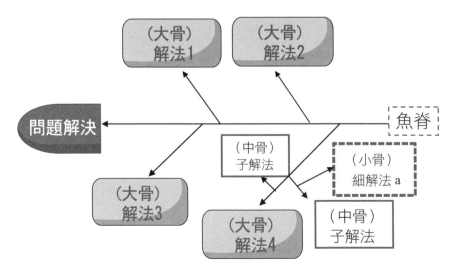

正如上面兩張魚骨圖所表示，如果你的簡報性質偏向分析許多的因素而產生結果與結論，可以使用第一張魚骨圖分析法。如果講述的內容性質，是屬於面對問題之後，尋求多種的辦法來解決問題，那便可以使用第二張「反魚骨圖」的思考模式來寫下要點。

　　這裡舉個例子來當範例：

　　假設公司決定要辦理一場「**企業慈善園遊會**」，你接下了這個活動任務，當要向公司主管與相關贊助單位代表提出簡報時，您該如何構思簡報內容？這時便可畫出「魚骨圖」來幫助思考：

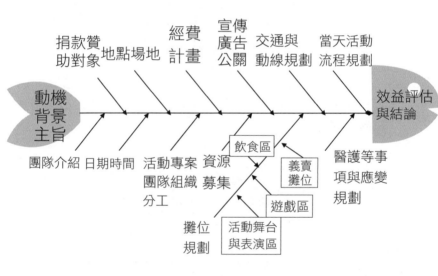

　　由上面的「園遊會專案魚骨圖」來看，就可以把簡報規劃的架構具體化，對簡報內容的編寫來說，也明確地指出了一條方向。在這裡要加以說明的是，附屬於「魚脊」的每一根「大骨」，都可以分出各個「中骨」，甚至「中骨」的項目內，如果還有必須提到的事項，就可能衍生出「小骨」，這就要端看簡報

人或者是簡報編撰人覺得有沒有必要提到某些細項。譬如簡報人認為上面圖示中的「攤位規劃」是一項很重要的報告重點，此時就有必要再詳加說明，因此便細分出對於「飲食區」、「遊戲區」、「義賣區」以及「活動舞臺與表演區」的規劃，在簡報中多所著墨而特別說明。

對於運用在企業管理的思考以及分析工具中，近十多年來也流行運用所謂的「**心智圖法（Mind Map）**」，跟「魚骨圖」一樣，都是屬於樹狀圖的一種，是運用所謂「圖像式思維」的工具，來分析工作專案並且表達想法與脈絡的工具，主要的方式是剛開始使用一張空白紙，在中央先寫下關鍵詞，再運用想像力自由的以輻射彎曲的線形，以及不同的代表顏色，來連結所有具有意義關連的「字詞」、「想法」、「工作」、「物品」或是其它相關的圖像，運用「腦力激盪」的方法來建立一個具有系統、以及相關工作的關係圖，當完成某一個「工作專案」上的「心智圖」之後，也就可以一目了然的瞭解工作專案，或者是分析問題中所有因素之間的關連性，是運用一種簡單的「圖像」來釐清問題與工作之間的關係，優點是運用自由的想像力，從中間枝葉展開，單單使用一張「心智圖」，就可以把問題與辦法釐清，既簡單又明瞭。

公商務活動專案 & 禮賓工作實務

以下是運用「心智圖法」來構思慈善園遊會辦理方向的範例：
以辦理「企業慈善園遊會」為例構思的心智圖

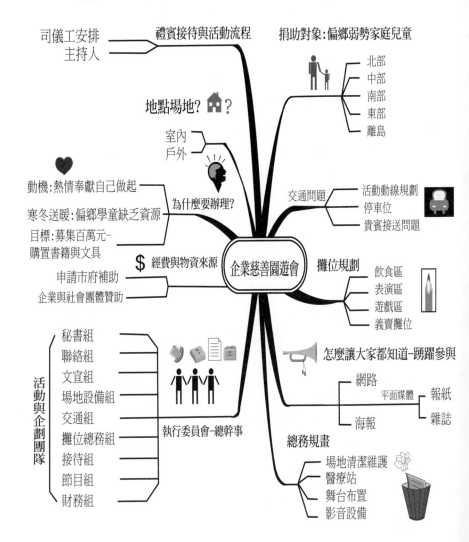

但是，在這裡本書之所以認為採取「**魚骨圖**」來分析與構思較為適合於「簡報專案」，最主要是因為大部分的公商務界都是運用「Powerpoint」這種軟體作為簡報工具，而這軟體的表現概念還是呈現「線性式」（linear）的思考模式，而「心智圖」是屬於一種向四方伸展的思考模式，這不是兩種思考分析方法誰比較好的問題，而是如果你是採取編寫「.ppt檔」的辦法，拿來做為簡報的檔案型式與解說的主軸，建議還是使用「魚骨圖」的構思方式，比較能夠配合軟體的表現方法。當然，如果你想要跳脫以Powerpoint軟體做為簡報媒介工具，而採取一種較為自由開放的表達方式，特別是偏向以「演講」型態的口語表達，而內容往往像是分享自己的「學思歷程」或「遊學心得分享」等等的題目，就可以跳脫「分門別類」與「條綱目次」的框架，用以激勵與啟發聽眾的思考，或許您只要運用一張「心智圖」當備忘稿就可以了。

2、編寫的材料：

　　當編寫的架構大致底定之後，簡報人就要在簡報的「骨架」上加入想要表達的素材，這時候，要再次思考自己簡報的目的是甚麼？例如：

　　　（1）向來訪賓客介紹自己的公司企業組織、現況與未來展望。

　　　（2）說明專案和活動。

　　　（3）業界對於新產品的介紹與推廣。

　　　（4）爭取提案或標案。

　　　（5）爭取贊助或補助（資金或物資）。

　　　（6）學術性的論文發表、研究報告與說明。

（7）執行工作的結果報告。

（8）知識、經驗或心得的分享。

當您確定好準備簡報的性質之後，就要檢視手上所有的資料型態，包括：文字、照片、聲音與影像檔，如果有需要的話，連「樣品」或「實品」也都可以當成現場解說的輔助材料。當然，在簡報編寫時，還是以文字與影像為主要素材。對於素材的來源與運用，要注意幾件事：

（1）簡報資料來源是出自於自己所寫出的文字、表格、照片或影像，是首要的選擇，畢竟屬於自己的作品資料，說服力較強，而且沒有著作權的問題。

（2）簡報者很容易貪圖方便隨意擷取網路上的文字或圖片，使用者就要注意，是否有「抄襲」或「剽竊」的疑慮。當然，在某些學術性「資料引述」上的「引經據典」是必要的，但也要註明出處，並且是在合理的使用範圍之內（就是至少不要整篇「抄」，或者是「抄」得太多！）。

（3）對於引述資料的恰當使用：除了注重智慧產權的觀念之外，對於資料的使用也要避免「斷章取義」以及「扭曲原義」的情況發生。

（4）回到簡報專案的精神來說，可以稱之為「三多原則」，就是希望您能：

・多使用自己的研究成果。

・多發表自己的觀點與看法

・多分享自己的經驗與心得。

因為，如果您所使用的材料大多是堆砌別人現成的資料、引

用他人的看法，甚至通篇都是他人的觀點，那您辛辛苦苦所作的「簡報專案」，恐怕就沒有太多的價值了！

（5）會場的影音播放設備或是器材，對於簡報使用素材的型式（例如電子檔案的型式）是否能夠支援。譬如說，簡報會場只有提供演講人的麥克風，卻沒有撥放聲音檔案的喇叭，這樣「聲音」的素材就派不上用場；又例如編寫簡報檔案的軟體版本較新，而現場的電腦軟體版本較舊，或許會有一些效果無法呈現，嚴重時甚至無法開啟您所準備的電子檔案！當然，自行攜帶與使用筆記型電腦也是解決的辦法之一。

3、編寫的佈局：

如果把簡報當成「說故事」，那麼「佈局」就是說故事時的「鋪陳」功夫：

（1）組織要點與次序：把所計畫構思的要點依序排列起來，大致可以依照上面所提到的「魚骨圖」的簡報規劃依次排列，將每張投影畫面填上章節大綱要點。

（2）設計「開場」與「結尾」：起頭與結語工作，就「魚骨圖」的構思觀念來說，就是對於「魚頭」以及「魚尾」的設計，簡報專案也要「有頭有尾」，也就是設計引人興趣的開頭，以及精簡有力的結論。開頭如何吸引聽眾注意？可以一開始拋出一連串的疑問，而這些問句剛好是站在聽眾的立場所發出的心聲，也正是聽眾所想要知道的、與時事有關的、跟聽眾有切身利益相關聯的、是能夠釐清事情真相的、或者是對聽眾的工作有所幫助的。

例如：

‧我是如何順利申請到美國長春藤名校？（想赴美留學者會感興趣）。

‧您可知道讓公司主管眼睛一亮的履歷是什麼樣子？（職場生涯座談與簡報）。

‧以上就是跟聽眾的前途利益產生連結。

此外，開場設計的功用，也是用來減少聽眾的防衛心，增加對簡報者的信賴感，這便是一開始「簡報人簡歷」或是對「演講人介紹」的功用了！這個目的是讓聽眾覺得講者「具有專業」、「深入研究」、「經驗資歷豐富」，或者對某方面事物有著成功的經驗與心得，因而對簡報人產生「信賴感」與「好感」，這也是能夠站在聽眾面前講說論述的資格與地位的建立。當然，對於簡報人的介紹不必長篇大論，過度著墨於一些「豐功偉業」，花個一兩分鐘簡單扼要的介紹就好，以免聽眾產生反感。之後，可以向聽眾提示簡報重點，再一一進入主題。

（3）對於「頭」與「尾」中間的簡報主體，就要把手上的「素材」做個取捨，看看哪些材料可以放入哪一段綱要裡，可以運用的材料包括：

‧**照片**：一張圖片勝過千百個文字敘述，現場簡報人也可以依照圖片解說發揮，表達也比較能適切自然。

‧**統計數字與表格**：我們常常會把統計數字輔以表格整理，好處是一目了然，而且還可以把重要的數據或關鍵資料用「黑粗體」、「反黑底框」或不同的醒目顏色表現給觀眾，可以表達出對資料具有條理的整理能力。

‧**統計圖**：統計圖的型態包括「長條圖」、「圓餅圖」、「折線圖」等等，也是直接把數據轉化成圖像，用以比較與觀察

變化的視覺化方式，運用在簡報的內容上，效果如同照片一樣，能夠帶給觀眾較為直接的感受。

‧影片：一段短時間的影片也能吸引觀眾的目光，動態的展示說明也會讓簡報更為生動活潑。

接著是編寫簡報「說故事」的手法：

舉出**實例或案**例說明：

實例種類可以分為「國內案例」與「國外案例」、「現代案例」與「歷史案例」、「正面案例」與「反面案例」，以及「成功案例」與「失敗案例」，彼此之間還可作為比較與借鏡。

‧「站在巨人的肩膀上遠望」：

就是引述他人成果，特別是引用有名望或具有權威的人士的話語及結論，或者是研究成果，目的是使得簡報人的立論基礎更為堅強厚實，接下的論述與報告才有立足點，這一種手法特別適用於「學術性」的簡報。

‧「引經據典」或是「格言警語」：

像是引用中國的「四書五經」或是西方「聖經」裡的章節短語，名人的智慧話語也可妥為運用。

舉例來說，假設我要對於「禮儀教育對於現代公民社會的重要性」來做簡報與分享心得，我便可以將古今中外典籍與名人對「禮」的闡釋做為註解：

中國古代典籍：

「禮以行義，義以生利，利民，政之大節也」（左傳）

中國古代名人：

「人無禮則不生，事無禮則不成，國家無禮則不寧」（荀子）

西方名人：

「禮儀是在他的一切別種美德之上加上一層藻飾，使它們對他具有效用，去為他獲得一切和他接近的人的尊重與好感」（洛克）[1]

「引經據典」的方式更可以運用在現場簡報的口語表達上，但是這些方式偶而運用就可以，如過用太多就成了「掉書袋」，過於賣弄同樣會讓聽眾覺得反感。

（4）當簡報人把簡報檔案初步完成之後，請重新審視全部檔案幾次，檢查前後內容有沒有相互連貫，論述的**邏輯**有沒有彼此衝突之處；除此之外，請記得簡報的訴求對象是聽講的聽眾，根據聽眾的性質，想想看他們是否對於圖片、影片、文字表達用語內容，是不是存有不能接受之處（因為宗教、年齡等因素，而對於血腥、裸露、菸酒等內容有所限制），或是牽涉到有關於「商業機密」、「公務機密」的資料與內容，還有牽涉到相關法令如「個人資料保護法」、「商標法」、「智慧財產權法」的相關規定，多檢查與多修正幾次，你的簡報內容會更加理想！

4、編寫的方法與技巧：

接下來就是撰寫簡報內容的操作性要求與技巧：

（1）頁面行數與字數要求：頁面不要填塞太多的資訊，像是擠滿圖片與文字，每頁註記的要點最多7項，3到5項聽眾比

---

1 註：英國教育家洛克（1632-1704）是紳士教育思想的代表人物。主要著作有：《政府論》（1690）、《人類理解論》（1690）、《教育漫話》（1693）等。在《教育漫話》一書中，洛克闡述了他的紳士教育思想。

較能夠吸收，每項要點字數不要超過7個字較為理想。

（2）適當的字型字體：建議大的標題40號字、內文大小30號字，同一頁字體不要超過兩種（例如使用中文細明體與標楷體即可）。

（3）適當的字體顏色與背景搭配：深色版面底色採用淺色字體，淺色版面就用深色字體，這樣字體才醒目。此外，不一樣的文字顏色其實代表的不同的意涵，例如：紅色代表「警告」、「注意」或「財務赤字」等等意義，淺藍色象徵輕鬆自由的感覺……，總之整頁字體顏色2種就好，多了便顯得過於花俏，特別提醒「紅」與「綠」兩種顏色，如果搭配在同一頁面，對於辨色力先天異常的觀眾來說，會造成一些困擾，也要儘量避免。

（4）簡報軟體常常會有許多顯示效果與音效的設計，如果你的報告是比較具有學術性的，或者是較為正式與嚴肅性的，不要設計過於炫目的效果與附加特別音效，因為這對於聽眾來說，是一種聽覺與視覺上的干擾，也會讓你的簡報表現變得幼稚可笑。

（5）多多運用照片與圖表，效果遠勝於文字的陳述，如果使用文字，也只用於提示大綱與要點，如果太過於偏重文字說明事情，還不如直接發資料給聽眾自己看就好，還可以節省大家的時間。

步驟3 預演練習

在發表簡報之前，可以事先練習幾次藉以找出一些問題：

1、面對每一張的簡報頁面，您是否就可以「侃侃而談」？如果覺得腦筋一片空白，或者是思路表達有所停頓或不通順，那便是對於所設計的頁面內容還不熟悉，就必須重新複習原始稿件的內容與資料，甚至加以背誦，之後再重新演練一次。

2、實際報告時各個章節是否銜接流暢？每個頁面轉換的同時，是否也中斷了你所要表達思維的連貫性？口語上自然流暢的表達與否，應該是簡報人說話的同時，投影頁面也以可配合轉換，如果整場簡報都是看到頁面才知道該講些什麼，會讓人感覺口語上的表達停頓次數太多，會有一種過於「片片段段」的感覺。簡報人之所以要不斷練習與熟悉內容與次序的緣故，就是希望某頁簡報即將結束之時，就該知道下一頁該表達講述什麼的要點與內容，語氣表達能一氣呵成，過程才會流暢。

3、簡報的預習，不但講給自己聽，也要說給別人聽：簡報專案的講者，就是「表演」的當事人，有時自己無法客觀的找出缺點與弱點，可以委請同事或者其他人充當聽眾，看看是否有著「語氣平淡」、「重點沒講清楚」、「頻頻看稿」等等的問題，再針對缺點加以改進。如果沒有人願意當觀眾，不妨自行錄影存檔，靠自己來發現問題與尋求改良之道。

4、做簡報如同演說，有兩種方式表達：一是直接唸講稿，二是即席演講發揮。照稿念當然最為穩當，但是對於聽眾來說，感覺只是照本宣料而缺少彼此目光的接觸，還有缺少發揮肢體動作配合的機會，尤其語調很容易流於平板而令人感覺到乏味，是很不自然也不討喜的方法。第二種「即席演講」的方式最為自然，觀眾會感受到簡報人的焦點與注意力都放在聽眾身上，而且

是用較為口語化的語言來表達，以及用自然的說話與表情來發揮主題與內容，只是這種方式多半是已經具有相當豐富經驗的講說者才會採取這種風格，因為他們已經「信手拈來」而「侃侃而談」，甚至進而「談笑風生」，檔案投影多半是用於照片展示，而且張數也不見得很多，所以這完完全全是經驗的累積，以及培養了相當的自信，真的一點都沒有辦法速成。所以，簡報新手還是先唸講稿比較好，等到對於簡報內容與次序都滾瓜爛熟之後，再試著練習不看稿表達，甚至手上的備忘稿件可以簡化為一些的重點題綱即可。

5、預演的最大功能，就是測量所花時間的長短。時間的精確控制對專業的講師來說，仍然是一項需要不斷修練的功夫，更何況是一般缺乏經驗的簡報者，當在現場聚精會神的呈現簡報與講解內容，很容易會忽略時間的存在，因此常常會發生時間不夠，因此延長簡報而耽誤到聽講者的時間，或者是時間沒到就結束了簡報，能夠不注意「**時間管理**」而能剛好結束簡報，只能說是運氣好而已。如何「管理時間」？請參考下面的建議：

．簡報檔案的頁數要做多少？跟時間的掌控非常有關係，通常按照一般簡報的性質來說，大致上一張頁面最少約2分鐘、最多4分鐘就要換下一頁，所以就一場60分鐘的簡報來說，大概製作最多20張簡報頁面就好，太多講不完，要不然就是搶著趕進度，過於倉促之下聽眾根本無法吸收消化，所以寧可少也不要貪多，如果現場真的提早結束簡報的主體，還可以在最後運用口頭補充，或者是利用回答聽眾的問題時，找機會帶出想要補充的內容，效果也會不錯。

．簡報人可以利用中場休息時間，重新檢視報告的進度在哪裡，太慢的話就必須精簡說話的內容，甚至捨棄一些不太重要

的細節；相反的，如果速度太快則可放慢速度，甚至加些要點補充，或者詳加解釋。

‧請人提醒：既然簡報者自己常常會講到「忘我」的境界，沒有把握自己能做好時間控制，不妨就請現場助理或其他人幫忙，在時限快到之前（例如10分鐘），以手勢或遞紙條提醒：「只剩下10分鐘，時間快到了！」。

‧隔一段時間「瞄」一下時鐘或手錶，隨時調控講話的節奏，讓簡報的表達速度與時間保持平衡。

‧如果多次練習還是講不完，就必須簡化簡報投影頁面的數量，請記得簡報投影只是輔助的工具，簡報人才是主角，不要反而被「工具」綁架了！

步驟4　現場的發表：簡報的技巧與表現

在上臺面對觀眾之前，有一連串的工作重點與提醒：

1、舒緩緊張、降低壓力與增加信心：可以先在會場外深呼吸，稍微走動一下，或者依照每個人自己不同的習慣來放鬆自己的情緒，作者參與過許多大型的活動，也在後臺休息區見過許多的知名人士，不論是準備上臺演講或表演，也見識過他們在事前「降低壓力」與「舒緩心情」的許多方式，目的是為了培養「心境」與「情緒」：有人喃喃自語加上手勢、有人閉目養神也要求其他人保持安靜、也有人做起舒緩的體操……，凡此種種，都是屬於一種「情境」與「氣氛」的培養，讓生理上也能隨之配合，而能在講臺或是舞臺上能以最佳的狀態演出。而作者自己在準備簡報或上臺演講之前，習慣先到洗手間裡整理一下儀容，再照照鏡子看自己，尤其直視自己的目光來培養自信。

2、簡報前可以發給聽眾講題題綱，也可以請主辦單位先

以電子檔案型式寄出,或印出紙本事先發給聽眾參考,資訊不需要太多,目的是引起聽眾的興趣與瞭解簡報的方向即可。

　　3、簡報一開始:

　　・禮貌不可少:向現場重要的人士致意,也歡迎聽眾的到場。

　　・自我介紹:頁面一張交代即可,重點讓聽眾接受你的專業或經歷,對你產生信賴,這正是你有資格站在臺上做簡報或演講的原因。還有,介紹自己不要過於浮誇,提到與講題有關的資歷即可,對自己著墨太多對簡報工作來說不見得有好處。

　　・開場白:重點在引起聽眾的興趣與矚目,可以藉由「提出疑問」、「解決困難」、「短篇故事」、「奇聞軼事」、「幽默笑話」或「新奇事物與話題」達到效果。

　　・達到引起聽眾興趣之後,要趕快進入主題的探討。

　　・以上的程序不要超過5分鐘。

　　◎簡報發表中有關口語表達的技巧:

1、說話音量適中,講話要有抑揚頓挫,以免聽眾覺得枯燥想睡。此外,說話的速度不要過快,否則聽眾無法吸收瞭解,還會覺得簡報人想儘早結束簡報。

2、除非現場備有「司儀」或「主持人」,否則簡報人也有義務掌控流程,在簡報一開始,可以略提一下簡報流程,例如:進行多少的時間、何時可以休息、最後有沒有提出問題與雙向交流(Q & A)的時間?

3、掌握聽眾的心理與理解程度:可以運用「**具體比喻**」的方法。為了引起聽眾的興趣與矚目,以及加深聽眾們的印象,可以把一些冰冷的統計數字,用較為生動的「比喻」或「換算」來表達,例如:

　　「全國各高中錄取『臺、清、交、政、成、師』大學的明星

高中，前10名中就有6所在臺北市。」

　　→用非常簡單的比例說明，用以表達城鄉教育資源的差距。

　　　　「近年來臺北市的高房價，月薪五萬的上班族要不吃不喝30年，才能買到一棟位於大安區30坪的舊公寓。」

　　→用來突顯高房價的不合理。

　　　　「頂新公司出產的光纖電纜14年來的總產量，可繞地球7圈半……」

　　　　「Gourmet Art烘焙連鎖企業所賣出的生日蛋糕，光是一個月的銷售量，疊起來比臺北101大樓還要高……」

　　→或許聽眾對精確的產量數字既沒興趣也沒概念，但換算成比喻的方式來表達，還可以引起大家的驚嘆！

4、說話就像寫文章，有時可以「輕描淡寫」，有時也要「強調重點」，在強調重點時我們往往會在文字上劃上底線或用粗體字，讓讀者知道重點之所在；但是如果要在口語上向聽眾強調重點，就必須採取「加重語氣」的方法，甚至重複再說一次。

5、講笑話？要謹慎：要不要讓現場氣氛緩和一點，順便炒熱一下場子，說個笑話輕鬆一下？乍聽之下，是不錯的點子，但也要看簡報的性質適不適合，如果是學術性或較為嚴謹的研討會上，就不太適合；如果是分享心得經驗，或用於教學來加深學習者的印象，當然也是口語表達的技巧之一。但是，講笑話是需要天分的！運用在公眾口語傳播上，更需要練習與經驗的累積，與其硬湊個

不合邏輯的「冷笑話」，或是講個大家都已經熟知的「熟笑話」，不但達不到「笑（效）果」，反而使得大家都覺得尷尬。特別是一些涉及「性別」、「宗教」、「種族」或「政治」的笑話題材，還會有冒犯他人的風險。所以，如果您沒有十足的把握與信心，穿插笑話恐怕要謹慎為之！

◎簡報發表時的表情、眼光與肢體動作：

簡報發表與演說，其實算是廣義的「表演工作」，因為同樣是面對觀眾，運用「說話技巧」、「聲音」、「肢體動作」、「表情」，來傳達「知識」或「意念」，對於觀眾的「視覺效果」往往會影響到簡報成效的良好與否。

這方面也牽涉到「形象塑造與管理」、「儀容禮儀」以及「穿著禮儀」的知識（詳細的內容讀者如果有興趣，可以參考作者另一本著作「現代公商務禮儀-原理與實務」一書）。

1、**服裝的要求**：請根據簡報性質與會場型式，在正式的場合上，男士還是以西服為主，女性則以套裝為首選。如果是屬於教育性較強，或是較為輕鬆的場合，例如分享國外國家公園的考察心得，也許穿著搭配主題的服裝，也會有相當「氣氛營造」的效果。總之，不論是哪一種服裝，一定要把握「**清潔**」、「**整齊**」與「**協調**」原則，才符合穿著禮儀。

2、**儀容的要求**：什麼主題的性質，就做什麼樣的裝扮，如果是專業性、學術性的簡報，男性最好將頭髮梳剪整齊，除非是刻意蓄鬍當成個人特殊的形象塑造，不然不要留有鬍渣，而讓人覺得毫無精神。女性如果做專業性簡報，例如學術報告、企業業務簡報或是行銷企畫等等

專案，可以略施淡妝，最好將髮型盤起，塑造出職場女性專業幹練的形象，運用視覺形象來增加聽眾的信賴感，這也是職場服裝儀容禮儀運用在實務上的例子之一。

3、肢體動作、目光與表情：站在「禮儀學」的角度來說，「服裝儀容」屬於「靜態禮儀」，而如何以適宜的舉止動作，表現出大方的舉止，這便是「動態禮儀」的範疇。如果把動態禮儀運用在簡報專案實務上，便是肢體動作與目光神情的運用：

‧**目光眼神**：不論是簡報還是演講，只要有關於「口語傳達」的工作（除了電話禮儀之外），眼光的投射關係到聽眾感覺你是不是在對他講話，有沒有注意到他，甚至是有沒有關心到他，所以現場除了偶爾看看提示稿或者是投影布幕之外，簡報人至少要將7成以上的視線與眼光面對觀眾，您是不是還記得本書在第肆章討論如何擔任「司儀」工作時，談到要將眼睛注視觀眾，眼光採取「N」字或是「Z」字注視法掃過全場，讓貴賓或聽眾都覺得，你是跟他（她）說話，發表演講、致詞與簡報技巧也是運用同樣的方法來抓住觀眾的注意。

‧**表情**：說話方式的抑揚頓挫，配合臉部的表情。例如：講述要點時張大眼，稍作停頓；有時刻意放慢講話速度，面帶微笑，表情的訓練需要經驗，甚至檢視簡報預演時的錄影檔案，藉以修正言語表達與表情手勢，如果簡報新手無法如此的「唱作俱佳」，至少不要因為緊張而板著一張臉，這對於聽眾而言，是一件很難受的事。

‧**儀態**：儀態運用在簡報工作實務，指的就是「站姿」，怎麼站可是個學問，大部分的簡報人都是採取站立的姿勢，很少人

作簡報是坐在位子上，除非是場地所限或是其他特殊的原因。一般簡報者的標準站姿，是手拿麥克風置於嘴前5到10公分處（音量要事先調整好），身型保持端正，輕鬆自然就好，記得手不要插腰或放在褲子口袋裡，手抱著胸也是呈現一種「放不開」的表示，這些習慣性的姿勢一定要避免。

・**手勢與動作**：適當的手勢可以輔助說話時的氣勢，具有相當的視覺效果，例如：握拳：表示「強調」、「堅定」或者是「決心」的含意。拇指向上：表示「第一」、「讚許」等等的含意。手勢的使用要適可而止，如果肢體動作太大甚至是過於誇張，整場簡報會變得很可笑，也轉移了觀眾對於簡報內容所應關注的焦點。

・**走動及移位**：如果簡報人整場都一直停留在講臺，或者老是忙於操作電腦，簡報會變得很呆板，所以簡報人的眼光要常常投射在聽眾身上，站的位置也要作適度的移動，不要讓固定式麥克風與電腦把你鎖定在講臺上，有時適當的移位，例如在講臺的左右方移動，甚至可以偶爾步下觀眾席，跟觀眾在同一角度方位看著投影布幕來作講解，簡報工作的氣氛會生動許多。當然，這必須要借助無線麥克風與電腦簡報遙控器，簡報人才有自由移位的可能。

・**簡報的結尾**：

結尾可以包括兩個部分，一是作結論、二是回答聽眾問題：

1、簡報結論可以採取以下的方式與重點：

如果是學術性或研究性簡報，再次強調「研究發現」、「成果」、「貢獻」、「建議」以及「未來可以繼續研究的展望」。

回顧全部簡報的重點與綱要，幫聽眾整理思維、幫助記憶以

及加深印象，聽眾會覺得很有收穫。

　　緊扣簡報主題，簡單來講就是再次呼應簡報題目，讓聽眾感覺有頭有尾，簡報成效會很紮實。

2、回答問題與雙向交流：

　　在最後的部份，最好能留有相當的時間與聽眾互動，常見的形式就是提問與回答（Q & A），這是相當重要也是具有挑戰性的一個部分，如果簡報人把這一段經營的很好，那就是完美的結局了！因此，與聽眾之間的問答交流，也是需要一些技巧與安排。

　　簡報人在事前的練習時，就應該預留這一段互動時間，千萬不要因為害怕與群眾互動而刻意省略這一段，所以事先也要先思考一下，觀眾可能問到哪一些問題？特別是學術報告或論文發表，聽眾可能是審查人員甚至是口試委員；對活動提出企劃案或是爭取預算，就要面對客戶、主管單位與贊助單位人員的質疑，你必須預擬考題還有回答的內容，懂得怎麼具有說服力的解釋、回應與辯護（defense）。如果只是一般的簡報用以說明、教學與分享心得，問題的回答就不會是這麼的緊張嚴肅，聽眾提問的心態多半是「請益」來解決心中的疑問，問題應該不會太難回答，可以重新將簡報中所提到的要點與原則呼應提問，也證明剛才所做簡報內容的實用性與可驗證性。

　　有時聽眾的發言不是提問，而是提出對簡報內容的質疑，或是發表不同的意見，也算是對簡報人立論的挑戰，此時怎麼應對？如果你想對自己的想法、意見或結論辯護，簡報人的姿態可以柔軟、語氣必須緩和，但是可以堅定立場與原則，簡單扼要的以理由回應，不要針鋒相對而弄僵會場氣氛。

　　經歷許多在臺上簡報的經驗，演講者與簡報人偶爾會遇到

一些難以回答的問題，例如含糊的問題、預設成見的提問，或是一些偏離主題的問題。如果是語意不清的提問，可以請他再解釋清楚一點，甚至可以引導他，看看到底問的是有關哪一方面、或是哪一部分的問題，再據以回答。如果是預設立場與懷有成見的提問（說是質疑也可以），動機恐怕就不是善意了，說實話，在這段極為有限的時間裡，很少有講者能迅速扭轉對方的成見，但也無須強硬反駁而激怒對方，也許可以重申自己簡報的原則與立場，也順便感謝他的寶貴意見，讓對方「一拳打到棉花裡」，再轉到下一位的提問者。如果是「偏離主題」的提問，如果還有一些空餘的時間，問題也無傷大雅，簡單回應報以微笑，或許可以當成花絮，但是如果時間緊迫或是一些敏感的提問，例如牽涉隱私、政治評論，或者不是自己的身份地位可以回答的問題，你可以「婉言」地拒絕回答，或推說結束後有空私下再聊聊，用這種方法來化解現場的困擾。

　　說到與聽眾之間的互動，最常發生的反而是現場無人發問，這並不是簡報人或演說人講的不好，其實跟聽眾的性質有關，這跟國人不喜歡在公眾前說話或發表意見的習性有關（特別是學生），面對這樣的冷場情況，處理的方式如下：

　　（1）「**自問自答**」法：可以把以前曾經被問過的問題提供給聽眾參考，並且隨之回答問題。這時候也剛好藉機會補充之前所沒有講到的內容。

　　（2）「**反問法**」：反向的對聽眾提出問題，請聽眾試著解答、發表想法，甚至提供意見。這樣是給被問到問題的聽眾一個方向與提示，引導聽眾而給他有一個說話的機會，只要聽眾開口，那怕是一兩句簡單的回應，簡報人也就有了可以藉以回應與發揮的憑依。千萬不要指定某一位觀眾提問，因為沒有經過「**提**

示」與「問題引導」的點名發言，會讓他腦筋一片空白，只會造成大家的尷尬而已。

步驟5 「簡報技巧」在其他公眾口語表達的延伸運用

與「簡報」有些類似的公眾口語表達活動，就是「演講」。每個人在自己的職場專業上，只要努力與累積豐富經驗，都會成為專家，也都會有機會上臺分享知識與經驗，這便是一種「演說」或「演講」。演講具有「短時間」、「目的性」的特質，所以一個「稱職」的演講者，基本上必須把握「對題」、「精簡」與「準時」的要求，這就是為什麼一個演說者接受邀請後，第一想要瞭解的就是：我演講的對象是誰（Who）？先詢問與弄清楚訴求對象的背景、程度、年齡層等等的資料，才能決定演講的範疇與內容（What），一方面聽眾感興趣，也容易吸收，所以發表「演講」比一段時間的「授課課程」，更具挑戰性，不像「學期制」或「課程制」的授課方式，可以有時間慢慢講述內容。專業內容的「演講」往往有著「快速反應」與「精準打擊」的特性，讓聽眾在有限的時間內得到啟發，以及接受到明晰易懂的資訊。想想看，演講者若有一身的武藝，在短短2小時不到的時間中發表傳授，往往比演說內容的準備更花心思。也就是說，如何講授（How）比講些什麼（What）更需要花精神與掌握一些技巧。對於專業知識方面的演講而言，「精準打擊」變成一項重要的原則，要根據聽眾的構成與希求，再慎選演講的題目，求精不貪多，說原則重啟發。當然，經驗豐富的演講者，是可以信手拈來，功力深厚的話便可以「我口說我心」，好處是把聽眾注目的焦點，重新投注在講授者身上。但採取這種演講方式，必須是主題性質所許可的，譬如分享演說者自己的心路歷程、奮鬥過程、

成功經驗或者是心得感想，是屬於較為感性的演說，講臺上可以不用投影聲光設備，頂多一兩張照片即可，這種成功演講的知名範例，像是蘋果電腦的創辦者賈伯斯（Steve Jobs），或者是「最後一堂課」的演講者柏許（Randy Pausch，美國Carnegie Mellon大學教授），藉由本身的表情、肢體表現以及語言表達，讓聽眾不自覺的融入演講人所營造的情境，心情也跟著或喜或悲。但是，如果發表演講的內容是屬於知識與技能的傳授，或者是工作經驗的分享，免不了需要一些簡要的條綱、圖片，甚至是整理的圖表來表達，讓聽演講者一目了然，不需要憑空想像一些情境，否則，情況不嚴重的話，觀眾頂多聽起來吃力而已。嚴重的話，臺下聽眾根本不知道演說者在說些什麼。因此，這種屬於「Know How」性質的演講，演說者一定要事前詳細準備相關資料表達給聽眾，現場佐以簡明易懂、甚至易記的方式說明，最好用圖片或照片呈現，加上親身經驗上的一些小故事，甚至是奇聞軼事，加深聽眾的印象，讓參加演講會的人多多少少都有收穫，這便是演講者的「**神聖**」責任。

最後，本書分享成功的簡報與演講訣竅：

1、**定錨原則**：確定演說的中心與重心，不可偏離主題。

2、**圓規原則**：確立演講中心後,再以演講可運用時間的長短為「半徑」，畫定可資傳達內容的多少。例如，標準演說時間通常安排2小時（含中場休息10分鐘），才能將思想內容完整表達。如果演講時間只有安排1小時，演講者必須特別謹慎安排內容與講說方式。有些有經驗的演講者，甚至捨棄以播放Powerpoint軟體簡報方式，回歸演講者為聽眾注目的重心，以板書（在白板上書寫註記）為輔，直接與觀眾溝通。

3、如果你常常從事簡報與演講，可以設計「**回饋單**」發給聽眾，用來收集聽眾的意見與評語，進一步瞭解聽眾的感受、評價、意見，以及聽眾還想知道什麼題目與內容，以作為修正的參考以及未來分享的方向。

三、拜訪與會談工作安排

當今在國內外的公商務活動中，彼此相互的交流活動十分頻繁，其中很重要的便是「拜訪」與「會談」，其實兩者之間息息相關，也可以說「會談」是「拜訪」活動中的重要環節與重心之所在，因為商務上的登門造訪，不太可能到了門口就離去，一定會安排在會客室就座，賓主之間就會展開「對談」，談話不管時間進行多久，就算是一場「會談」，也就是在正式的公商務場合中，一定會有一套程序才是符合禮節，而且每一個關鍵處都要「到位」，才算對訪賓有所尊重，就賓客的立場與認知來說，才會覺得受到「禮遇」。所以，對於國際商務上的「拜訪」與「會談」來說，就是運用公務禮儀所進行的「禮賓實務專案」。

（一）　什麼是「拜訪」？

在國際正式場合中，「會見」與「會談」是一種十分重要的往來方式，因具有「禮儀性」、「儀式性」與「實質性」，可以在不同的層級與各行各業的人士中，進行「禮貌性」的拜訪，或者是進行「實質性」的對談。在國際外交上，就常常藉著「會談」來瞭解彼此的立場、意向與行動方向，從而進行雙方的溝通瞭解，目的是為了化解歧見、進行合作，或是解決問題以取得「共識」。而所謂「國際會晤」，是指「兩個或兩個以上國家代表間，或政府代表間，因外交公務上之必要，或因邦交關係，或

因其他一定之目的，依照一定之外交儀式與程序彼此做正式的晤
會，從而構成一種公的關係或公的效果之禮節」[2]，就禮儀的角度
與會見性質來說，會見會談可以約略分成以下幾種：

1、禮貌性拜會（courtesy call）：

一個國家的代表或一般性的外賓到另一個國家訪問，在抵
達並且安頓就緒之後，前去拜會東道國的主人，這種拜會並無實
質性的晤談內容，或是亟待解決的問題，而是具有問候拜訪的性
質，有較強的禮儀性，稱之 「禮貌性拜會」，安排的時間大概30
分鐘左右。

2、回拜（return call）：

在禮貌性拜會之後，主人又到客人住所或下榻處回訪，以表
示真心關懷與表示友好之意，稱 「回拜」。但是現今世界各國無
論是官方還是民間人士，行程通常很緊湊，因此這種安排早已被
精簡而不多見。

3、正式會談（official meeting, official talk）：

這是雙方針對實質性的問題，彼此交換意見並進行討論，並
且闡述各自的立場；或是為了具體的解決某些問題，而進行較為
嚴肅而正式的會談。例如，元首間進行最正式的「國是訪問」，
都要進行一次或幾次的正式會談，就雙邊關係中的重大問題和共
同關心的議題，進行交談與磋商，而各國外交代表之間也常常進
行各種解決問題的正式會談。其他如各國貿易代表、企業、公司
之間，基於商務、經濟合作等等方面的會談，也都具有正式會談
的性質。正式會談一般是由雙方身份相當的人員之間來進行，並

---

2 唐京軒，《現代外交禮節》，1980：159。

加上其他相關的人員參加；國際間元首或政要，有時還會舉行彼此間的「單獨晤談」（private meeting），如果問題涉及許多方面與項目，也可以分組進行會談。這些都屬於「**正式會談**」的範圍，可以由雙方商量共同討論。

4、接見（receive）：

就是由國家正、副元首或高級官員出面會見來賓（性質為上見下的意涵）。

5、召見（summon）：

駐在國的高級官員，因某些事務或交涉，主動召集相關國家的使節前來會見。而我國新任大使或代表赴任前或返國述職時，也會循慣例安排總統、副總統「召見」上述人員，前來總統府聆示與慰勉。

6、專訪（interview）：

正、副元首或高級官員接受電子或平面媒體，或是其他新聞媒體人員的採訪、發表談話或是回答問題。

7、辭行拜會（farewell call）：

常駐使節離任前，拜會駐在國政府官員、有關人士和其他國家駐當地使節，向他們告別就稱為「辭行拜會」。有時因為時間較為緊迫的關係實在是來不及一一拜會，依國際上的慣例，也會以舉行「辭行酒會」或「宴會」的方式來辭行。

此外，如果按照拜會的「主體」與「階級」來分，又可分為以下兩種[3]：

1、使節到任或卸任辭行，與駐在國元首的正式會晤稱為「覲見」（Audience）：

---

3 唐京軒，同前，1980：161。

這裡又可以分為大使、公使的「覲見」，以及特使、專使的「覲見」，通例也可及於代辦，如果只是暫時代理館務，或者身份為「臨時代辦」就不適用。有關於「覲見」的禮儀與儀節，歐洲各國數個世紀以來頗為正式與繁複，是屬於外交上的正式典禮，然而時至現代都已經簡化。例如，我國總統接受邦交國使節呈遞到任國書，仍然會在總統府前安排禮兵、軍禮以及軍樂歡迎，但是卸任辭行也只安排一般的晉見而已。

　　2、外國元首正式訪問地主國，並且安排與地主國元首間的會晤，或者外國政府官員正式訪問地主國與本國政府相同位階人員之間的會晤，就稱為「訪問」、「謁訪」、「晉謁」或「謁拜」。

　　就以上之分類來看，可見兩者儀式、程序與性質各不相同。再進一步釐清，「會見」是屬於對等的見面，而「拜會」、「拜見」、「謁訪」、「晉謁」或「謁拜」則是屬於下對上的見面，現今常以「晉見」稱之；而「接見」則屬於上對下的見面。

　　以上只是大致上的分類，由於現代國際間交往的頻繁，實際上各類會見與會談，已經難以明確界定。例如，說是禮貌性拜會，但已就實質的問題進行了會談；有時會將第二次的會談安排在客人所住的飯店裡進行，也就含有回拜的意思。一般在商務界的「拜訪會見」來說，並沒有這麼複雜與高度的「儀式性」，大概指有「禮貌性拜會」、「正式晤談」與「辭行拜會」而已，不過相關的禮儀與禮賓工作要點也都可以比照辦理。

　　不論在官方場合或是商業場所，安排會見一般都要經雙方事先約定，「不速之客」通常是沒有的，而且，「不約而訪」在商務禮儀上是非常失禮的。依照國際禮儀上的慣例，應該儘量避免星期六、日與例假日作「商務拜訪」或「商務會見」，日期上儘

量以星期一到至星期五的上班日為妥，而時間上最好在上午10時至12時，或者是下午3時至5時比較適宜。

關於參與正式會談的人員，雙方也應該事先商量與確定。在一般的情況下，各方參加人員的名單與職務等等資料，由雙方自行擬妥之後，禮貌上要先讓對方知道，並且大致上保持地位的**對等與平衡**就好。此外，有關於會見會談的時間與地點，也應該由雙方協商同意，只要對雙方都方便，而且大致符合「對等原則」即可，不要因為過於拘泥細節而橫生枝節。在國外一般公務性的會見中，多在主人的辦公室內進行，或是在公司、機關內的會客室裏進行。

（二） 迎接的禮儀

被拜訪的人或是公司單位，主人（會見中最高的主管）迎接的地點，要依循以下的原則：

公商務賓主間的迎接原則

主賓地位大於主人	主人親自到公司門口迎接
主賓地位與主人相當	主人到「會客室」門口迎接
主賓地位小於主人	客人在會客室先坐定位主人依照預定時間出現

此外，只要以上的情況不是主人親自在大門口迎接，公司就必須要有「禮賓人員」，或者地位職位與來賓約略等同的「主管」，在大門口歡迎、陪同進入與引導入座。

（三）　會客室座位安排禮儀與攝影位次安排禮儀

在會客室座位的安排以及會面後安排攝影，也都是不可缺少的重要節目安排，相關的座位安排在本書第陸章「各種場合禮賓排序的藝術」已經討論過，請讀者再次查閱參考。

（四）　安排會見前的秘書作業

1、在任何官方、公商務的拜訪與會談活動，雙方都應該事先敲定預定的時間點，以及預定進行的時間長短。前往拜訪的一方，在禮貌上必須提供被拜訪的公司或單位一份「人員名單」，以方便對方依照「國際禮儀」的「對等」原則，安排陪見的人員，以及準備相關的接待服務事宜。

2、拜訪的主旨與會談的主題，必須事先說明清楚，並且有義務提供相關的會談參考資料。如果只是「禮貌性」的拜會，也必須事先告知。

3、有關「禮貌性」的拜訪，可以準備禮品餽贈以表達誠意，並且增進彼此的友誼。

4、任何敲定的拜訪時間，不可一再更改而造成對方的困擾。

（五）　會見、會談進行中的禮儀要點提醒

拜訪對方最大的忌諱便是「遲到」，應該事先掌握交通狀況，提早一些時間出發，絕對不可以讓對方久候，否則將會對於商談結果有著負面的影響。

請注意會談時間的控管：在現代的社會中，人人都十分忙碌，尤其訪賓有義務注意時間的控管，切勿超過預定的會談時間，時間差不多時主賓應該適時的結束談話，並且表達感謝接待之意，以免耽誤對方接下來預定的工作進程。

（六）　拜訪與會見之後的禮儀

對於對方地位比己方高的商務會見，可以在見面之後寫封信表達感謝之意，也可藉此為下一次的見面預作「鋪路」的工作，也可順便邀請對方有機會的話，能夠撥冗到自己的公司訪問，並且表達一定盛情接待的誠意。

四、宴會籌辦

在公商務的活動中，「餐宴活動」是一項非常重要而且常見的交誼方式。「宴請」，也是國際活動中最常見的交際形式，是用來表示友誼、拓展關係、建立聯繫的媒介，也是促進彼此間的瞭解，以及解決問題的場合。在政府機關或者是公司企業中，常見的幾種宴請形式如下：

（一）　宴會種類

宴會正式的場合，種類可分成「國宴」、「正式宴會」與「便宴」的區別；如果按照舉行的時間來分，又有「早餐宴」、「午宴」及「晚宴」的區分。對於隆重程度、出席規格，以及菜肴內容與精緻程度而言，都各有區別。一般來說，晚上舉行的宴會要比白天舉行的餐宴在意義上更為隆重。

1、國宴（State Banquet）：

國宴就是國家元首款待來訪友邦元首的正式宴會，通常是以

隆重的晚宴方式進行，總統夫人是否參加，視來訪友邦元首有否偕夫人而定，嚴謹的儀節、精緻的菜餚加上樂團現場演奏是其特色。因此國宴是所有宴會中規格最高、最為正式且最具儀式性之餐宴，宴會廳內懸掛兩國國旗，安排樂隊演奏國歌及伴奏音樂，席間亦安排致辭或祝酒，甚至於在宴前安排贈勳儀式。在這裡必須加以澄清與說明的是，並不是「元首」與「元首」間的宴會就稱為「國宴」，還必須清楚的界定來訪國元首為「**國是訪問**」，如此才會舉行「**國宴**」。

2、正式宴會（Banquet，Dinner）：

除不掛國旗（有時也可能會懸掛國旗，視情況與慣例而定）、不奏國歌，以及出席的規格不同外，其餘安排大多與國宴相同，也可稱之為「官宴」。也可以安排樂隊演奏來增加氣氛，賓主均依照身份職位的禮賓順序安排座位。在許多國家正式宴會中，仍就講究排場，在請束上會註明出席賓客服裝的要求，從服裝規定就可以顯現宴會的隆重程度。

3、便宴：

常見的有午宴（Luncheon）與晚宴（Supper），這類宴會規模人數較少，型式也較為簡便，往往也沒有安排致詞等等的程序，菜肴道數也可精簡，在國外午宴有時不上湯品，有時也不供應酒類。官方場合便宴的運用，可於接近中午或近晚餐時間的會談之後舉行，就實務上而言，可視宴請的對象身份來調整嚴謹與講究的程度，甚至還具有了一些「正式官宴」的性質，只不過參與的人數較少而已。而在商業界的餐宴，也可以將「便宴」作靈活的運用。

（二）招待會（Reception）

是指各種不備正餐，是較為靈活的宴請方式。基本上準備有餐食、酒水飲料，通常都不排席位，也可以自由活動。常見的方式是「自助餐會（Buffet，Buffet-dinner）」，這種宴請形式的特點，是不排席位，菜肴多樣化，連同餐具擺放在餐檯上，供賓客自行取用，客人可自由活動且多次取食，賓客間能一邊進餐同時自由交談是最大的特點。酒水等果汁飲料通常陳放在桌上，有時也會由服務生端送，而場地多設置在露天或大型的室內場所，並可以設置一些小圓桌與座椅提供久站的客人坐下休息。然而，在國外的自助餐會多不設座椅與餐桌，賓客大多全程站立進餐與交談，作者多年來曾主辦過許多的自助餐會，發現國內賓客不太習慣「站著用餐」，因此必須準備足夠之餐桌與座位，並安排主賓席並且排定首桌座位，其餘各桌就不固定賓客的座位。至於國外賓客則較能接受站立式的用餐習慣，並視為方便交誼的安排。這種用餐方式常用於官方的正式活動，適用於宴請賓客人數較多的場合。

若在一般用餐時間之外，正式場合也可以舉行「酒會」（又稱雞尾酒會，Cocktail）。這種招待會形態更為活潑，便於廣泛接觸交談，現場通常供應紅酒、白酒、果汁或礦泉水為主，也常常備有簡單的零嘴小吃，也都不準備座椅，頂多放幾張高腳小圓桌而已。酒會舉行的時間也較靈活，中午、下午或晚上均可，請柬上通常註明整個活動延續的時間，客人可以在舉行酒會的任何時間內到達或離開，都符合商務禮儀。近年來國際間舉辦的大型活動，採用酒會形式已經相當的普遍，像是慶祝各種節日、歡迎代表團訪問，以及工商企業界的開幕、閉幕典禮，藝文展出或演出前後等等場合，參與的賓客也常盛裝與會，仍然具有正式與隆重的性質。

（三） 工作餐會

按照用餐時間可分為早餐會報、工作午餐、工作晚餐（Working Breakfast，Working Lunch，Working Dinner），是現代國際社會中經常採用的一種非正式餐宴形式，就是利用用餐時間邊吃邊開會，以交流意見、聽取建言或商討解決問題的方案，是具有「**工作**」或「**會議**」功能取向的餐會，「吃」的內容不是重點，反而是對於會場的流程、座位安排與設備的準備才是工作的關鍵。這類餐會一般來說，只請與公務或工作有關的人員，不請配偶（參加工作餐會其實就是「工作」的一種），桌型尤其以「長桌」為主，並儘量使與宴者都能相互面對面為首選安排，以方便談話及發表意見。關於這種工作餐會禮賓座次的排法，則與一般宴會考量不同，反而是以會議席位安排的原則相仿。

綜合上面所分析的宴會型式，可以歸納成以下的表格：

類別	宴會				招待會		工作餐會		
	國宴	正式宴會	午餐便宴	晚餐便宴	自助餐	酒會	早餐會報	工作午餐	工作晚餐
致詞祝酒	○		×		○		×		
安排席次		○			×		○		

就「商務餐宴禮儀工作實務」來說,我們如果從「辦理餐會的公司企業或單位」的角度來思考,該如何辦理一場成功的商務宴會?

（四）餐宴專案實務的「前」、「中」、「後」

在公商務禮儀禮賓實務工作專案中極為重要的一環,就是「宴會籌辦專案」。您可能會認為:吃飯就吃飯,為何稱為「專案」?因為辦理一場商務餐宴,必須牽涉到許多的專業知識與經驗,也必須遵照一定的原則與流程,更結合了許多不同分工的工作人員,依有限的「經費預算」,再經彼此協調依時間進度,完成一項宴會前、中、後的不同工作項目與內容,這便符合了「專案管理」的定義。對於一般商業界而言,非常重視宴會的交際功能,特別是在政府機關舉辦的「官式宴會」中,更是具有一定的儀節,相關要求的標準更是嚴謹,絲毫馬虎不得。

主人舉行一場宴會,可分為「私人宴會」與「商務宴會」,本書對於私人宴請的場合暫時不談,因為「私人宴請」歸納於「社交禮儀」範疇,辦理「公商務餐會」才是屬於「商業禮儀工作」的範圍,而商業禮儀基本上是奠基於社交禮儀的基本素養之上,再更上一層位階,本於公務交誼的目的所舉辦的餐會。

假設,您在公司裡接到總經理的一個指示:

國外總公司的亞太地區總裁來臺灣巡視業務與考察市場,小李負責參訪行程安排與聯繫,至於您呢?就安排一場歡迎晚宴好了。你該怎麼辦呢?辦餐會這檔事,學校不會教,公司裡的資深前輩不會跟你說,因為連他們自己都搞不清楚怎麼做,只是預訂餐廳這麼簡單嗎?大多數的人腦筋都一片空白,無怪乎有一些有

財力的公司，如果有大型活動，乾脆加上晚宴全外包給了「公關公司」處理，靠花錢來個一勞永逸。但是，別忘了，餐會可大可小，重點是萬一公司不是這麼有錢時，哪有可能事事由「公關公司」代勞呢？

　　因此，在公商業界中辦理宴會的任務，也成為了秘書實務的工作項目之一，工作進程可分為「前」、「中」、「後」三個階段來敘述：

1、 宴前的準備工作

　　當您受命辦理一場宴會，在宴會之前，請確定以下項目與依照以下6大步驟進行：

　　（1）**目的（Purpose）**：先與公司主管與相關部門詳細瞭解～

　　對象是誰？是多人團體、個人還是夫婦？是自己公司高層主管？還是其它公司、機關的人員？

　　餐宴的屬性為何？可以分為迎新、送舊、接風洗塵、送行餞別、年終餐會、忘年會、春酒、感謝、慶功宴、賀高陞履新、聯誼餐會……等等，必須確定舉辦宴會的種類性質與走向，才能決定後續辦理事項。

　　辦理這場宴會，最終目的是想要達到怎麼樣的效果？是想建立彼此相關業務單位的情誼，還是想爭取對方的合作？甚至在酒酣耳熱之際，能商議或磋商一些在會議中，所未能達成的協議，或者是未能解決之事？當您的公司或單位評估確定舉行這場餐宴，多少能達到以上的目的與效果時，吃這場飯才有意義。

　　（2）**賓客名單（Guest list）**：

　　東道主或主辦宴會的公司單位，很重要的一項工作，就是

確定賓客名單。所謂「賓客名單」上所列名者，就是被正式邀請的客人，可分為主賓、對方貴賓，主人與我方陪賓。當擬定賓客名單時，請注意「**對等**」與「**平衡**」原則，所謂對等原則就是相同職位對等。例如，對方如果有副總經理列名，本公司也要邀請自己公司副總經理出席，人員可以由此類推。而所謂「平衡」原則，就是雙方的人數大致保持平衡，人數不要相差太多而導致賓主兩方產生「失衡」現象。當然，如果宴請國外賓客，總人數不宜13位，因為這是禁忌。此外，除了職位高低相對等，還須注意相關「業務」上的平衡，對方有採購部經理，我方也可安排一位負責採購的主管參加宴會，就算是官方的宴會也是秉持這兩項原則，一則這場商務宴會具有一定層級以上的代表性，二來也能促進相關業務單位的聯繫與溝通，就多年的實務來說，彼此負責的業務相近也比較有話聊，氣氛也相對較為熱絡。

賓客禮賓排序：在這裡特別強調，不只是宴會，即使是其它牽涉到排位入座的禮賓工作與場合，「禮賓排序」絕對是重點！請讀者記得：詳列所有賓客職銜與姓名後，請按照賓主雙方分別排序，一一按照機關單位或公司內部所公認的排名，依次序整理出一份賓客名單，才能繼續以下的工作。

客名單出爐後，再給單位相關主管核示，予以增加或刪除以求周全。

（3）**邀請**（Invitation）：

以「書面」的請柬邀請才算正式與禮貌，現今各行各業人士公務頗為繁忙，如果有宴會邀請，一般而言，最晚前10日就要提出邀約，太晚邀請將會造成對方的困擾，不符合公務禮儀，而就辦理宴會的工作實務來說，出席率也一定會大大的降低，因為每個人的行程早已預定，遲來的邀請只是會造成他人的困擾而已。

在寄發請柬之前,可以先用電話聯繫通知,若舉辦賓客眾多的大型宴會,如果仍然有著充裕的時間,就可以先發請柬邀請,請柬內容須敘明邀宴事由、日期、時間與地點(Venue),正式宴會還需註明服裝(Dress Code, Attire),附上回答出席與否的回覆單,受邀的賓客可以寄回,或是以電話傳真方式答覆,如果直接打電話回覆也都可以。

以下是中文請柬範例:

直式:

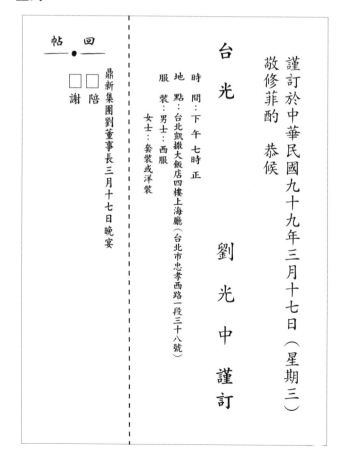

橫式：

2011年5月20日（星期五）下午7時正潔樽候

光

劉光中
張美純　謹訂

地點：高雄市漢來大飯店9樓國際宴會廳
（高雄市前金區成功一路266號）

英文請束範例：

The Pleasure of Your Company is Requested

At the Luncheon Hosted by

Dr. steve C. J. Yang

On Monday, 10 August 2009 at 12:00 P.M.

Venue:Canton Court Chinese restaurants,Ambassador Hotel Taipei.

（4）預算（Budget）：多少預算可以決定餐宴內容、項目與等級，各單位有自己的規定與慣例，特別在公務單位，預算編列與結報都有嚴謹的規定，在核定的預算下，再來決定及適當分配整個宴會專案的花費。

（5）菜單（Menu）：整個宴會的成果展現，就是在菜單的安排上。在這裡，請辦理單位與承辦人員重新檢視第（1）點，決定餐會的形式：自助餐會還是桌餐？兩者安排的菜單方式各有不同。是吃西餐還是中餐？而中餐又可分為分菜桌餐與中菜西吃（稱為「中式套餐」，飯店術語稱「位上」）。西餐制式的菜單安排多為：前菜或開胃菜、湯、主菜、甜點以及咖啡。而傳統的中式桌菜菜式的安排，長久以來都有個傳統，稱之為「十二道金牌」：4熱炒、6大菜、2點心，目前以中菜西吃方式稍有改良，然而仍多為8道菜左右。菜單的學問很大，還需配合相關的餐飲專業知識。

另外，宴會專案的主辦者，必須事先詢問以瞭解每位賓客的飲食偏好與禁忌。所謂「飲食偏好」，較傾向是為「主賓」所考量。例如，主賓喜歡清淡口味，我可能找廣東菜或江浙菜見長的餐廳或外燴，這是投主賓所好，其他賓客的喜好暫不予考量，換句話說，整體菜色的安排就是以主賓的偏好為出發點。

至於賓客不吃什麼，就是所謂的「**飲食禁忌**」，就這必須每位賓客都要一一詢問清楚，因為菜色的風格走向，大致上每位賓客都可以接受，如果賓客是因為「宗教信仰」（如素食、穆斯林不吃豬肉不飲酒、或猶太教餐食Kosher）、「健康因素」（例如糖尿病不吃甜、高血脂則要求少肉少油、不吃油炸品等等），或是「口味偏好」（不吃辣、不吃蔥薑蒜）不一而足。

（6）酒水與飲料（Liquor & Beverage）：酒水與飲料的安

排，也是必須特別注意的，一般餐宴用酒包括紅酒、白酒、威士忌，國產用酒多以陳年高粱、紹興酒、花雕酒作為餐中酒，且餐桌上多備有「公杯」，讓賓客酒喝完後自行斟酌補充，由於各種酒類等級差異甚大，價格更是不同，主辦餐宴者必須衡量主賓身份與經費預算，選擇適當種類與等級的酒，備酒的數量更需要衡量清楚。

至於餐中的飲料，在正式宴會中，其實只有酒杯、水杯而已（國宴或國際上正式宴會加上香檳杯，而且飲用時機為雙方元首或主人與主賓致詞後互相祝酒）。國人餐宴中常常習慣另加柳橙果汁，當然主賓不飲酒準備果汁代替無妨，但是在有外賓的正式餐宴中是沒有準備果汁的，而且也沒有用水、果汁、甚至以茶代敬「酒」的習慣，請公商務界的人士要特別注意。

（7）　座次安排：這項工作，與菜單的安排並列餐會的成敗關鍵，因為座次的安排，強烈隱含主人對每位賓客重要性的看待，主人是怎麼看我的地位與在其心中的重要性，從座位安排上即可瞭解。換句話說，座位的安排具有強烈的「政治性」，餐宴中的菜餚就算準備的再豐盛、再美味，如果有賓客認為自己的位子坐低了，覺得不受到重視，宴會就不能算成功，宴會座位的安排請讀者再次參閱本書第陸章的內容。

（8）　其它事項：例如，要不要送禮？宴前安不安排會談？大型餐會要不要安排致詞？甚至要不要安排表演節目？都是籌辦宴會專案中必須考慮的重點。

2、宴會進行中的工作

當宴會即將開始之前，以及宴會正式開始後，有哪些工作必須接著進行？

（1） **賓客再次確定**：再次打電話提醒客人，繁忙的工作使得貴人常常忘事。

（2） **場地檢查**：在宴會即將開始之前，再次確定菜單內容、餐桌桌面佈置、座位名牌卡是否正確放好、菜單是否備妥、燈光與麥克風運作是否正常。

（3） **人員就工作位置**：包括接待禮賓人員就位、司儀準備開場引言。

（4） **主人致詞與主賓答詞**：在中式的餐宴中，通常主人會在開宴之前講話，說明宴請的緣由，並且感謝所有在座賓客的賞光等等的美詞，有時主賓也會說話以感謝主人的款宴，並且回敬酒一番。

（5） **上菜過程中的管控**：監督同一道菜是否全數備妥並同時上桌，不要只上了其中幾位就停頓下來，如此一來，其他客人是不敢動筷子的。另外，宴會工作人員也必須注意上菜的節奏與速度，宴會時間不要拖太長，每道菜餚上菜時間不要等待過久，而使賓客感到不耐。

（6） **其他周邊人員的招呼與照料**：正式的商務宴會中，特別是政府單位的官宴，賓客層級往往很高，這時陪伴老闆前來赴宴的，就恐怕不只是上座的賓客一人了，還常常包括司機與隨行的秘書，基於主人的禮儀與體貼，也必須善盡照料之責，習慣上會另外準備簡單的餐點與茶水，等候他們的老闆到宴會結束後隨行離開。當然，主辦單位本身的工作人員，也必須準備他們的膳食。

3、宴會結束之後

（1） 主人「興辭」後，說白話一點，就是主人主動提出結束宴會的意思，通常是在所有菜都上完，服務生端上熱茶後，就

代表宴會隨時可以結束，就端看主人何時提出。方式是主人舉起
酒杯，再次感謝賓客的光臨，賓客就知道宴會即將告一段落，主
人要準備要送客了。但是請注意，主人主動提宴會結束的場合，
是在外面的飯店餐廳等等的場所；如果是在主人家裡舉行，則是
由「主賓」適時提出感謝與告辭之意，因為由主人提出，感覺好
像是在趕客人似的，適時由主賓主動的提出，讓主人能有多一點
的時間整理並且早點休息，也是基本的作客之道。

（2）宴會結束後，準備清點酒水，並將帳單明細一一確定
清楚，簽帳後依照單位規定檢據處理核銷事宜。

（五） 其他辦理「餐宴專案」工作的重要提醒

1、賓客中如果有外國賓客，一定要注意語言溝通問題，要
安排通曉外賓語言的本國賓客作陪，以避免外賓無人招呼與交
談，而讓外賓有受到冷落的感覺。

2、當今餐宴的趨勢，已帶入環境保護與生物保育的觀念，
對於「魚翅」、「燕窩」等等的食材，主辦餐宴的單位要儘量避
免。

以上所談的，就是辦理「宴會專案」的原則與實務方法。
總而言之，對於「商務宴會」的性質而言，是具有強烈的「功能
性」與「目的性」，意義早已超過味蕾之外，不單是吃東西而是
吃「關係」，而關係的建立則是靠「禮儀」，而此項禮儀工作，
各位讀者在看了以上的分析與論述之後，是不是覺得舉辦一場成
功的餐宴，可不是一件簡單的事喔！

（六） 對於辦理「餐宴專案」的進階補充

其實對於從事「餐宴專案」來說，是一項非常專業的工作，
現今一般對於「餐飲管理」的專業書籍來說，所站的角度多半是

從「餐飲經營業者」或者是「餐飲相關從業人員」為訴求對象。其實，對於專職於「秘書」、「幕僚」、「公共關係業」、「國際會展」等等的專業人員來說，扮演的角色往往是餐飲業者的「客戶」（說是常客也不為過），因為舉辦宴會的方式與成果，並不是飯店或餐廳應該幫你決定的，所以更進階的辦理「餐宴專案」的知識更是必備！以下便是更為專業的「宴會專案工作」要點，在這裡當成進階的補充，如果您也想成為「餐宴專案達人」，可以好好的熟悉下面幾項的專題討論：

宴會專案管理 1 ｜ 餐桌擺設實務

餐桌擺設實務對於「宴會專案籌辦」來說，在這裡先提出一個問題：

我們是站在哪一個角度？處於如何的身份來著眼？

換句話說，你是居於主人或承辦者的角色，還是站在承儈的餐飲業者與從業人員的地位來學習？

如果你是「餐廳領班」等等服務人員的話，餐具擺設的專業訓練就必須專精，因為這是「本職學能」，因為餐飲服務的事務與實務，就是相關服務人員實際操作的。但是，如果我們只是位於承辦單位或者是承辦宴會人員的角色，對於餐桌餐具的擺設，所要處理與關注的焦點，就在於「注意」與「提出需求」而已，換句話說，餐具不是「客戶」或是「主人」親自擺設，除非你是在自家設宴款待賓客，甚至是親自下廚一展手藝。既然是在商業上的場合，絕大部份不是到餐廳飯店，就是請外儈來辦理商務餐宴，對於餐具如何擺設、餐桌如何佈置的禮儀，具有一定水準的餐飲業者，一定不需要客戶煩心，因為這是屬於他們必須具備的

「專業餐飲工作」。當然，如果你採取一般「辦桌」流水席方式，本文的討論也不需要太在意了。

　　一般教授國際禮儀「食」的部分，把「餐具擺設」列為要點，但是多半談到「西餐」的餐具擺設，我們不禁問到：在國內的宴會場合，您有多少次會享用標準形式的「西餐」？相較於中式桌餐次數應該不多吧？在這裡可以再一次說明標準西餐個人桌面的擺設：

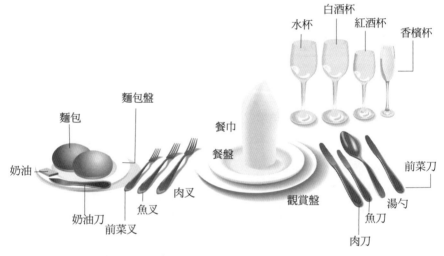

　　如上圖所示，說明如下：

一、中央為餐盤，下方為底盤（show plate），通常在未上菜前就已經擺好的大盤，整場大多不更換，但有時如果第一道菜餚（通常為冷盤）盤式不適合，也可以先不放底盤。

二、底盤上方為餐盤（dinner plate），是每道菜餚的載皿，吃完一盤就換一盤。

三、餐巾（napkin）多設置在底盤之上，各家飯店或餐廳花

式折法各有不同。作為一個賓客來說，請注意不要一入座就打開餐巾，正式的禮儀上應該等主人致詞後，準備上菜時才打開鋪好在雙腿之上，或者依循「**跟隨原則**」，跟隨著主人一同打開餐巾使用。餐巾的使用目的，是用於擦拭嘴角油漬的，千萬不要用來擦拭餐具、擦汗、擤鼻涕、抹去口紅。此外，餐巾不要夾在脖子下當成圍兜使用，否則別人會以為你還是小孩。如果暫時離席，把餐巾放在椅子上即可，不需特別折好，如果用餐完畢，就放在桌上，服務生就知道你用餐完畢了。

四、盤子左側擺放叉子，由左到右為前菜叉（或稱沙拉叉、點心叉，dessert fork）、魚叉（fish fork）以及大餐叉（dinner fork）。相對應於左手邊的叉子，右手邊的刀子由右到左依序為前菜刀、魚刀（fish knife）以及大餐刀（dinner knife、table knife），對於大餐刀而言，是使用於主菜需要切割的食物，如果主菜是牛排，還可換為牛排刀（steak knife）。

五、針對第四點來說，刀叉的擺放次序是依照上菜次序的使用順序由外而內排列，用完一道菜後，服務人員就拿走一套刀叉，假設第二道菜是湯，右邊算來第2把就應該是湯匙（soup spoon、bouillon spoon）。

六、再來看右上方，擺放的是酒杯：包括紅酒杯（red wine glass）、白酒杯（white wine glass）、香檳杯（champagne glass）以及水杯（water goblet），擺放的次序不見得一定要依照上圖所示，作者在實務的安排上，依左到右手依序多為紅酒杯、白酒杯（現今多

省略）、水杯，而香檳杯的使用時機是在相當正式的宴會（如國宴）中有致詞、贈勳儀式完畢之後，賓客相互舉杯敬酒時使用，具有相當的儀式性，就算使用也是擺在紅酒杯與水杯間的上方，3個杯子成「金字塔型」排列。如果不是高規格的餐宴，水杯採用直筒式（high ball glass、collins glass）的也可以。在宴會專案實務上，有時高級的飯店或餐廳，會使用玻璃杯具尺寸較大，並非標準的尺寸，杯球大而杯腳高，或許美觀氣派，但實際上使用不便又佔桌面空間，賓客使用時往往杯舷相觸，非常的礙手，儘量避免使用為宜，餐具杯器應該換為適當的尺寸較佳。

七、左上方放置麵包盤及奶油刀（butter knife）。

八、最後上咖啡時，咖啡杯與杯盤上桌，盤上有附一小咖啡杯匙（demitasse spoon），請記得咖啡小匙適用來攪拌用的，可別當成湯匙送到嘴裡嚐味道，別人可會笑你沒規矩的！

以上是一般的西餐餐具擺設。而國內公商務餐宴的實務上，真正常見而且實用的，多以「中式餐宴」為主流，辦理餐會的主管人員，可就餐廳服務人員擺設的結果一一檢查與調整，畢竟餐宴主辦者也就是擔任「客戶」的角色，有權決定餐具與餐桌擺設佈置的要求，如有特殊想法，可以與承燴飯店的主管人員洽商配合。

中式餐宴桌面的擺設：

　　各位讀者請在觀察上圖，中式餐桌擺盤形式大致與西餐相同，因為搭配中餐菜餚的關係，而有一些調整：

一、餐盤右方，由右到左依序為大餐叉（主要是給不熟悉拿筷子的外國賓客所使用的）、筷子（置於筷架上），湯匙（中菜用瓷器更佳）。

二、盤子左邊為叉子，也是給不會使用筷子的賓客拿的，由此可知「筷子」真是偉大的發明，吃飯時一隻手可抵洋人兩隻手。

三、菜單放置的適當位置：基本上，一般的餐宴一張圓桌放兩、三張在桌上中央即可，可立起也可平放。但如果是正式官宴（甚至是國宴），就是每個人都單獨一張，甚至必須「客製化」：也就是如果某位客人吃素，他那

一份菜單就是「素菜菜單」；如果是外賓，就要用中外文對照的菜單（外文那一面的封面也要向上），當然外賓坐在哪一個位子，主辦者也必弄清楚才不會搞錯。從這裡讀者們可以知道，辦理國際或是大型餐宴，是非常精細、繁瑣、複雜又必須臨時隨機應變與反應的專業工作，「禮賓工作專案實務」，就是落實在這些貼心的功夫之上。菜單除了可以放在左邊叉子下方，如果位子空間有限，也可以放在口布下方。

四、中式個人擺盤，前方有時會有「醬料碟」與「牙籤」，但基本上「牙籤」這東西恐怕有值得商量的餘地，畢竟給人當眾剔牙總是不禮貌的舉動，但通常視情況而定，國內餐宴還有給人方便的餘地，但是對重要的國際餐宴來說，當著外賓面前剔牙，就國際禮儀來看，確實不是很禮貌的舉動，建議不需要擺放為宜。

◎有關於「中菜西吃」：

對於中式擺盤的方式，就不能不提到所謂的「**中菜西吃**」。什麼是「中菜西吃」？簡單來說，就是吃的是「中菜菜餚」，而進食的流程、餐具與方式是用西餐的方法。長久以來，華人吃飯一向是「同鍋吃飯、同盤夾菜」，這是基於大家族裡共同的飲食習慣，但是中式菜餚要進入國際餐宴而與世界接軌，這種習慣就行不通了，特別是基於「衛生」方面的考量。所以，必須採用西餐上菜與進食方式來供餐，尤其在「儀式性」偏重的國際餐宴上，要展現中菜的美味，「中菜西吃」就勢在必行了。通常最正式的是所謂「位上」（餐飲業術語，原為俄國式供應方式），也就是仿照西餐上菜方式，一道一道上，吃完一道再上一道，餐飲

禮儀上更要求所有人都用完同一道之後，才能上下一道菜。還有菜色順序也是配合西餐方式，多半是：

前菜（拼盤）→湯品→主菜→魚→水果→甜點→茶或咖啡

　　然而傳統的中餐可不是這種順序的。此外，西餐道數少而盤式簡單，傳統中菜甚至有所謂「十二道金牌」的基本要求（4熱炒、6大菜、2點心），當然，因應現今國際禮儀簡化趨勢，正式場合（特別是涉外事務的國際餐宴）已經有簡化趨勢，菜的道數多為6至8道，一方面精簡時間，也不會讓賓客過於飽餐而影響健康。如果不是非常隆重的官宴，「中菜西吃」的方法也可以採「桌邊分菜」的方式，如果供應的是價格昂貴，或者是整隻整份（例如烤乳豬）的美味珍饈，有時服務生還會向賓客「秀盤」展示菜餚，之後再分菜給每位賓客。

◎有關「桌牌」與「桌花」：

　　所謂桌牌指的是「桌號牌」或者是「桌名牌」，就是開宴前給賓客參照入席之用，多是依照號碼順序標次，現今也為了避免太過於突顯前後次序，而採取「春夏秋冬」或「梅蘭竹菊」等等的命名方式。無論如何，請承燴飯店所製作的桌牌牌面，記得都要面向走道，賓客才能清楚的看到桌號牌，在所有賓客就座之後，上第一道菜之前就要將桌牌收走，免得妨礙賓客視線。

　　關於桌花的桌面佈置，常常犯的錯誤，就是盆花過高擋住了賓客視線，這也都是必須注意的小地方。如果桌面在上菜之後顯得擁擠，不妨乾脆像桌號牌一樣，上菜前就撤走，讓賓客的目光能清淨一些。

◎有關同桌人數與單雙主位之分：

　對於某一桌中的主位座位安排，可以分成：

1、上雙對下雙（2對2）

2、上雙對下單（2對1）

3、上單對下單（1對1）

4、上單對下雙（1對2）

上2下2

上1下2

　　宴會主辦人先排好座次之後，再依照座次圖型式，做好以上4種的安排決定。對同桌的人數而言，有外賓的場合儘量避免13人，如果全都是本國賓客的話，在實務上並無此禁忌。

宴會專案管理 2　　**談談「飲食禁忌」與相關處理**

　　對於餐宴的籌畫與安排上，大致可以區分為「社交餐宴」與「商務餐宴」，對於「商務餐宴」而言，因為具有的「**目的性**」

與「**功能性**」較強，是本於公務交誼的目的所舉辦的餐會，對餐宴的辦理重點，除了本書一再強調的「**座次安排**」之外，另外一個重點，便是對於「飲食禁忌」的妥善處理了。

談到「**飲食禁忌**」，不論是偏於私人交誼性質的「社交餐宴」，或者是公務或商業界的「商務餐宴」，對於與宴賓客的「飲食禁忌」上的處理，都是兩種性質餐宴上的安排重點。嚴格來說，主人或主辦單位所安排的餐食菜色，美不美味、爽不爽口其實都因人而異，是屬於主觀上的認知。但是，如果有關於賓客自己所「不能吃的」以及「不喜歡嚐」的，這就非常明確了！一旦對於個別的客人所不能入口的菜色，甚至是調味與烹煮法，就必須事前詳細查明與妥為因應，這便是餐宴專案中極為重要的工作：「**飲食禁忌安排**」。

談到這裡，讀者們一定會問，大概有哪一些飲食禁忌？在論述「飲食禁忌」之前，不能不先瞭解什麼是「飲食偏好」。所謂「飲食偏好」，就是個人所喜歡吃的菜餚與口味，在餐宴安排上的原則，基本上較傾向是為「**主賓**」（guest of honor）所考量的。例如，主賓喜歡清淡口味，我們可能會找廣東菜或江浙菜見長的餐廳或外燴，這就是投主賓所好，說明白一點，就是先討主賓歡心，是屬於「加分」性質的安排，而其他賓客的喜好就暫不予考量，整體菜色的安排就是以主賓的偏好為出發點。至於賓客不吃什麼，就是所謂的「飲食禁忌」，就這必須每位賓客都要一一調查清楚，因為菜色的風格走向，大概每位賓客都可以接受，而不吃什麼，就較為剛性而沒有妥協與商量的餘地。在這裡綜合歸納一下：「飲食偏好」或「飲食喜好」就是「DOs」（要做的事）；相反的，「**飲食禁忌**」就是「DON'Ts」（不要做的事）。就餐宴安排上，能夠照顧到每個人的「飲食喜好」當然是

加分，但是限於人力物力無法完全達到也情有可原，先照顧好、考慮到主賓的需求為優先。但是，不要吃、不願吃與不能吃的食物，就一定要避開而另行規劃與安排菜色了！這就是兩者之間最大的不同點。因此，對於餐宴專案的菜色安排，還是必須服膺禮儀學中的「避忌原則」。

一、「飲食禁忌」原因的種類

（一）宗教信仰：

1、**佛教、一貫道、印度教**等宗教信仰：最主要是**素食**。各位讀者或許不知道「素食」其實還分有許多種類，包括：

（1）奶蛋素

（2）奶素

（3）蛋素

（4）全素

（5）嚴格素（英文稱為Vegan）：亦即不含五辛：蔥、蒜、韭、蕎及興渠（就是洋蔥）。

2、**回教穆斯林**：依古蘭經中規定的飲食範圍與習慣而言，禁食豬、馬、騾、驢、狗、蛇、火雞、自死肉（就是非屠宰），以及一切動物的血；也禁食兇禽猛獸（例如：虎、狼、獅、豹、熊、象、猴、鷹等等）的肉，同樣也禁止飲酒以及用酒類烹調食品。近年來前往我國的穆斯林人士，例如來自阿拉伯國家、中東、印尼與馬來西亞的商業界人士、來臺就學學生、勞工等等人數已經非常多，國人對清真（HALAL）食品也必須要有所認識，對於合乎教法規定的食物，就稱為HALAL食品，穆斯林常食用的家禽如雞、鴨、鵝，家畜有牛、羊、駱駝，是必須經過教法規定的宰殺程序：被宰殺的動物必須是活的並且是健康的，而

宰殺使用的器具為鋒利的刀具，而使牲畜能立即死亡以儘量減少痛苦，宰殺前也必須誦讀真主之名。目前合格的「清真食品」有經過認證，而包裝上均有註記英文HALAL，或阿拉伯文حلال的字樣。但國內的飲食習慣對穆斯林來說很不方便，一是因為國人對穆斯林飲食幾乎完全陌生，甚至是無知，而使得曾經國內有企業雇主給印尼勞工吃豬肉的風波產生，個人行為經媒體報導後，造成國際間對我國形象的傷害。總之，對於穆斯林賓客的餐食準備，不供應酒與調味，不用豬肉、豬油、火腿等等的食材，至少要做最基本的禁忌迴避即可，至於海鮮如魚蝦則可以食用，至於鱉、鰻、鱔等「無鱗」魚類，以及蟹、鱉等奇怪的水生動物，則儘量避免為宜。

3、猶太教餐食（Kosher）：

什麼是KOSHER？

KOSHER所認證的食品，包含其所有原材料與添加劑等等都必須符合規定。猶太人主要分佈在以色列、俄羅斯、美國和加拿大等數十個國家，依據猶太教的飲食規範，有五項不吃：動物血液、未經宰殺的動物、不食牛羊身體後部的某些筋健、不食豬、兔、馬、駝、龜、蛇、蝦、貝與帶翅的昆蟲及爬蟲、鼠類和凶禽猛獸。此外，同一餐中也不可同時食用肉品及奶品。大致而言，「豬肉」也是在禁止之列，而所謂中性食品（pareve），則包括所有植物食品以及魚、蛋和蜜糖，這些是可以吃的。

4、摩門教（Mormonism）飲食：

食用五穀、菜蔬及水果，嚴禁煙、酒、咖啡、茶及對身體有害的食物。

其實，全世界宗教種類與數目實在太多，因為宗教因素而衍生而出的「飲食禁忌」，也實在無法一一列舉，以上是比較常見的例子，或許讀者也可以提出其他有趣的例子也說不定。

（二）健康因素：

對於「健康因素」來說，例如糖尿病不能吃甜食、高血脂則要求少肉少油，或是不能吃油炸品，也有人對「蛋」類或海鮮過敏等等，都是因為個人身體的疾病，或是具有保健養生的想法，因此對飲食產生一些特別的要求，在目前的社會中也非常的常見。

（三）民俗習慣：

其實這個因素，有時不見得跟宗教信仰有關，在國內最常見的就是不吃牛肉，有一說是在歷史上來臺灣開墾的先民們，有感於水牛的辛勤貢獻，基於感恩與感情，因此不吃牛肉，而以後的農民也基於相同的原因不吃牛肉。此外，也常人有聽從「算命師」的建議，「命格」中不能吃牛肉，以求平安順遂等等的「民俗習慣」。作者曾個有趣的經驗，曾經在辦理一場餐宴之中，有位賓客原本在回覆單上所寫的，是沒有任何的飲食忌諱與要求，也就是沒有任何不吃的食物，沒想到到了現場才剛上第一道菜，就要求服務生改換「素食」，難道是原先的記錄有誤？後來直接與本人詢問，才知道當天是他母親的「農曆忌日」，他臨時決定「吃素紀念」！辦理禮賓專案事務就是如此，常常臨時發生意想不到的事情，還好臨時應變立即準備一套素食套餐上桌。因此，在辦理餐宴時，常常賓客原本回答沒有飲食禁忌，但是也不能保證邀請當天在現場，賓客不會提出臨時的特殊需求，甚至有時也會發現有參加宴會的客人，有一陣子要求吃素，只是因為「到廟裡許願」的緣故。原因真是千奇百怪、無奇不有。

（四）口味偏好：

沒有其他原因，只是因為「**不喜歡**」、或者只是「**討厭**」而已。例如不吃辣、不吃蔥薑蒜等等，不一而足，作者十多年來

碰過許多奇特的要求，例如：不吃兩隻腳的（雞鴨鵝）、不吃四隻腳的（牛羊豬）、不吃有殼的（蚌蛤蝦蟹）、不吃無鱗的、不吃菇類、不吃生食（生魚片、沙拉）、不吃內臟、不吃四肢、不吃淡水裏游的、不吃天上飛的、不吃地上爬的……反正賓客提出的，也不管到底是何原因，如果沒有困難，照辦便是。

二、針對「飲食禁忌」的安排

對於宴會賓客事先對飲食的特殊要求，除非實在有困難者，主辦人或單位必須要儘量遵照為宜，因為既然稱做「禁忌」，就是絕對無法妥協的事項，如果有不能完全達到的，可以跟賓客協調徵詢意見，是否可以用其他方式代替。此外，對於正式的宴會來說，特別是具有儀式性很高的「官方宴會」，還有一項菜單與餐食的特別要求，稱之為「**三不政策**」：就是上桌的客人**不剝皮**、**不吐籽**與**不啃骨**，因為大家衣冠楚楚、姿態一派優雅，因為取用食物的緣故而讓人吃相不佳，這可就不太好了。近年來禮儀觀念也導入了許多新的思維，例如生態保育（不吃魚翅、燕窩等等）、節能減碳（食物里程food mileage，就是吃當季與當地的食材）等等，也是安排菜單時所要考慮的重點。

總之，對於「宴會專案」的辦理來說，特別是人數眾多甚至是國際性的餐宴，本文以上所提的都是安排上的重點，也要非常的清楚每一個細節，專業實務上作者習慣繪製「全場鳥瞰圖」，一一註記每位客人的飲食禁忌，提供給承燴飯店主管與行政主廚或大廚一份，來提供他們指揮調度宴會現場的服務人員，一分一毫之中就不會出錯。當特殊飲食的客人看到主辦單位為他量身特製的餐點上桌時，一定會相當感動，而體會到當主人的一番心意，成功的餐宴，就是在這一些細節上表現出來的！

宴會專案管理 3   談中式宴會菜色的安排原則

　　對於餐宴籌辦專案來說，工作的重心之一，就是「菜單」的擬定與安排。菜單的英文「Menu」，字源是從法文過來，引伸有「小號的備忘錄」，其開始有兩派說法：一是法國人認為開始於1498年法國的蒙福特（Hugo de Montford）公爵，第二種說法則是英國人認為源自於1514年英國的布朗斯威克（Brunswick）公爵（許順旺，2000:271）。對於出菜的方式而言，早在西方文藝復興時代的貴族與富商階級，往往非常重視排場，不但菜餚精緻且食材高貴，上菜的方式更是分成好幾梯次上桌，每一梯次都是一齊上多道菜餚，說是鋪張實不為過。直到約略在19世紀中葉，才簡化成上完一道菜後才出另一道菜的方式，這種方式也稱之為「俄國式」供應。時至今日，因應國際禮儀、健康與環保、節能與效率等等的考量，菜的道數更形精簡，這便是現代餐食禮儀安排事務的必然趨勢。

　　Q1：如果您是宴會的主辦者，該如何擬定「菜單」內容？

　　正如之前所提到的，菜色安排的走向主要朝向「主賓」喜歡吃些什麼，一般來說，菜單初步都是請飯店主廚提供菜單，有經驗的「宴會專案」的籌辦人員，再據以研究與飯店訂席專員洽商修改。基本上，西餐的固定模式：

　　前菜（開胃菜）→湯→主菜→甜點→咖啡

　　值得提醒的是，宴會辦理人員如果對於宴會中有外國人士出席者，除了主菜之外，一般來說西方人士相當注意「甜點」的內容與作法，也就是非常注重甜點的精緻程度，也視為西式餐宴的重頭戲，這一點卻與華人對中式餐飲的想法與習慣有所不同，安排西式餐宴者必須特別注意。對於菜色種類的安排，在這裡也提出一項原則：「菜色不重複」。譬如說，湯品已經安排了「竹笙

燉雞湯」，主菜就不要出現「西檸芝麻雞」的菜色，更嚴格的連開胃拼盤中常出現的「醉雞」也都不要重複，用意是取其變化，多樣化的食材與菜色是宴會安排中很重要的一項**分配原則**。

Q2：對於中式餐宴來說，如何安排各道菜餚的順序呢？

目前的政府單位與公商務餐宴的安排，如果是較為重要與正式的餐宴，多以「中菜西吃」的套餐上菜，並大多依照以下的順序與方式：

前菜（拼盤）→湯品→蝦（種類看預算）**→青菜→主菜**（牛、羊或豬肉）**→魚→水果**（多年前習慣在甜點之後，但水果會感覺不甜的缺點，故改成上甜點之前）**→甜點**（如果是鹹點，則可在水果之前）**→茶或咖啡**

在這裡要強調的是，這只是一種原則而已，而且還是正式宴會「中菜西吃」的順序而已，譬如「湯品」上桌的次序，在傳統中菜桌餐（非「位上」）上菜的時機點，多半是在倒數一兩樣菜的中間，而且多半是「全雞雞湯」。因此，辦理宴會專案的人員，**只要掌握大致的原則安排每道菜的順序即可**。

Q3：您看的懂菜名嗎？

如果不是必須在工作上常常要與菜單周旋的人，或者是嚐盡山珍海味的美食家，或許您在點菜或者在看菜單時，常常不太懂得一些菜名，到底吃的是什麼。

在這裡就舉出一些常見的例子，讓讀者們瞭解菜單上菜名的實際內容：

菜名	內容說明
香芹瑤柱盤	「瑤柱」：干貝，乾貨的一種。江瑤（貝殼類動物）的柱頭肉（就是它的閉殼肌）。
玉帶子明蝦	玉帶子：就是濕的干貝，不是曬乾的那一種，曬乾的就成了干貝（瑤柱）。
蟹粉白玉黃金蝦仁	白玉：多指「豆腐」，有時指的是「蘿蔔」。
玉鬚大明蝦 金線明蝦球	玉鬚、金線：取其色澤與形狀命名，就是用用麵線沾蛋汁油炸裹在明蝦外層。
蟹肉翡翠羹	翡翠：用綠色青菜葉剁碎使用，常見於羹湯上。
椒鹽黃金蟹	黃金：指油炸的金黃而取其外表色澤稱之。
黃金海皇湯	黃金：這裡指的是「南瓜」，而「海皇」指海鮮類食材。
金瓜帶子羹	金瓜：南瓜
金沙鮮龍蝦	金沙：鹹蛋黃佐料
蠔油燴雙冬	「雙冬」可不是南投的雙冬檳榔，而是「冬菇」與「冬筍」
半天筍燉雞湯	半天筍：檳榔樹嫩心
冬茸海上鮮	海上鮮：就是海魚
膠圓津白雞湯	膠圓：花膠魚丸 津白：白菜
火胴芽白燉花膠	火胴為燉湯用金華火腿腿骨肉部分。
紅燴虎膝煨魚丸	虎膝：豬蹄筋
虎掌扒三鮮	虎掌：豬蹄筋之特別部位。

蒜醬炆鳳翼	鳳翼：就是雞翅。同理可證，鳳爪就是雞爪，中式菜餚的命名有將食材「升格」的習慣，就如以上的豬蹄筋成了「虎膝」。所以吃中菜往往吃得「龍鳳呈祥」且又「虎虎生風」！
雞汁原隻鮑	就是用完整的鮑魚調理，上桌時常需使用刀叉食用。既然是整隻的鮑魚，多半套餐的預算較高，除非是很小隻的鮑魚。
婆參鮑魚甫	相較於「原隻鮑」，再次一級的份量就是「甫」，指的是厚切的鮑魚片。
時蔬燴鮑片	片的話就是更薄了，預算當然更低。
清蒸石斑件	魚件：把一大片魚肉「片」下料理使用。

　　以上是常見的菜餚命名，而就作者多年的經驗中，有時也會遇到罕見而不太瞭解的菜名，但是腦筋一轉，就可知道內容是什麼了。在這裡舉個例子，請讀者發揮一下想像力：有一道前菜小碟叫做「**悄悄話**」，這究竟是什麼東西？

Q4：餐宴器皿有什麼要求？

　　如果是一般飯店餐廳外燴，餐具也往往扮演重要的角色，辦理宴會的主辦單位或是負責人員，往往過度注重在「吃些什麼」，而忘記了「用什麼吃」也是重點之一。一般來說，具有相當水準的餐飲業者承燴客戶的宴會，餐具使用與擺設通常不會太令人擔心，但是宴會負責人還是必須檢查有哪一些問題存在。例如，注意餐具杯盤是否有破損缺口、碗盤邊緣鍍金是否因長久使用而褪色；此外，也須留意餐具「尺寸」與「形狀」，畢竟餐具使用必須站在賓客的角度來考量，否則餐具再高貴美觀都失去其實用性。作者所辦理過的餐宴中，就曾發現飯店使用的紅酒杯尺

寸過大而高度也過高，使用起來不太方便也容易傾倒；甚至也曾經看過奇怪的餐具上桌，新奇無妨，但是明顯造成客人進食不便，須知餐具還是要以實用方便為要，有些餐具漂亮的像是美術館的藝術品，看起來的確賞心悅目，但是用來吃飯，還真的吃的膽顫心驚哩！

Q5：上菜的「盤飾」有什麼要求與重點？

什麼是「盤飾」？您想想看，飲食文化的欣賞要求在於「色、香、味」，「色」則「上菜樣式」也，再加以「裝飾」與講究「擺盤」，便是所謂的「盤飾」。「盤飾」是屬於藝術層次，也就是飯店大廚的功力了，每道菜所要料理主要食材與配料間、以及與佐料間的佈局與擺放，甚至加上其他的花卉與食材增添美感，在賓客進食之前，便是屬於「視覺」的饗宴。站在餐宴專案辦理者的角度來看，有時因為宴會有可能會有些主題性，在「盤飾」上也可以參與一些角色。譬如說，屬於高階層涉外餐宴便可於上甜點時加上兩國國旗的裝飾，或是畫上雙方的標誌等等的方式呈現，這樣吃飯便不只是吃飯了，而是將菜色在視覺上表現出主題性，而這也是高層次餐宴辦理專案常常常使用的手法。

宴會專案管理 4　談菜名設計原則與案例

再進一步談談正式的中式宴會菜單上的菜名，是怎麼**取名字**的。

對於辦理餐宴來說，除了費心準備安排吃的東西實際的內容之外，我們常常說道正式餐宴不但是「吃美食」，還是在「吃氣氛」與「吃身份」，總括一句就是**「吃禮儀」**。就像我們去音樂廳或歌劇院欣賞節目，都一定會有一份「節目單」（Programme）；同樣的，正式餐宴也要有一份上菜的「節目

單」，那便是「菜單」（Menu），而這裡所說的「菜單」功能不是一般上餐館點菜使用的，而是讓上座的賓客知道，即將享受的是什麼美食內容，為了用文字營造餐宴的美好氛圍，為每一道美食命名也成為一項值得研究的學問。

對於中文菜名的命名，其實可以整理出一些規則：

一、兩種主要食材或主要食材與輔助食材間搭配為名，即食材+食材

　　例如：絲瓜鮮鮑甫

二、食材+烹調法+食材

　　例如：蹄筋燴海參，蘑菇煎牛排，椰汁燉雪蛤

三、佐料、調味品+烹調法+食材

　　例如：蒜泥蒸龍蝦，陳皮蒸藍斑，上湯焗明蝦

四、烹調法+主要食材

　　例如：清蒸活石斑，煙燻龍鱈魚，嫩煎牛小排，生炒玉帶子

五、外觀、色澤、氣味或質地+（烹調法）+主要食材

　　例如：脆皮烤鴨，香煎牛菲力，金銀杏菜，飄香蓮餅，黃金鮮蝦卷，彩虹燴雞柳（以彩椒為副料），清心綠豆爽（這個連功效都寫出來，光看就神清氣爽）

六、人名、地名+（烹調法）+主要食材

　　例如：左宗棠雞，東坡肉，紹興醉雞，潮州滷鵝拼，揚州炒飯，北京烤鴨，西湖牛肉羹、鎮江肴肉。

七、菜系風味+（烹調法）+主要食材

　　例如：客家粄條，川味牛肉麵，廣式美點心，滬悶海上鮮（以砂鍋悶煮料理），法式羊小排。

八、食材譯名+（烹調法）+主要食材

例如：提拉米蘇（Tiramisu，女性化一點的叫「提拉蜜絲」）、櫻花「慕思」（Mousse）蛋糕、「芝士」（Cheese）焗龍蝦、「沙律」（Salad）龍蝦片、鵝肝醬牛「菲力」（Filet mignon）、「吉利」（cutlet）明蝦球。

　　在這裡要附加說明的是，上面所提的中文翻譯名「芝士」（起司）、「沙律」（沙拉）等等，與臺灣本地的習稱不同，應該是因為許多飯店大廚師來自香港，故名稱多沿用「港式」用法。

九、食材+烹調法+器皿 或是 器皿+烹調法+食材

　　　例如：人參燉雞盅、砂鍋魚頭、飄香荷葉飯、巧手圓籠點（這菜名有點意思，「巧手」指手工製作、原籠就是圓蒸籠做的點心）

十、特殊的著名菜式

　　　例如：佛跳牆、夫妻肺片、紅燒獅子頭、螞蟻上樹、叫化雞、咕咾肉。

　　這些菜名多是「名菜」，一般人普遍知道其內容與作法，反倒是如果翻譯成英文，可就是一門學問了，這將在之後討論。

十一、吉祥話與祝福語（吉祥菜單）

　　　對於這項菜餚的命名，就有其特殊的場合與功能性了，基本上必須根據宴會場合性質與目的來衡量，再就每道菜的食材、作法甚至外觀與宴會的主旨之間產生關連。最常見的就是喜宴菜單的命名，因為在這麼值得慶賀的場合，在菜單上錦上添花實不為過。

　　舉個實例來說明，以下是某飯店的一份喜宴菜單：

　　　龍躍九環呈吉祥（沙拉九孔拼明蝦）

　　　紅袍錦繡齊歡慶（乳珠大拼盤）

鴛鴦玉貝春常在（西蘭花螺片帶子）

金瑤結髮同心環（發財多子瑤柱甫）

海誓山盟築皇巢（皇室釀焗蟹蓋）

鳳凰展翅喜雙飛（金菇竹笙雞絲燴燕窩）

喜雀枝頭報喜訊（鵝掌扣鮮鮑片）

兩情魚水春作伴（清蒸海上鮮）

銀絲輕舞迎朝陽（魚燴長壽伊麵）

紫霞祥照百子圖（紫米湯圓露）

珠聯璧合影成雙（點心）

良緣美果甜百年（水果盤）

　　您看看，是不是充滿著祝福話語和吉祥話？特別是每一道吉利的菜名還要與菜的內容搭上關係，所以雞往往成了「鳳凰」、湯圓成了「珍珠」、「花好月圓」而象徵圓滿的寓意、甜點就是甜甜蜜蜜、髮菜給你「發財」（年菜也適用）、壽麵象徵長長久久（壽宴也不可或缺）；諸如此類，菜名根據菜色內容與外觀撰擬，也都要緊扣宴會的性質與主旨，所以特別在公商務場合的餐宴辦理，屬於更上一層的技巧與藝術，如果宴會主辦者沒有一點創意巧思，如何能定出文雅不流俗的「吉祥菜單」？或者是據以修改飯店所擬的菜單名稱（因為專案承辦者要比承燴飯店更能掌握餐宴性質與主題）。在這裡要特別說明的是，早些年類似的「吉祥話菜單」只印上讓上座賓客摸不著頭腦的吉利菜名，後來逐漸把能夠瞭解實際內容的菜名以括弧再加以註明，所以較能符合菜單的原始功能，畢竟「菜單」的作用的基本要求，就是要讓與宴賓客知道吃些什麼以及順序為何，不是嗎？

十二、吉祥菜單-藏頭詩

對於「吉祥菜單」而言，除了「喜宴」、「壽宴」等等主題餐宴之外，在這裡再舉出在「**官方宴會**」上所運用的實例：

兩岸海基會與海協會會談所舉辦的宴會上，菜單也有相當有趣的菜名設計。例如，在2008年11月6日海基會所舉辦，宴請海協會會長陳雲林的歡迎晚宴上，菜單菜名如下：

四海一家齊歡慶（乳豬鴨肝凍、烏魚子、滷九孔及海蜇皮）

海闊天空展新局（菜膽花膠燉雞湯）

福臨大地報佳音（醬皇靈芝菇鮮鮑）

龍耀青雲呈吉祥（青蔥上湯龍皇蝦）

協和齊力轉乾坤（野菇紅酒嫩牛排）

一團和氣萬事興（紅蟳糯米飯）

花開果碩喜民生（焗烏龍奶酪、椰汁桂花凍、時鮮水果）

上面的菜單其實是屬於前面所提到一般的「吉祥菜單」，目的也是為了營造兩岸會談的和諧氣氛。

再來看2009年12月21日，由海基會會長江丙坤做東，在臺中全國大飯店設宴款待海協會會長陳雲林的晚宴菜單：

江海歡騰彩滿堂

陳谷成偶展鴻圖

會合菁英成佳話

談協論議寫歷史

臺閣生風掌契機

中華光彩耀全球

圓潤融通興萬事

滿載豐收齊歡樂

成就兩岸創雙贏

功德圓滿祈太平

　　這份菜單就更有意思了。除了以吉祥句為每道菜的菜名之外，心細者可以發覺，取每道菜名的第一個字，便可以組成「江陳會談臺中圓滿成功」，這不就是此次會談的主旨與願望嗎？像這樣更上一階層以「藏頭詩」的方式呈現宴會主題，更是創造了「話題性」，您看看，吃飯之事學問可是大的很！

　　接下來，有一就有二，在2010年12月20日中午，海峽兩岸關係協會會長陳雲林率協商代表團到台灣訪問，展開「江陳會」的第六次會談。在當天晚上，臺灣海峽交流基金會在臺北圓山大飯店，設晚宴歡迎大陸海峽兩岸關係協會代表團，菜單內容如下：

臺盤四碟奉嘉賓（迎賓小盤開胃菜）

北南朋交今滿聚（鴻運大拼盤）

花香醉引佛跳牆（佛跳牆魚翅盅）

博達魚蝦喜為侶（鹹酥大明蝦）

迎風送暖牛羊樂（原汁牛肉）

賓主擊掌成新律（福掌燒烏參）

兩心一同冬未寒（菜心雙冬）

會首圓山不羨魚（薑蔥石斑魚）

　　協和魯頌傳古今（臺灣滷肉飯加滷蛋）

　　商飆果落豐收曲（寶島水果）

　　為公天下松自高

　　（圓山大飯店著名點心，蔣宋美齡的最愛「紅豆鬆糕」）

　　民安淡茶亦成趣（香茗）

　　取每道菜名的第一個字，便又可以組成「臺北花博迎賓　兩會協商為民」的藏頭意涵 。第二天晚上，海協會舉行答謝晚宴（就是所謂的「**答宴**」，以往常見於重要訪賓與地主間的正式禮儀，後來因應國際禮儀在實務上的精簡，也已經不多見），晚宴菜單也秉持「禮尚往來」的精神，別具巧思的把每道菜的名字取第一個字，就成為：「臺北會談順利圓滿舉行」。

　　本書在這篇文章裡，整理出中式宴會菜單菜色名稱的命名原則，也舉出一些實例，所以，當您下次受邀參加餐宴時，有空您也可以試著看看菜單裡的菜名，符合以上所說的哪一項原則，或許也可以增加您除了味覺之外更多一層的樂趣也說不定！

宴會專案管理 5　談談菜名的英文翻譯原則、經驗與技巧

　　世界語文大不同，如果就我國常見一般的公務與商業宴會的辦理，假設有國外賓客參加，那麼所準備的菜單就不能沒有印上外文翻譯，而一般最常見的便是「中英文對照菜單」，這篇討論也只限定於中文翻英文菜單的討論上。

　　就我國一般公商務中所舉辦的餐宴上，除了確定「吃西餐」，而西式菜名通常都有慣用或通用的名稱，而如果是國內最常見的「中菜西吃」餐宴，往往端上桌的都是中式菜餚，如何適切地讓外國賓客瞭解所享用的佳餚內容，菜名的「中翻英」可就

成了一項學問。

就如同上文所談到的，菜餚的命名大致有11項原則（稱公式也可以）。同樣的，中菜名稱翻譯成英文菜名，也可以整理出一些原則。但是基本上，英文菜名也大致仿照西餐菜名的命名精神，必須採用「**寫實描述**」的命名方法（說是平鋪直敘也不為過），讓賓客知道菜餚中使用什麼原料、如何料理烹煮、配料為何、佐料醬料是什麼，以及菜餚的刀工手法等等內容翻譯出來，以便讓客人一目了然。那麼，大致而言，菜單的「中翻英」基本原則是什麼呢？

一、（形狀、烹飪法）＋主要食材＋with（and）輔料或醬汁
　　例如：

　　　芹菜鴨條　Shreded Duck and Celery

　　　醋溜丸子　Meat Balls with Sour Sauce

　　　蔥爆牛肉　Quick Fried Beef with Scallion

　　　蜜汁火腿　Ham with Honey

　　　茄汁魚片　Fish with Tomato Sauce

　　　腰果鮮蝦仁　Shrimp with Cashew nuts

　　　紅燒牛肉　Braised Beef with Brown Sauce

　　　蒜泥白肉　Sliced Pork with Garlic Sauce

二、形狀或口感＋主要食材+（with）+輔料或醬汁
　　例如：

　　　糖醋魚塊　Crispy Fish Slices with Sweet and Sour Sauce

　　　錢蝦餅　Coin-Shaped Shrimp Cakes

三、（形狀、烹飪法）+主要食材＋in容器

例如：

荷葉蒸子排Steamed Rib in <u>Lotus Leaf</u>

佛跳牆Steamed Assorted Meats in <u>Chinese Casserole</u>

罐煨土雞Chicken in <u>Porcelain Pot</u>

四、（形狀、烹飪法）+主要食材+（in）菜系風味名稱（～style）

例如：

中式牛排Beef Steak <u>in Chinese Style</u>

魚香茄子Eggplant <u>Sze-Chuan Style</u>（就是「川味」，辣味）

過橋米線Rice Noodle <u>Yunnan Style</u>

紅糟雞腿Chicken in <u>Fuchow Style</u>（就是福州菜），從這道菜的翻譯延伸一下菜單中翻英的基本能力，就是翻譯者本身對菜也要有一些知識甚至研究，否則哪知道「紅糟」是「福州菜」，翻譯不見得一定按中文字面翻，否則有時會跟實際的習慣稱呼相左，如果隨便照中文音譯就會鬧笑話。此外，「Chicken in Red Grain Sauce」也是另外一種忠實翻譯法，謹提供參考。

五、菜肴的源起人、發源地或當地名菜 +（烹飪法）+ 主要食材

例如：

北京烤鴨Roast Beijing Duck 或 Roast Duck in Beijing Style

麻婆豆腐Ma-Po Beancurd（Tofu）

東坡肉Dong-Po Stewed pork

左宗棠雞（左公雞）General Tso's Chicken 或 Governor Tso's Chicken，此道名菜其實跟左宗棠沒什麼關係，是名廚彭常貴（彭園創辦人）的著名創作，託清朝著名人物「左宗棠」而有此菜名。

揚州炒飯 Fried Rice in 「Yang-Chow 」Style

廣州炒飯 Fried Rice á la Cantonese，不管中文名稱是「廣東」、「廣州」或用「粵式」，英文翻譯都用「Cantonese」，至於á la的用法，請見以下第七點「菜單的法文遺風」。

六、烹調法慣用的翻譯

前面我們都是整體對於全部菜名做一原則性的歸納與討論，但是就整個名稱而言，「烹調作法」的翻譯才是整道菜名奧妙之處。因為，做菜料理手法的表達猶如「動詞」，精確的表達便可以把中菜的烹調方式讓外賓心神領會，而中菜料理的精妙，就往往是西洋菜系所沒有的料理手法。以下就將中菜常見料理手法的英文翻譯方式舉例如下：

拼（盤）、什錦：Assorted

爆：Stir- fried

炒：Stir- fried、Pan- fried、Deep-fried

煎、炸：Fried、Deep- Fried（油炸、油煎）、Soft-Fried（軟炸）

嫩煎：Sauteed、Saut 　（法文）

燜、煨：Stewed

蒸：Steamed

（水）煮：Boiled

扒、炆、扣：Braised

燻：Smoked

燒：Barbecued（B.B.Q）

烤：Roast

焙：Baked

鹽漬：Salted

焗烤：這就偏向西式作法，例如：起司焗烤龍蝦 Lobster au Gratin

就是屬於法文表現烹調作法。

片：Sliced

填塞：Stuffed

切丁：Diced

碎切、切絲：Minced

凍、水晶：Jellied，例如水晶凍肉：Spiced Jellied Pork

醉：Wined，例如「醉雞」：Wined Chicken

涮：Rinsed，例如「涮羊肉」：Rinsed Mutton in Chefing Pot

乾煸:Dry-Cooked

七、菜餚翻譯的「法文遺風」

對於「美食文化」而言，法國菜自古以來對西方世界的飲食文化影響深遠，即便是英文屬於世界強勢語文的當今社會，在英文菜單上往往還是常見法文字，如果不懂一些常見用法，還真的是「有看沒有懂」，到底吃的是什麼，恐怕連猜也猜不到。以下是英文菜單中常見的慣用法文字：

拼（盤）：Hors-d'oeuvres，當然你要用純英文方式表達也可以，例如：梅花拼盤 Assorted Cold Dish，或者把它當成「開胃菜」，那便是「Appetizers」。

焗烤：起司焗烤龍蝦 Lobster au Gratin，正如上一項所說明的，也是屬於法文表現烹調作法。

嫩煎：可用英文Sauteed，或用法文Sauté。

有時菜的形狀內容用法國菜名比擬之，例如：

奶油明蝦 Creamed Prawn Vol-Au-Vent

什麼是Vol-Au-Vent呢？就是一種法國夾肉的大餡餅。

清燉牛肉湯Beef Bouillon

廣州炒飯 Fried Rice á la Cantonese，á la是法文的陰性定冠詞，英文The 的意思。

八、異國語文轉用

相對於菜單中的慣用法文，也有許多是從其他國語文中轉用而來，而成為通用菜名。有些已是知名食材或菜色，有些則是取其形狀樣式讓人來意會。例如：

點心「Dimsum」是由廣東話音譯而來，泛指小籠包或是各式蒸餃的食物。

蒸餃 Steamed Ravioli，Ravioli是義大利菜中略有餡的水餃。不過現行通用的翻譯多是用 Steamed Dumplings。

雞湯**雲吞** Ravioli with Chicken Soup（個人覺得雲吞比餃子更適用Ravioli來形容比擬）

花素包子 Steamed Vegetables Pastries。Pastries是義大利油酥麵團。而現行常用的是Steamed Vegetables Buns。

牛肉細麵 Beef with Vermicelli。Vermicelli指的是義大利細麵。

九、菜餚中食材的「小」、「幼」習慣翻譯用法

例如：

油林乳鴿 Braises Spring Squab

烤春雞 Roasted Spring Chicken（古早中菜叫「童子雞」，現在不這麼說了）

蠔油子鮑 Steamed Baby Abalone with Oyster Sauce（這個用法真有趣！）

烤乳豬 Roast Suckling Pig

十、中國特色名菜翻譯學問值得研究

中菜裏有許多相當特別的菜餚名稱，乍看之下實在不知如何翻譯成英文菜單，有些甚至從中文看，都不見得瞭解菜餚吃的是什麼，更遑論翻成英文。當然，其中有許多已經是知名而且相當普遍的菜，但是請注意，當您辦理「涉外餐宴」時，外賓不見得熟悉中菜菜色，當主人的或主辦人就有義務讓外賓知道吃些什麼。所以，將「特殊菜名」翻譯成英文就值得細細斟酌了。

舉個例子來說，「宮保雞丁」是很普遍的中菜菜餚，您如何讓不瞭解這樣菜色的「老外」明白，第一是能讓他安心放進嘴巴裡，接下來讓他欣賞與品嚐我們所精心準備的佳餚美食，這才是

菜單的主要目的。

　　一般「宮保雞丁」有一些翻譯法，例如：

直接採中文音譯的「Kung-Pao Chicken」

採實際內容與作法的方式 sauteed Diced chicken with peanuts

採用典故的General Gzoui Chicken

　　以上三種翻譯法，還讓人以為是三道不一樣的菜餚。本書認為，對於初次來訪的外國賓客，特別是沒有接觸過中菜的客人，採「**務實**」翻譯法最為忠實保險，一來一目了然，二則讓外賓安心享用美食，這不就是「菜單」最原始的任務嗎？當然，當主人的想從菜名產生話題，就採「**典故**」翻譯法，吃個飯還可以說說故事增加談天話題，也不是不可以，所以這就要看宴客的對象，以及主人想如何主導餐宴的形式與方法了。

　　就這一點來說，中菜還有許多更加「典型」的菜餚，例如：

紅燒獅子頭Stewed Pork Ball in Brown Sauce

螞蟻上樹Sauteed Vermicelli with Spicy Minced Pork

夫妻肺片Pork Lungs in Chili Sauce

　　以上的菜色如果直接翻譯，豈不嚇死人？根據媒體報導，中國大陸官方在2007年為了舉辦奧運，還特別要將中國菜與「國際接軌」，公佈一份《中文菜名英文譯法》，而將中菜名翻譯成英文都「統一化」，這樣的工夫的確令人驚訝，還真是吃力不討好的事情，因為此稿初步確定了2,753道菜單，基本上也是採以上的翻譯原則。雖然民間有論者對翻譯的標準與方法，有著許多批評的意見，但是，對於中菜推廣的目的來著眼，採「**實際描述法**」還是比較中肯寫實。

　　接下來，就在來看看還有哪一些知名中菜的翻譯方法：

佛跳牆：這道菜最常拿來討論菜單的「中翻英」，有幾項常見的翻譯名：

①Steamed Abalone with Shark's Fin and Fish Maw in Broth

②Steamed Assorted Meats in Chinese Casserole

③Buddha's Favorite 或 Buddha Jump over the wall

如果採「寫實法」原則就應該選第2。有一些實際案例採第3（官方宴會也曾出現）。如果某道食材或菜餚，在世界上已經普為大眾所接受，例如「豆腐」，在二、三十年前還要翻譯成「Bean curd」，現在直翻成「To-fu」即可，因為豆腐已經廣為世人所熟悉，所以「Buddha Jump over the wall」是不是所有老外都知道？實在是令人存疑。所以當有那麼一天，所有國際間人士都知道「佛跳牆」這道中國名菜時，那麼英文菜單翻譯成「Buddha Jump over the wall」便水到渠成了！甚至，直接用音譯：「Fo Tiao chiang」也說不定！

其他中式常見菜餚英文翻譯名稱，在這裡也提供出來，給有興趣的朋友參考：

羅漢齋 Assorted Vegetarian Dish

什錦素食 Vegetarian Delights（這個翻譯的很有意思，所以說翻譯是一項藝術，這道菜光看名字就一定讓吃素的人都很高興）。

合菜戴帽 Stir-fried Vegetables Coverd with Egg

珍珠丸子 Pearl Meat Balls

牛肉燒賣 Beef Shao-Mai（老外很多人已知「燒賣」是啥玩意）

上湯雲吞 Wonton Soup

十、臺灣特色美食的翻譯

現在臺灣美食在國際間也逐漸享有美譽，有一些傳統的臺灣小吃或著名菜餚，作者也選擇一些提供讀者參考，或許有一天，您帶國外客戶或招待外賓享用美食時，也可以確切的表達出來：

豬血糕Brown Rice Pudding

蚵仔麵線Oyster Noodles Soup

豆花Tofu Pudding

臭豆腐Stinky Tofu

蚵仔煎Oyster Omelet

燒餅Clay Oven Cake

油條Fried Bread Stick

饅頭Steamed Pasta

刈包Steamed Pork Hamburger

蛋餅Fried Egg Cakes

皮蛋1000-year Egg

春捲Spring Rolls

珍珠奶茶：

①Pearl Milk Tea ②Tapioca Milk Tea ③ Bubble Milk Tea

以上都有出現過，作者認為如果以「寫實法」翻譯，第2應該是最佳，Tapioca何許物也？就是樹薯粉、太白粉，而為粉圓的原料是也。當然，目前「珍珠奶茶」已經逐漸流行世界成了「臺灣之光」，越來越多稱之為〝Pearl Milk Tea〞也成為理所當然了。

這裡所討論中菜「中翻英」的專論，主要是站在「大型宴會」、「官方宴會」與「正式宴會」承辦單位與負責人員的角度論述，適用程度的標準稍高，當然「內行看門道、外行看熱鬧」，在實務工作之中，發現國內許多知名飯店的菜單翻譯水準實在有待加強，如果承燴重要的宴會，而主辦單位也未能加以審核，那可是要鬧笑話的！希望這些所補充更深入進階的「宴會專案管理」，對讀者們都能有所幫助與啟發。

五、公商典禮活動專案

（一）　什麼是「公商務典禮」？

　　在公務界與商業界的公開活動中，最具「**儀式性**」、「**正式性**」、「**公開性**」與「**慶祝性質**」的活動，就屬於「典禮專案」了。「典禮」儀式舉行的原因與類別，主要可以分為以下幾種：

1、**開幕剪綵**：公司行號開始營業，或者是某項設施據點開始提供服務，為了祝福有好的開始，也藉由公開的慶賀活動廣為周知，而能夠達到宣傳效果，希望開始營業後光顧人潮能不斷湧入，因而大發利市以及財源廣進所舉行的儀式與活動。「剪綵」的由來，相傳是從20世紀初，美國一家百貨商店將要準備開業，為了防止正式開始營業之前有人闖入，因此在大門前用布條橫隔人群，沒想到商店業主女兒牽著一條狗從店裡竄出，還拉斷了這條緞帶，原先在門外久候的人群便蜂擁而入，一開市便生意興隆，業主認為這個原先的「意外」帶來好運，因此在另開一家新店時，就刻意「如法炮製」，果然成效還是一樣的好。於是如此的做法，便讓後人紛紛仿效，逐漸的加以修飾改良，而用

更美觀的綵帶繫上綵球代替布條，以邀請貴賓的方式代替了「女孩與狗」的位置，在特定的吉日良辰，在眾人的喝采下使用剪刀剪斷綵帶，而這一套相沿成俗的程序沿襲下來，更加的「儀式化」之後，就成為開幕或啟用典禮時不可或缺的重要典禮節目，除了重要嘉賓同時手持緞帶剪綵外，在旁襄助儀式進行的「禮儀小姐」，也是典禮的一大特色。

2、**職位交接典禮**：對於重要的新舊職務交接時，有時也會安排「職位交接典禮」，如果是政府單位首長的交接，往往也會有「印信」移交的儀式。

3、**落成典禮**：對於新建完成的建築物或公共設施的正式啟用，也常常舉行在完成合法的驗收程序之後，選擇一個適當的日子，舉行落成典禮，宣告對外正式開放使用。

4、**物品（動產）交接儀式**：一般是指依照合約有償或無償將物品或設備，例如：飛機、船艦、車輛、機械、物資等等，經驗收合格的程序，正式移交給使用單位（或受贈單位）時，所舉行的慶祝典禮。

5、**動土（開工）典禮**：在這裡要特別說明的是，「動土」典禮常常被說成是「破土」，這是錯誤的，因為「破土」指的是陰宅（墳墓）動工。動土是對於開始建築新的建築物，或者是重大的公共建設開始興工，往往這些對於公眾利益與民生建設都是非常受到矚目的。此外，華人社會對於「動土」常常視為大事，往往結合民俗祭祀的儀式，典禮上邀請政府高官與社會賢達，在祭天地與神明儀式後，執鏟挖起一方沙土，象徵動工的開始。

6、**簽約儀式**：在各種公商務場合，雙方或多方洽談而立約，不管是買賣或合作等等的協議，利用正式的簽約儀式來強調締約的公開性與莊重性，也是常見的公商務典禮，如果上至國際間的外交關係，國與國之間最正式的簽約儀式便是雙方元首簽署「聯合公報」（Joint communiqué）。在簽約儀式上，雙方出席人員共同進入會場後，相互握手致意並且入座，除了雙方的上座的主簽人之外，在後方旁邊也應該有各自的工作人員協助簽約的進行，例如擺放合約、協助指出簽名處、以及相關用印事宜的協助。如果雙方還有其他人員出席，可以安排站立或坐在代表各自一方之後。當合約文本簽完名字之後，雙方主簽人就起立互相交換合約書、握手並接受照相，其餘在場人士也同時鼓掌，以慶賀合作的開始與合約的成立。

（二） 公商務典禮專案的籌辦重點

對於「典禮專案」的辦理來說，每一種典禮大致的程序都相仿，以下就是辦理公商務典禮儀式專案的辦理要點，實際上可以再根據特殊的典禮性質，加上節目或特殊的程序，而「**司儀**」對於每項節目時間點的控制，角色是非常吃重的（司儀工作請讀者再次參考本書第肆章：「禮賓工作人員面面觀」，有關於「司儀」的工作技巧部分）。

1、籌備階段：

（1）場地佈置：掌握典禮的特性是莊重並且具有正式性，也必須本於簡單典雅的調性，主題必須醒目，通常在會場前方或舞台上方以懸掛橫式布條（banner，國內

常用紅色）的方式，將活動名稱以金色或銀色楷書字體鑲於布縵上，並註明主辦與協辦單位名稱。

（2）典禮與表演舞臺（有時典禮完成後為增添歡樂氣氛，也常常安排表演以娛嘉賓）的動線與行進方向，通常是採取「右上」之後「左下」的方式，當然可以依照現場特殊情況來加以調整。

（3）所有視聽器材設備在開始之兩小時前測試聲音完畢，以便發現問題時，有足夠的時間可以調整、維修與應變。

（4）相關座次安排請參照本書第陸章「禮賓排序的藝術」中，有關於大會舞臺座位安排的部份。臺下觀眾席前方的數排座位，可以標示為貴賓席，並且一定要依照禮賓次序排好座位，其餘也可以保留給「媒體記者」以及「民眾觀禮席」等等的席位區塊，現場入座時也要有工作人員引導入座，會場才會井然有序。

2、典禮現場程序儀節，一般包括：

（1）「司儀開場白」：賓客就座完畢後，司儀或主持人簡單說明活動緣由等等台詞，隨後宣布「○○○○典禮開始！」。

（2）介紹重要貴賓：司儀一定要與主辦單位確定賓客的正確「姓名」、「單位」與「職銜」，「禮賓排序」中的誰先誰後也要注意。這項介紹程序也可由主持人擔任。

（3）「主席致詞」：通常由主辦單位的首長或主管擔任，典禮專案負責人或主席的幕僚，要幫忙事先擬定「致

詞稿」，一般時間以3到5分鐘為度，千萬不要長篇大論而讓聽眾產生反感。

（4）「來賓致詞」：通常邀請上級主管單位首長、貢獻卓著人士或其他人士（如民意代表）致詞，主辦單位可事先協調以5分鐘左右為原則。

（5）宣佈特別儀式：例如恭請貴賓「剪綵」、「頒獎」、「動土祭祀」與「宣布動土」等等，當貴賓動作進行同時，也可以設計符合現場性質的吉祥與祝福話語，由司儀宣佈以增加現場氣氛。

（6）奏樂。

（7）會後安排貴賓合照：司儀宣佈之後，現場工作人員依據「照相禮儀排序」，安排貴賓合影。

（8）禮成：由司儀宣布，正式典禮到此便順利圓滿完成！

（9）表演節目開始：如果有安排相關的表演增添現場氣氛，司儀便可繼續一一介紹表演團體、表演名稱與內容。

（10）典禮儀式（不含表演節目）以不超過30分鐘為原則。

六、新聞發表會與記者招待會

在一般的公商務活動中，企業為了對外宣傳「新產品」的發表、政府單位對「政策」與「事件」的說明，常見的活動辦理就是「新聞發表會」或是「記者招待會」。對於這種邀訪平面與電子媒體人員參與，藉由報導而廣為一般民眾的「閱聽人」接受到的「正式訊息」，而具有「正式管道」與「正確消息」的公開資訊的方式，如果備有餐點或以茶會、酒會輕鬆的方式舉行，就可

稱之為「招待會」。一般來說，發表會或招待會都是以雙向交流的方式進行，簡單來說就是主辦單位先予以介紹、說明或者是釐清，之後再開放給媒體記者發問為主要特色。

在目前的商業實務中，對於新聞媒體經營這一方面，屬於相當專業的範圍，有規模的企業都常委由「公關公司」企劃與執行方案，藉由一些精細的設計與「操作」，而成功造成新聞話題與提高能見度，或者是達成一些預定的效果與目的（例如「澄清」、「說明」、「反駁不實」、「建立信任」、「鞏固形象」等等的目的）。但畢竟不是所有的公司單位都有預算來委由公關公司處理，或者內部評估「記者會」沒有「外包」的必要，因此您也有可能有機會執行「新聞發表會」的專案。

◎ 辦理「新聞發表會專案」的步驟與要點：

（一）決定活動辦理的5個W

1、**日期及時間（When）**：決定日期必須避開**預**料中的熱門新聞發生日，例如大學指定考試日期、選舉日前後，或者是熱門運動比賽（例如奧運、亞運、世界足球賽或職業棒球冠亞軍賽等等日期），以免記者出席率降低，新聞能見度也會被埋沒。當然，如果碰到臨時發生的重大事故與新聞事件，這也不是主辦單位能夠預知的，也是相當莫可奈何的事，只能當成特例看待。此外，舉行記者會的「時間區段」，也要避開新聞媒體的「截稿」時間，通常來說，選擇下午2點到3點是比較理想的時間。

2、**確定舉行的地點（Where）**：地點應該選擇在各家媒體交通比較方便的地點，特別注意是不是有提供停車位？有的話更好，以免媒體工作人員還要為了找停車位而大

傷腦筋，甚至索性不出席。至於場所的選擇，要特別注意給電子媒體工作人員一個方便，也竟是要有足夠的空間來架設攝影機腳架，空間也不要過小而妨礙進出與移動。如果確定有較多的電子媒體攝影工作人員會到場，就儘量多為他們著想，例如在後方架起拍攝臺階，讓大家都有好的角度拍攝。

3、**確定邀請的媒體名單（Who）**：收集相關媒體名單及電話，並據以聯繫邀訪。

4、**確定新聞發表會的「標的」或者是「目的」為何？**（What）：例如新產品發表、事件說明、新聞澄清、活動展開等等，為了廣為社會大眾知道與瞭解，進而讓人「探詢」、「轉告」、「購買」、「參與」、「獲知真相」與「改變行為決策」，這便是舉辦新聞發表會的目的。

5、**舉辦方式與聯繫方式（How）**：包括是否提供茶水點心？採用較為正式的會議對談方式的座位佈置，還是輕鬆氣氛的茶會或酒會？怎麼通知媒體？是發「邀請函」，還是傳真新聞稿通知，或是以電話聯絡，還是用行動電話簡訊通知？這些辦理的方式都必須一一確定。

（二）事前文稿準備

主辦單位辦理「新聞發佈會」的「首要」訴求對象，就是大眾媒體記者，對象明確，再進一步運用「禮賓工作」中的「**易位思考**」原則，站在新聞媒體工作人員的角度想想：什麼對他們是比較便利的？就是「設備」、「場地」與「時間」是比較方便的，「題材」、「內容」與「獨特性」是他們感興趣的。從這個

「**方便**」的角度思考，就要事先擬定「**新聞稿**」，文字內容（甚至包括圖片、數據與表格）要先審定，提供明確與翔實的內容給媒體工作人員，讓他們有依據來採擷文字內容，再加以引述報導，只要有所根據，才會傳達給社會大眾正確的資訊。

（三）為記者準備「新聞資料袋」

除了上述之外，最好幫媒體工作人員準備「速食包」，就是使他們在工作上在有限的時間內能取得可以立即使用的資料，對記者會的效果會有很大有幫助，也就是事先要準備相關的新聞資料袋提供，內容包括：

1、新聞稿。

2、物品或事件背景資料。

3、照片。如果要達到更好的效果，可以將專供新聞發佈的照片**數位檔**或**影像檔**，燒錄成光碟後附於資料袋內，媒體工作人員就可以馬上運用。

4、如果是新產品上市發表之類的新聞發佈會，預算許可的話，可以附上「贈品」或「樣品」，會更為討喜。

（四）事前設備儀器準備

新聞報導講求時效，現場如果能提供媒體工作人員相關的傳輸設備。例如：傳真機、筆記型電腦、網路線等等，可以方便現場傳輸報導與相關資料，其它如燈光架設與補強，以及背景看板字樣的準備，將對於記者會的現場增加良好的效果與許多的便利性。

（五）事前場地與影音設備檢查

　　記者會中麥克風失音，或者是電子螢幕沒有影像，媒體記者們是不會再給你一次的機會，設備務必事前詳細測試檢查，才能萬無一失。

（六）媒體追蹤與提醒

　　媒體邀請一發出去，主辦單位務必追蹤出席情況，確認記者出席人數，尤其是某一些「重要媒體」，因為發行量較大或收視觀眾較多，相對的影響力也較為廣大，想辦法儘量洽邀到場，記者會即將開始前也要再次提醒通知，以確保記者會的宣傳效果。

（七）誰來主持記者會？

　　如果政府單位或企業有「發言人」，或者由公關人員選任一位口條清晰、反應靈敏的人選擔綱，這位「主持人」不但要熟知產品內容特性，或者是熟悉全部事件的過程與真相，也要事前列出講稿與題綱，以及預先草擬可能會被問到的問題，以便從容有自信的回答。此外，除非是一些具爭議性話題的記者會，為了管控發言以免節外生枝，否則可以在記者會結束之後，在現場稍作停留，來回答記者私下的提問，這也是可以達到宣傳的目的與增加效果。

（八）確定記者會調性與表達態度

　　如果是「介紹」（人或物）與宣傳（政策或是活動），就用歡欣高興的心情與有條理的說明介紹；另一種則是對於「事實的澄清」與「錯誤的承認與道歉」，這就必須以誠懇嚴肅的態度面對與措辭，切勿油嘴滑舌或讓人覺得強詞奪理而缺乏誠意，如此

反而會被媒體「反向報導」，而加深事態的嚴重性。

（九）回答記者問題的關鍵技巧

1、尖銳問題的回答：對於媒體人員無論如何態度一定要和善，也最好不要強硬回絕，如果真的不便回答，儘量無形中轉移話題。

2、拉回主題、切勿失焦：有時記者的提問與記者會主題無關，反而是現今具「新聞性」的話題，譬如詢問主辦單位某高階主管對於政府某項新政策、新措施的看法，或者一窩蜂的追問公司老闆的「緋聞」，此時主持人一定要控制場面，善意提醒以及婉言告知提問與記者會無關，因為時間關係請提問者見諒，再請下一位記者提問發言。

3、對待所有媒體都一視同仁與平等對待：如果時間許可，儘量都能回答完所有記者問題，否則平均安排平面與電子媒體都能代表回答的問題，結束後也歡迎與公關等人員洽詢並解答疑問。

（十）記者會後相關事項的追蹤與效益評估

1、儘速將新聞發佈會的影音再行編輯製作，再次提供媒體作為報導素材。

2、對於缺席的媒體也送上「新聞資料袋」，儘量爭取大部分媒體的曝光的機會。

3、動用工作人員剪報或側錄影相關媒體對活動的報導做成檔案，一則觀察報導內容是否精確？報導頻率為何？文字照片篇幅大小如何？電子媒體報導時段為何？報導時間長度

為何？這些都納入成效的觀察重點並加以評估效益。

4、對於新聞發表會現場辦理的總務工作與接待工作，再次檢討優缺點，當成以後再次辦理記者會的參考。

七、方寸間的禮儀實務：「由小見大」～談公商務活動專案中的「座位卡」

如同本書所說的，禮儀與禮賓工作的面向其實既深又廣，如果您跟作者一樣投身在這工作的行列裡，在長久的工作實務與體驗之中，心中還有一項深刻的體會，恐怕還要加上一個註腳：就是這項工作既「細」又「雜」！

現在要跟讀者討論的，就不光是著重於「禮賓接待」這一項，是再深入研究有關於「會見」、「會議」與「宴會」籌辦專案上的實務問題。在這裡分享一個禮賓工作上的心法：對禮賓工作而言，「貼心」都藏在細節中！

主辦單位所印製的「座位卡」，在所有活動的書面印刷品上，它的重要性可是數一數二的，因為「座位卡」使用的場合，就是放在正式場所的桌面上使用，具有「正式性」，而且是直接面對賓客本人的，賓客覺得是否便利與受到重視，由「座位卡」便可見其端倪。

（一）方寸之間學問大

各位讀者千萬不要小看放在桌上的這一張小小的紙片，主辦單位的專業與細心，從其中便可觀察出。對於「座位卡」來說，具有以下的功能與特性：

1、**正式性**：這張立在桌上的紙片，就是出現在正式場合之中。因此，對於印製的「規格」要求與「正確性」，就

絲毫不能馬虎。

2、**功能性**：什麼「功能」？就是「**指示**」與「**定位**」，不要忘記了座位卡基本的功能，就是讓與會者或者是宴會貴賓，知道自己座位之所在。此外，也是讓鄰座的賓客大概知道彼此的姓名與職銜。因此，基於這個功能性，隨之而來的，就必須要有下面所提的「簡潔性」。

3、**簡潔性**：在這裡強調「座位卡」如同名片一樣，不要提供太多資訊，字太多字型就變小，「指位」的功能就蕩然無存，作者曾經看過臺北某龍頭國立大學舉辦會議時的座位卡，一張卡片上印滿了英文的姓名、職銜、單位、國家，字小到根本看不見，這是要測試外賓的眼力嗎？許多秘書業務單位根本不瞭解印製座位卡，也是有所原則與格式的，不是隨便把賓客的名字與資訊印上就好，上面所提到的那所學校，別說是字太小，就連「稱謂禮儀」格式都弄錯，乾脆就別印座位卡了，直接請人帶位還可以省省紙張。

4、**禮儀性**：這裡所稱的「禮儀性」，可以分為兩方面，一則指的是印刷製作必須美觀大方，字體適當且顯眼。二則必須注意「稱謂禮儀」，不正確的稱謂方式，對於賓客就是失禮，不可不慎！

（二）「座位卡」製作原則與實務

各位千萬不要小看這片對折的卡紙，若不小心，真的會出大亂子的！愈高階的貴賓，愈隆重的場合，座位卡的製作也就愈顯重要，因為座位卡上的稱呼，就如同「主人」對您的稱呼，如果稱呼不對，豈不失禮？因此，就活動籌辦的實務來說，有以下的原則：

1、座位卡內容以不超過上下兩行為原則。

2、中文字體主要以「標楷體」印刷。

3、外賓外文姓名基本上全名都印上較為禮貌。

　　但是，如果遇到像是來自西班牙、葡萄牙語系國家的賓客，就可要特別注意了！

　　例如：

　　西班牙20世紀初的政治人物「法蘭西斯科・佛朗哥」（Francisco Franco），其全名是：法蘭西斯科・保利諾・埃梅內吉爾多・戴奧杜洛・佛朗哥・巴哈蒙德（Francisco Pauolino Hermenegildo Teodulo Franco Bahamonde）。前四節為個人名字，倒數第二節為父姓，最後一節為母姓。簡稱時，用第一節名字加父姓。

　　又如來自中南美的人士 Francisco Guillermo Flores Pérez，如果您是承辦者的角色，對於非英語系國家的來賓，您要如何印製「座位卡」？

　　畢竟小小方寸之間，實在無法擠進這麼多的字母，否則只能縮小字型號數，然而，字小不但看不清，對賓客也是不太禮貌的。實務上對於名字的書寫，可以把名字第一個字母縮寫代表，但姓不能縮寫，例如印成Sr. Francisco G. Flores P.（Sr.是西班牙文與葡萄牙文「先生」的意思），如果沒有把握，可以請教懂該種語文的人士，不要隨便胡亂簡寫一番，不小心真的會鬧笑話的。

以下舉個實例：

英美人士：

⟶ **Edward Adam Davis**

Prof. Edward A. Davis

⟶ ## 西語系人士：　父姓　母姓

Francisco Guillermo Flores Pérez

Sr. Francisco G. Flores P.

4、中文座位卡稱謂格式用法如下：

（1）以「職務」、「職銜」稱呼，例如：

姓＋職稱＋名

王局長志成　張主任文中　劉教授文政

（2）以「專門職業」稱呼

姓＋名＋職業　例如：

陳克強醫師　張淑娟老師　李光中建築師

紀大祥律師

（3）以「學位」稱呼

姓＋名＋學位（習慣上有博士學位才稱呼使用）例如：

劉文政博士

（如果有行政職位，也可印成：**劉學務長文政**）

5、對於**日本人**的座位卡片，方式如下：

長谷川 清 取締役 (姓:長谷川)

島田 洋七 教授 (姓:島田)

森 進一 先生 (姓:森)

　　因為日本人的姓氏從一個字到多個字都有，對於正式的場合座位卡的印製，就不能全然按照我國的習慣，例如：

島田教授洋七

　　這樣日本賓客會覺得奇怪，雖然都是漢字，但是還是依循日本人的使用稱謂習慣較為妥適：一是職位放最後，二是姓與名間有一個空格，這樣才知道「長谷川清」不是姓「長谷」，而是姓「長谷川」。

　　總而言之，小小卡片大大學問，嚴謹的禮儀學與禮賓工作便是從小見大，處處蘊含學問的，下次當您參加會議或宴會時，有空請看看放在您面前的那張小卡片，是不是符合本書所提到以上的禮儀要點？當您有機會辦理活動時，不但從「大處著眼」，也要從這「小處著手」，相信您也可以成為「**活動籌辦達人**」了！

捌、
外賓接待實務

對於禮賓工作實務來說，對於賓客的接待事宜，是屬於「禮儀知能」的活用，必須根據對象來做不同的調整，更重要的是來自每個不同地方的賓客，各自有著不同的「屬性」，包括「語文」、「宗教」、「禮俗習慣」以及「偏好」與「禁忌」。所以，對於從事禮賓工作，不太可能只用同一套方法，或者是用相同的原則，來處理相關的商務禮儀與接待工作。對於賓客的分類，最簡單也是最基本的，就是區分為「國內」與來自「國外」的賓客，特別是對於「外賓接待」，在禮賓專業事務上，可以特別獨立出來討論以及分享實務經驗，以下就這方面說明一些重要的關鍵與實務應用。

（一） 接待時一定用得到的基本問候外語

不管你是不是專職的禮賓人員，或者只是臨時客串國外人士的接待與引導工作，你也不見得對於來自某個國家的賓客能夠通曉他們所屬的語文。雖然「微笑」是國際語言，但還是得開口說話，如果能在接待外賓時，適時的用他所屬的語言問候，對方一定會備感親切，也能體會到接待人員的用心。下面就以「英語」、「西班牙語」、「法語」及「日語」為例子，列舉出在接待外賓時能夠派得上的簡單問候語，提供讀者參考：

簡易接待問候常用外語

華語	英語	西班牙語	法語	日語（括弧內為拼音）
你好嗎？	How are you?	¿Cómo está Usted?	Comment allezvous?	お元気ですか（o-genki-desuka）

很好	I'm fine.	Muy bien	Très bien	私は元気です（wa-da-si-wa-genki-desu）
歡迎	Welcome	¡Bienvenido!（對男賓）¡Bienvenida!（對女賓）¡Bienvenidos!（對多人）	Bienvenue	ようこそ（yokoso）
幸會	Nice to meet you!	Mucho gusto	Enchanté!	お会いできて嬉しいです（oai-dekite u-re-shi-desu）
早安	Good morning!	Buenos días	Bonjour!	おはようございます（o-hai-yo go-zai-ma-su）
午安	Good afternoon!	Buenas dardes	Bon Après midi	んにちは（kon-ni-gi-wa）
晚安	Good evening!	Buenas noches	Bonsoir	こんばんは（kon-ban-wa）
非常謝謝	Thank you very much.	¡Muchas gracias!	Merci !	ありがとうございます（ari-gado go-za-i-ma-su）
旅途愉快	Have a nice trip!	Buen viaje	Bon voyage !	よい旅を（yo-i-ta-bi-o）
再見	Goodbye	Adiós	Au revior !	さようなら（sayonara）

（二） 國際稱謂禮儀

1、如果不知道對方職稱或頭銜，對男士一般通稱「**先生**」
（Mister，縮寫為Mr.），對於女性如不知婚姻狀況則稱
「**女士**」（Ms.），未婚女性通稱小姐（Miss，縮寫為
Ms）即可。

2、國際間有3種「終身稱謂」：

（1）最高學位：**博士**（Dr.）

（2）國家對外代表：**大使**（Ambassador）

（3）英國皇室封的**爵位**：

　　按照英國王室傳統，國王或女王將貴族爵位授予某人，而
貴族爵位（peerages）可以分為5個等級：公爵（Duke）、侯爵
（Marquis或Marquess）、伯爵（Earl）、子爵（Viscount）以及
男爵（Baron），都是可以繼承名銜的，間接提及時可用：Lord＋
姓。

　　而另外一種則是對英國有貢獻的民間人士冊封爵位為「**爵
士**」（Sir），不能繼承給子女。例如英國1996年的諾貝爾經濟學
獎得主Sir James Alexander Mirrlees即是受封為「Sir」，稱謂方式
為Sir＋名＋姓，或是Sir＋**名**，「Sir」不可只接於姓之前。

　　3、**談英文尊稱**（Prefix）：

　　就一般英文的尊稱（Prefix）來說，可依不同的對象而有不
同的稱呼，而使用的標準，各國也有不同慣例用法，一般的原
則如下：

Your／His／/Her Majesty **陛下**：

　　　對「國王」或「皇后」使用。

Your／His／Her Highness **殿下**：

對「王子」、「公主」，也對小國的國王使用。

Your/His/Her Royal Highness（HRH）：

　　對王室的「王子」與「公主」使用。

Your/His/Her Honor（Honour） 庭上：

　　對「法官」使用。

Your/His/Her Excellency（H.E.） 閣下：

　　對部長級人士乃至於元首使用。

Honorable（Hon.）尊敬的+名+姓：

　　世界各國尤其英語系國家對於Hon.的使用，各有其慣
　　例，當然一定是相當階層的人士才能使用此一尊稱。
　　我國官方一般使用的習慣，大約在次長等級使用。司
　　長級以下或民間人士，用Mr.就可以了。

Your/His Eminence（H.E.M.）主教閣下：

　　一般人對此稱謂較少了解，例如稱呼單樞機主教國璽
　　的尊稱加頭銜應稱作：

His Eminence Cardinal Paul Shan,S.J.

　　Eminence是對於天主教紅衣主教的尊稱。Cardinal是樞機主
教，而最後的S.J是什麼意義呢？就是Society of Jesus，耶穌會的
意思。

Your/His Beatitude對於大主教的尊稱。

　　此外，要補充一點的是，國人常常把泰國國王稱為「泰
皇」，其實這是不正確的，應該稱為「**泰王**」才對，因為泰國是
「王國」不是「帝國」，可能您不曾注意到過吧？

（三） 國際餽贈禮儀

對於外賓接待的實務來說，還有一項重要的關鍵工作，就是有關外賓的「贈禮」事宜，因此對於安排賓客來訪的負責人員來說，「國際餽贈禮儀」實務上也必須特別用心與注意。

1、送什麼給國外賓客？

「送禮」其實是一件非常傷腦筋的事情，怎麼根據對方的背景、喜好以及避開禁忌，商務上更要能夠表現出地主之誼，的確是很不容易的。就國際間公商務場合的備禮實務來說，選擇禮品的基本上有以下幾項原則：

（1）對於贈禮給外國人士，最好是選擇本國或者是自己公司出產的物品。

（2）易於攜帶：禮品一定要包裝妥善，並且附有提袋。需要攜返國外者，不要送農產品或者是該國的違禁品。

（3）對於曾經多次來訪的賓客，或者是我方多次拜訪的單位，如果決定要送禮，之前一定要做好相關的記錄，以避免受禮人收到與前次相同或相似的禮品。

（6）屬於個性化的、自製的、為對方量身訂做的禮物，是最能代表贈禮人的巧思與誠意。在這裡舉出一個國際贈禮的例子：

2009年11月19日，美國總統歐巴馬（Barack Hussein Obama II）藉參加亞太APEC會議時訪問南韓，南韓總統李明博親自挑選送給歐巴馬的禮物，是包括寫有歐巴馬名字的跆拳道道服、黑帶以及榮譽段位證書，以及2本介紹韓國文化的英文書籍。韓方挑選此禮物的原因，是因為歐巴馬在擔任伊利諾州參議員時曾學過跆拳道，實力達到5級，因此送他跆拳道服就特別具有意義。

而美國第一夫人蜜雪兒（Michelle Robinson Obama）雖然沒有同行，但是李明博的夫人金潤玉還是挑選了一本英文版的韓國料理書，當作禮物轉送給蜜雪兒。由此來看，國際間贈禮原則不在價值多少，而是在對於受贈的對象是否特別為他「量身訂做」的一份心意與誠意，除此之外，也有宣揚本國文化的意義。

2、不要送什麼給國外賓客？

這就是所謂的「**贈禮禁忌**」：

（1）贈禮可別送「白象」：什麼是「白象」？就是大、珍貴但不實用（white elephant）的禮品。「白象」在東南亞，自古以來都被認為是珍貴的動物，但是一旦當成了禮物，那可就不妙了！因為東西雖然珍奇昂貴，卻要費心安置與飼養，花費遠遠超過牠的實用價值，後來借喻為珍貴但不實用，卻需要受贈人花費精力與財力維護的冗物。國際間還真實的發生了類似的案例：

愛爾蘭國家檔案室所公開的檔案中揭露，在1980年2月的一場國是訪問中，非洲國家坦尚尼亞（Tanzania）總統朱利尤斯·尼瑞爾（Julius Nyerere）送了一頭大象給愛爾蘭總統派屈克·希拉瑞（Patrick Hillery）當禮物，結果牠竟然成為一個「大麻煩」。在同年9月，坦尚尼亞外交部寄出一封信函給愛爾蘭大使館，詢問他們是否「記得」愛爾蘭政府同意要支付運送大象，大約5,000歐元的空運費。後來到了此年的12月，愛爾蘭外交部又電傳給駐坦桑尼亞大使館，問道：「你們有多餘的4,000歐元嗎？」「我們聯繫的3個部門都無力負擔這個大麻煩的費用。」

如果回到一般商務或私人贈禮，就「禮賓實務」中「易位原則」的精神來思考，我們所選擇的禮品，會不會變成了「白象」，原本的一番好意，反而給對方添了許多的麻煩？

（2）不便攜帶、運送與禁止的物品：送禮的目的不在突顯物品本身的價值，而在藉此表現出送禮者的誠意與心意。如何表「心意」，方法就在於「體貼」，需要進一步的為對方著想，是否方便賓客攜帶或運送？特別是對於遠道而來的訪客，不要送尺寸過大、攜行吃力的、需要保鮮或特殊保存方法的，以及外國賓客所屬國家，或者是僑居地所不允許攜帶回國的物品，例如回教國家禁止攜帶酒類、豬肉製品等等的禮品。

（3）過於貴重的禮品：尤其對於國外具有官方身份的人員要特別謹慎。例如新加坡、美國政府有明文規定，政府官員接受禮品，必須向有關單位報備。在美國，禮品如果超過美金100元就必須充公，受禮人如真心喜歡，可以用市價扣除100美元的差額優先買回。因此對於具有官員身份人士的餽贈，要特別留意。

（4）中國人送禮成雙，日本人則避偶就奇，通常用1、3、5、7等奇數，但又忌諱其中的「9」，因為在日語中「9」的讀音與「苦」相同。

（5）注意禮品包裝方式與顏色禁忌：國內包裝紙顏色採用紅色、金、銀顏色頗為普遍，代表著喜氣。但對於外國人士而言，「紅色」代表「警告」的顏色，國際間餽贈不要使用。此外，某些天主教國家不喜禮品包裝外表再用緞帶紮成「十」字的方式。

3、國際商務餽贈的「名片禮儀」

除非本人親送，否則應在禮品上附上名片並註明「With the Compliments」的字樣。正式的方法為準備能裝入名片的小張

「信封」，上面註明贈禮對象的名銜，再將贈禮者的名片裝入，這樣的方法特別是在某個場合中，送禮人與受禮人都不只一人時適用，這樣讓受禮者很清楚某份禮物到底是誰送的，這也是國人在商務場合中常常不太注意的一項細節。當然，贈禮者可以採取更富有情意的作法，例如可以書寫放在禮物上的卡片，寫下一些感言與祝福的話語，更能使受禮者感覺到窩心。

（四）「中外大不同」VS「兩岸有差異」

關於「國際禮儀」，其實是由世界各地不同「宗教」、「風俗」以及「區域觀念與習慣」所形成的共識與普遍接受的作法，在這裡可以用下面的圖示說明：

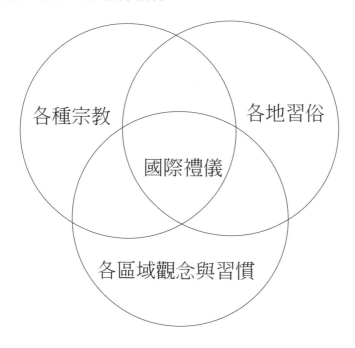

按照上面的關係圖示意，其實最適用於國際間的「**外交禮儀**」，因為採取嚴謹的定義，是世界各國政府或各地人士，在從事國際交往時所必須遵行的一套「認知」與「辦法」。然而，「國際禮儀」雖然採取如此嚴謹的定義，但落實在實務工作上，卻是「兼融並蓄」的，也就是「同中存異」而彼此能夠相互包容，也就是說，雖然一般的國際禮儀大致上是如此的依循規定，但是，還是可以接受「**例外**」與「**當地習慣與作法**」，這就是禮儀的「**權變特質**」，也就是面對相同的事情與場景，卻因為所在地的不同，或者是對象的不同，而可以有不同的處理方法，只有如此處理，才是符合「禮儀」。以下就「中外」與「兩岸」為討論實例，舉一些例子來說明。

（1）中外有差別

1、禮儀態度

華人世界：**謙虛為上**

　　例如：「薄禮一份，還請笑納！」。

而且，禮品還不能當場拆開，否則是很不禮貌的行為。

　　「粗茶淡飯，不成敬意！」

以上是口語自謙詞，在國內許多場合不都是這麼說的嗎？

西方人士：**獻上最好**

　　例如：當在送禮的場合，西方人都是認為把最有特色與好東西奉上，表示自己的一片真心誠意，口語上也是如此表示，而且還常常希望當場拆開「公開獻寶」，這時主人還要適時恭維一番，表示喜歡與感謝之意（不喜歡也要裝一下！）。

2、尊先與次序的原則

華人世界：「敬老尊賢」

西方禮儀：「女士優先」

3、飲酒習慣

國內：「打通關」、「先乾為敬」、「遲到罰三杯」

（杯底朝天才有敬意？）

西方禮儀：輕啜品酒，而也只能與鄰座敬酒，不能「隔位」敬酒。

4、尊位位置

中國傳統：「虛左以待」，左是尊位。

> 典故：古禮以左為尊。
>
> 《東周列國志》第94回：「諸貴客見公子來往迎客，虛左以待，正不知甚處有名的游士，何方大國的使臣，俱辦下一片敬心伺候」。
>
> 《二十年目睹之怪現狀》第40回：「那綾邊上都題滿了，卻賸了一方。繼之指著道：這一方就是虛左以待的」。

西方禮儀：以「右」為尊，至今為國際間通用的尊位原則。

5、餐宴

外賓沒有為他人「夾菜」的習慣，也不喜歡別人為他「夾菜」。（衛不衛生？你怎知我要吃些什麼？）。

6、時間觀念

華人、日本人與歐美人士一般而言，「守時」與「按時」的觀念相當強，每項工作計畫與進度，都有一定的起迄時間點，

這就是所謂的「time-oriented thinking」（以時間為導向的思

考模式），時間到了就想：應該想辦法結束了。

中南美洲人民習慣：一件事情都結束了，才能進行下一件事情，時間恐怕不是考慮重點，這便是「event-oriented thinking」（以事情完成為導向的思考模式）。

因此，在國際間中外的交往，常常會因「思考模式」的不同，而有不同的反應與處理，重要的是，**這無關對錯！**因為如果以「時間導向」的思考模式，會認為對方「拖延」、「不守時」與「沒效率」。可是相反的，若以「事件導向」為思考模式，就會認為對方「緊張」、「催促」而且希望「輕鬆點」，應該一件事情完成後才進行下一件。所以，對於這方面的認知，在從事國際交往中，必須要特別注意的。基於「禮儀」中的「**包容**」與「**體諒**」原則，就必須常常站在對方的「立場」與「思考模式」設身處地著想，再從中求其「平衡」，讓大家都能接受。

（二）兩岸大不同

1、稱謂

在台灣女性常被客氣的被稱為「小姐」或「女士」，在中國大陸，「小姐」常指的是在特種行業工作的女子；「阿姨」在台灣是年輕人對比自己年長許多，或與父母同輩女人的稱呼，但在大陸指的是「家中的傭人」；台灣稱人「師傅」多指廚師等有專門技能的人，在中國大陸則指的是司機。

2、在國際場合中的掛旗（國旗）原則

臺灣：讓人不讓旗

中國大陸：讓人也讓旗

或許各位讀者常往來兩岸之間，對於政府與民間場合中，兩岸人士在禮儀制度、規定或是習慣上，有沒有其他不同的作法？或許，您也可以舉出許多例子來作為印證。

玖、
禮賓工作人員的
修練與心法

對於「禮儀」方面的知識，有許多是屬於「規範性」與「原則性」的技巧，也可以說是「技術」層面，一旦運用在公商務場合之上，這方面的工作就必須活用禮儀知識，而且要靠經驗的不斷累積與臨場反應才能**做的對**並且**做的好**，所以「禮賓工作」是一種對於「人際關係」與「職場關係」的「藝術工作」，就是因為這個原因，這一章要跟讀者談談禮賓工作的「修練」與「經驗心得」，如果您有機會從事相關的禮賓事務，參考以下的一些討論，希望您也能往「做的好」的方向邁進。

一、禮賓工作人員的「放」與「收」

禮賓接待人員的界定，可以分成兩個方向：一是**日常公務常規式**的；第二則是屬於**專案活動性質**的。就日常公務常規式的公關禮賓事務而言，公務機關與大型的企業則多設有「公關部」、「公關組」或者由「秘書室」統籌這方面的工作，飯店等服務業也有相關禮賓部門來處理對賓客的接待與服務。當然，圍於公司規模與組織規劃，也可能由各個主事的業務單位人員出面接待來賓，這也就是為何除了從事公共關係、禮賓交際等相關工作的專業人員，一般公商務人員也需要具備各種禮儀常識與訓練，甚至還要進一步接受「禮賓接待」專業訓練的緣故。

如果單位中規劃一個活動專案，不論是國內外各種規模的會議、茶會、餐會、商務大會、典禮儀式等等，一定會接待與會的貴賓，甚至是外單位的工作人員與媒體記者，因應這方面工作的需要，通常會設置接待檯或貴賓報到處，在接待處的接待人員便是該場活動的「禮賓人員」，負責貴賓的報到、簽名、分發資料、配戴貴賓證，甚至帶領至會場等等的工作。作者根據多年

來觀察，許多擔任政府單位、民間企業公司的接待人員，或者是「活動專案」的禮賓接待人員，都有共通的毛病，不是「失之冷漠」，就是「過度熱情」。長久以來，國內一般人都不太注重所謂的「禮儀」或「禮賓」工作，近年來因為對於行銷活動的推廣，才開始重視對外界擴大接觸面，藉由上述各種活動達到交流、交誼乃至於行銷宣傳的目的，所謂「禮賓接待」相關工作以及工作人員，才逐漸受到矚目與重視。

所謂「禮賓人員」，可以由專業從事國家典禮、禮賓事務的官員（禮賓官）、外交官，乃至於各單位機關的接待人員，以及包括近年來最流行的「禮儀小姐」，都可以泛稱為「禮賓人員」。然而，現今禮賓人員對自己工作「份際」的認知，還是相當的欠缺，主要的原因是因為人員的組成，常常是臨時編制或是臨場客串而已，根本談不到專業訓練與職能要求；另一方面，就禮賓的專職人員而言，工作的養成往往沒有資深前輩或好老師的帶領，欠缺許多正確的觀念；至於「禮儀小姐」則多專注於化妝打扮的技巧，以及「美姿美儀」的訓練，根本是弄錯了方向，常常淪為「花瓶」，反而模糊了原先應該從事工作的重點，所應該發揮的功能也就無法彰顯。

就禮賓接待人員的問題來說，「失之冷漠」並非對來訪或到場的賓客不加理睬，而是接待賓客過程中流於**制式化**與**機械化**。有些公司行號特別是服務業，常常要求對待賓客有一套「禮貌標準作業規定」，例如客人來時一定要說「歡迎光臨」，此時眼睛卻沒看著客人，卻只顧著做自己的事；有時面對賓客僅完成現在的程序，而沒有熱心的進一步說明下階段要做的事，「失之冷漠」指的是禮賓工作只流於形式，到訪的賓客往往體會不到主辦單位的熱誠與貼心，禮賓工作實際上是一項「藝術」而非死板的

「技術」，是無法以「標準作業規定」去加以規範的[1]。

　　相對於「失之冷漠」來說，「過度熱情」也不可取，作者曾經主辦某一場大型餐會時，由其他單位找來一位熱誠大方的同事來支援，心想個性應該適合接觸人群，然而在現場從事接待工作時，卻跟報到的賓客聊起天來，噓寒問暖不是不可以，而是又繼續聊起家住哪裡等等的話題，禮賓人員與賓客之間的互動份際在於「誠懇」而不過於「熱情」，畢竟彼此並非熟人，過度熱情會讓人起防衛之心，使人感到不自在，而且很容易失去對於現場接待工作的重點，不可不慎。

　　此外，第一線的禮賓接待人員就是單位組織的「門面」，甚至有著「準主人」的地位，因為賓客到訪第一眼所看到的就是禮賓人員。禮賓人員的整體形象、談吐與舉止，往往會對他人產生主觀的第一印象，尤其牽涉到國家或其他官方的禮賓人員（禮賓官）更需要注意到這一點。除了外表的形象管理與塑造之外，在舉止上，是不是有哪些容易被忽略的地方呢？這裡有一些細節必須注意：例如，迎送賓客時不需要幫對方拿禮品、提行李、皮包或公事包，也不需要為賓客開關車門，因為在正式官方場合中，「禮賓官」是執行禮儀程序（protocol）的官員，不是「司門」（bellboy，也就是專門掌管為賓客上下車時開關車門的工作），

　　1　以「標準作業程序」去規範「禮儀」工作的最好例子，就是目前各政府機關所制定的「員工電話禮貌推行計畫」與相關的實施要點，如何應答就得幾分的測試，只是把禮儀工作「機械化」與「表面化」，並非使員工真正熱誠為來電者服務，只要符合表列的評分要項，表現約略中上及格就好，實際上是否能讓民眾感受誠意甚至解決問題，令人存疑。根據媒體報導，電信業客服專線的「標準化作業程序」，反而招致許多的「客訴」，這也是用「機械化」的「禮貌規範」去應對顧客時所發生的負面例子。

若讀者不知何謂「司門」，可以去大飯店的門口看看，手戴白手套專為上下車的客人開關車門者便是。為賓客提行李與物品也太不適當，因為一些屬於私人隨身物品，尤其國外賓客不見得願意讓他人代勞，就算在大飯店內搬運行李物品的工作，也是行李員（porter）的職責。國內人士常常不清楚這些小細節，更不知道各種身份所應該要有的份際為何，特別在接待國外貴賓時，若禮賓官員為人開關車門而成了「司門」，這便是自貶了身份了，自然也是不符合外交禮儀。當然，禮儀工作是隨機應變的，如果來賓是身障者，或者是賓客所攜帶的物品太多太重，實在是騰不出手來，協助上下車開關車門是人之常情，這時純粹是幫忙而無關乎地位與禮儀，切勿過於拘泥反而不近人情。

禮賓人員的「放」與「收」都要恰到好處，其中拿捏的技巧必須長久經驗方能體會，不過對於有興趣的朋友可以多請教資深有經驗的人士，吸取別人的智慧與經驗，可以少一點摸索與試誤的過程（trial by error），畢竟進行實際的禮賓工作，常常沒有可以容許犯錯的權利，對於資淺的人員來說，在有把握與相當的自信之後，雖然經驗還不豐富，但是只要能把握上述的一些觀念與作法，「收」與「放」都能自如，對於從事禮賓工作來說，相信就能夠勝任愉快了。

二、禮賓工作人員的「苦」與「樂」

禮賓人員就是執行「禮賓事務」的相關人員，狹義的來說，可上從國家禮賓官、外交官，再到各項活動專案經理人、主持人、司儀、公關人員，乃至於活動接待人員。而廣義的禮賓工作人員，還包括商業秘書、幕僚工作人員，甚至是總機小姐，即便不屬於這些專業的禮賓人員，各行業只要是接觸到「人」，那怕

只是透過電話或是視訊，或多或少都具有「禮賓工作」的內涵，所以我們不止是學習公商務禮儀，工作上若要更進一步，禮賓工作的一些技巧或多或少學習一點，一定在職場上會有加分的效果。現在就來談談一些專業禮賓人員，在工作上的精彩與辛苦之處。

　　2010年5月19日，美國總統歐巴馬在白宮以國宴款待來訪的墨西哥總統夫婦，白宮的禮儀長（Chief of Protocol of the United States）卡普莉西亞（Capricia Penavic Marshall）一不小心滑了一跤，整個人跌坐在階梯上，受到驚嚇的她立刻站起來，開玩笑警告攝影記者不要拍照，但是這個鏡頭還是刊登出來，而成為正式外交典禮場合的花架。禮賓工作的項目相當繁複，進行起來有時膽戰心驚，特別是在國家重要的場合中，絲毫馬虎不得，每個步驟都如履薄冰，雖然白宮禮賓官是不小心的，但還是有一點糗，不過無傷大雅。但是，在前一次歐巴馬夫婦國宴款待印度總理辛哈時，也出了一次糗事，而實際上算是一次疏失，原因是有對夫婦並不在國宴邀請的名單之中，在現場沒有邀請函卻被放行了進來，而且司儀還特別介紹這對「不速之客」給所有的與宴貴賓，而且還跟副總統拜登（Joe Biden）以及白宮幕僚長合照。後來經過調查，他們只是電視實境節目的演員，純粹為了攀附權貴為自己打打知名度而已。但是，對於白宮而言，卻被視為重大的維安缺失，也讓美國總統的安全亮起紅燈，還好這對夫婦當時沒有其他進一步的企圖與舉動，但是後來這對夫婦果然達到目的，在媒體上紅了好一陣子，為此事件白宮的禮儀長還因

此而引咎辭職。所以禮賓工作確實是不好幹的,別看禮
賓官穿著光鮮亮麗,其實心中壓力很大,禮賓禮儀工作
如果能順利進行,便是船過水無痕,上司與賓客都覺得
自自然然,好像呼吸空氣一樣,也不太會注意到這些幕
前或是幕後的功臣;但是,只要過程有一點點的小瑕疵
(有時是不是瑕疵還見仁見智),便會很明顯。例如,司
儀「放個砲」(不在適當的時機說話),責難馬上隨之而
至。所以,多年來作者與有經驗的禮賓工作人員彼此交
流心得,常會戲稱此等工作是「100-1=0」的工作,隨時
必須臨機應變,結果還需力求完美,無怪乎專業專責的
禮賓工作人員流動性頗大,如果個性不喜歡接觸人群、
沒有相當的熱誠、沒有相當的抗壓性,禮賓工作還真的
做不來,人才也留不下。

　　作者猶記多年前一位新進的女同事,負責接待一位國內賓
客。行進中,這位賓客突然跟她說了一句:「像妳做這樣的工
作,會有什麼前景?」。事後,女同事很委屈的跟大家轉述。我
想,既然是老闆的貴客,禮賓人員也不便與之反駁與爭論,在長
年的經驗與鍛鍊之下,自身的修養自然也不差,回應微笑便是。
因為他人固化的成見,實在無法短時間扭轉,只是這位賓客實在
不瞭解禮賓工作的內涵。職業無貴賤,風水輪流轉,因為工作的
關係跟餐飲界很熟,曾與某家五星級大飯店高階主管閒聊,談及
至少在20多年前,不會唸書的才會去端盤子,從事辛苦的餐飲工
作。時至今日,進修餐飲課程反倒成了大熱門,多所大學院校的
餐飲科系,甚至有大學畢業乃至於碩士重新進修餐飲的例子,職
業地位起起伏伏,敬業樂業必得尊敬、從其所愛才是幸福,特別
與從事禮賓工作的朋友共勉之。

禮賓工作之樂，「樂」為何？特別是能有機會在工作上有緣見到國內外的達官政要以及國際級的傑出人士，甚至有機會還能向他們請益一番，還有什麼工作如夠如此活潑？有時居中聯繫，讓過程順暢通達，完成對國外賓客的接待幕僚作業，促進民間或官方的實質關係，個人也是站在第一線的外交尖兵，成就感實在無法言喻。多年來甚至收到接待國外或國內賓客的感謝函、稱讚信以及問候卡片，用電子信件表達謝意者更是不計其數。或許自己的辛勤努力，上司不見得都能一一看的到，畢竟這是對於這份工作的敬重與熱誠，這便是對於從事「禮賓工作」最大的成就感了！

三、禮賓工作人員的性別「成見」與「迷思」

　　在各位讀者心中所構畫的「禮賓人員」，想到的，是怎麼的一個畫面或者是意象？

　　曾經問過其他行業的朋友這個問題，大概的回答，不外乎就是穿著旗袍梳著包頭，在典禮會場入口迎賓的小姐們。是不是您想法與答案與此差不了多少？從這裡可以發現社會大眾，對「禮賓人員」懷著兩種「成見」與「迷思」：

　　一是工作性質的「淺碟化」，總以為只不過是「接接人、送送客」而已，甚至連一些實際從事禮賓的工作人員，也總以為就是「發發資料」與「倒倒茶水」的事情。心想，這只是職場上暫時的工作，或者是「不得不做」的工作，像是一些行政秘書、機要助理，有人心中就是做如此想，雖然他（她）們嘴裡不說。

　　另一個「成見」與「迷思」是什麼呢？「禮賓接待」，應該都是**女性**的工作吧？就好比：護理師（護士）、空服員、製衣

縫紉、化妝等等行業，向來都歸類於「女性行業」，這是相對於「男性行業」如：建築、工程、警察、軍人、機師等等的工作。由於作者從事專業禮賓工作已十多年，工作愈久愈發覺，其實這項工作型態是非常專業，而且需要有些閱歷的，如此才能應用裕如，更重要的是能「隨機應變」，曾經與國外外交禮賓官交換工作心得，要擔任「禮賓工作」的職務，往往要相當的資歷與見識，否則一些典章制度、人情事故都不熟悉，要怎麼讓高級文武官員依照禮節（protocol）行事呢？如果禮賓事務層次不需要拉得這麼高，也發現國內各界的想法恰恰與國外觀念相反，對於具有「程序性」、「儀式性」與「過程性」的「禮儀」與「禮賓」事務，顯得漠不關心且毫無興趣，所以覺得「禮賓接待」是專屬於「女性工作」的成見與心態，也就不足為奇了。

其實，女性在所謂「男性行業」，或者是男性在所謂的「女性行業」，往往因為各自能發揮性別的特質，反而表現的更加出色。反而是許多機關與公司管理階層，常囿於「成見」而限制了另一性別在某一項工作的「表現」，這不是很可惜的事嗎？這就是所謂的「行業性別迷思」。而且，在性別成見之下，少數性別的從業人員，往往要付出比多數性別還要多的機會成本與代價，才能獲得肯定，的確是因「偏見」所造成的不公平現象。特別是「禮賓工作」屬於**多樣化**的工作，沒有相當的專業素養、經驗與人格特質，隨便找一個人就能夠做的來嗎？還有，除了「禮儀小姐」之外，哪一項是男性所不能勝任的？再說，就算是入門基礎的「定點迎賓」工作，經過相當的訓練「**禮儀先生**」，也可以做得很好！女性可以表現「美麗」、「柔性」特質，男性也可以表現出「英挺」與「自信」等男性風範，可以依照舉辦活動的特性來搭配。

所以，這裡的結論是：「**禮賓工作**」中男女相互搭配、剛柔並濟最是得宜！

四、培育禮賓人才的搖籃：
談大學校園裏的「親善大使」

　　近十年來，國內多所大學院校紛紛成立諸如「親善服務社」、「親善大使團」或「禮賓大使社」等等名稱的學生社團，培訓相關的禮儀工作與禮賓事務的學習，也有許多機會擔任學校與公私團體組織的典禮禮賓接待工作。

　　「親善大使」的由來與沿革，所長久觀察到的，是由一般剪綵典禮儀式上手執彩帶、穿著旗袍的女性工作人員，再結合接待的服務小姐，而成了「禮儀小姐」，近10年來在中國大陸隨著國際大型會議與運動賽事（如奧運及亞運等等）的籌辦，對於禮賓工作人員的篩選與培訓更是發揚光大，這個風潮近幾年來也吹入臺灣，而且進入了校園，大專院校中紛紛成立了「親善服務社團」，有的還選拔「親善大使」，自此以後「禮儀小姐」在台灣也升格成了「大使」。甚至，這股風潮也進入了高中職學校，學生們紛紛從「模特兒風潮」中，找到了另一個時尚方向。其實，不論高中生還是大學生，能有機會學習禮賓接待與禮儀工作事務，其實是非常正面而且具有教育意義的，可以培養步入社會後，在工作上的應對進退與良好服務的態度，乃至於練習活動事務的籌辦，都需要有機會見識一些大場面，以及歷練過實際的經驗。就作者對相關社團與培育的師資的瞭解，許多來自於美容化妝與美姿美儀的背景，真正的禮賓事務知識與實務經驗其實涉獵有限，也無怪乎學生們只能走走台步，更可惜的是把「禮儀小姐」當成了「走秀模特兒」，實際上根本是兩種不同的工作

性質，扮演的角色根本混淆。目前大部分的「親善服務隊」主力都在會場「站台」，壯大現場的聲勢，甚至引起話題與注目的眼光，如此很容易淪為會場「花瓶」的角色，其實她（他）最主要的工作與功能，就是貴賓的現場接待。請注意，「接待」是動態的、是活用與隨機應變的，基本的工作內容為：迎賓報到、動線指引與帶領、傾聽詢問與回答問題，所以不論「禮儀小姐」，還是稱呼好聽一點的「親善大使」，在現場許多情形之下都是走動的，只有一些時間節點與工作位置才是固定「站點」。

在2010年6月13日有一篇報紙新聞報導（來源：聯合報頭版）：

校長跳天鵝湖 李家同：媚俗

「（前略）……李家同還說，最受不了的是所謂「親善大使」，大學有些典禮活動為招待來賓，派出一些學生，女生穿長旗袍、腳踩高跟鞋，男生則穿西裝；令他最不安的是，「親善大使」會裝出皮笑肉不笑的表情迎賓，手勢也是全國一模一樣，這讓他想到飯店服務生。李家同表示，不懂大學為什麼要搞這種玩意，大學的典禮應該力求莊重，大學生也該保有自己的尊嚴。李家同建議大學負責人，看看諾貝爾獎頒獎典禮或俄羅斯總統在克里姆林宮的就職大典，這些都很強調尊嚴。」

可是學校的同學卻不以為然，公開反駁李教授的「媚俗」之說，李教授對於校園的「親善大使」有意見，早就不是一天兩天的事了，早在2008年5月6日，臺南致遠管理學院邀請他演講，學校特別安排親善大使團盛裝迎接，原本是希望藉此表示重視與禮遇之意，卻被李家同批評不妥，原來李教授認為大學生不該迎接任何人，這是不尊重學生的做法，不應該叫學生出來列隊歡迎

外賓，還鞠躬哈腰，這是不對的，這會讓學生認為，再怎麼努力也是站在門口向人哈腰而已，對學生的自信心是一大打擊，如果有他校校長來訪，也應該是由校長來迎接，教授來訪就由教授迎接，除非是學生團體來訪才讓學生來迎接，不應該讓學生來做迎接外賓的工作。

沒想到而「親善大使」的問題，居然也可以鬧到上報紙頭版。姑且不論長輩們的論點與批評，學生也有自己的觀點，只是就針對校園「親善大使」的觀感與印象而言，是不是出了什麼問題？而讓人直覺「親善大使」只是穿著旗袍的花瓶，一致的手勢，還被形容說是「皮笑肉不笑」？是不是李教授也正代表著某一些人的觀感與想法？而這些觀感與刻版印象，正是讓人誤解了相關禮賓工作人員的形象與認知？

對於「禮儀小姐」的由來，這種穿著旗袍的「親善大使」其實不是近年來才有的，只是近幾年蔚為流行風尚而已。早些年還有「國民大會」的時候，每到陽明山中山樓開會，就會就近找文化大學的女學生，充當臨時議事與服務人員，而這群入選的學生，往往需要在身材、容貌、氣質、成績等各方面都在一定水準之上，後來一些國家正式的典禮活動，有著「銘傳12金釵」出現，多年來著有聲譽；在2008年第12任總統、副總統就職典禮中，實踐大學親善隊取代銘傳，也因此搏上了一些新聞版面。所以，如果單純堅持把「大學生」當「知識份子」來看，的確不能去「迎合」、「迎接」或「接待」誰，因為知識份子是有風骨的，不能為誰而折腰的，現在問題在於怎麼去定位校園中的「親善大使」？恐怕大學校方、社團老師與同學，對於這一點都不太清楚。

這裡先從形象上來看，大部分的大學院校親善服務社女同學出隊時，大多都穿改良式旗袍，工作呢？所觀察到的，大多流於「定點」迎接，也就是常在會場入口或接待檯一字排開，整齊畫一、手勢表情一致，如此這般，頂多成為了所謂的「禮儀小姐」，而不是更近一步、更深入需要專業知識能力的「禮賓專案工作人員」，兩者之間其實是存在著很大的差異，而後者如果是在國家外交界工作，就是所謂的「國家禮賓官」，在世界各國政府外交界的地位不低，就是主司國家典禮、禮儀的官員，而在中國歷史上，南北朝時就有這項「禮官」制度的設置，掌管皇室典禮之施行，維持皇家與王朝的威嚴。

　　因此，對於「禮賓小姐」還是「禮儀小姐」，人員的挑選上就不脫外貌、身高、氣質等等的外在條件，在因應某些迎接外賓的場合，就還需要一些基本的外語會話能力，由此構成了徵選的條件。在這一點，在對岸的中國大陸，近年來對於「禮儀小姐」的徵選更是嚴謹（事實上是嚴苛到了極點），此一風潮的推波助瀾，其實與近年來的「名模風」有著很大的關係，常常看到選拔「禮儀小姐」，實際上是當成「模特兒」來挑選，也無怪乎就外界的一般刻版印象看來，兩者似乎有些互通之處，因此還有些「禮賓小姐」或「禮儀大使」，被要求當眾跨台步走秀，莫明所以還不打緊，大家還一起將錯就錯，忘了不論叫「禮儀小姐」、「禮賓小姐」還是「禮賓大使」，都還是「工作人員」，都有其任務與職掌的，如果沒有弄清楚自身的工作定位，反倒成了「表演人員」，你說像話嗎？

　　當今各大學院校的「親善大使」，到底定位為何？恐怕大部分的學校對於此類禮賓社團的形象塑造與工作內容，都還不脫「禮儀小姐」的範疇，少數學校稍會偏向「一般接待事務人員」

的教育訓練，甚至可以說大部分的「親善大使」，做的都是「禮儀小姐」的工作。其實，就長期禮賓工作而言，收穫與養成實在有限，形象仍常被定為「鞠躬哈腰」的工作，也不是沒有原因的，李家同教授的想法與批評，不管公允與否，也不論學生們能不能接受，但至少代表著一般人的既定印象，的確是其來有自。

其實各校類似「親善大使服務社」的學生團體，本書認為面臨到重新「自我定位」與「目標重整」的問題。簡單來說，就是各個學校的公關組、各社團負責人，還有帶領的指導老師，知不知道所謂「禮賓事務」其實是一門深廣的學問？成立這樣的社團，功能目的為何？要怎麼定位形象？要做哪些工作？對學生的訓練陶養為何？

各校徵選「親善人員」條件其實都相當嚴格，在這裡舉出2個例子：

台灣師範大學的徵選條件與方式：

「1、招募對象：1、2年級學生。

2、**條件**：主動積極、個性開朗活潑、熱心服務、有親和力、配合度高。

具備外語能力或有服務性社團經驗或其他特殊才藝者尤佳。

3、**主考官評選標準**：儀態（表）25％、1分鐘英（中）文自我介紹15％、考官問答30％、培訓內容考核30％。

4、舉辦為期2天的培訓課程，每堂課程完皆有審核考試篩選，第2日課程結束後將有整體評分及面試。各項審核符合標準者，取相當人數予以資格。

5、第2日經面試通過者，得參與親善大使該學期之社課以見習，暑期訓練後審核通過者方為正式隊員。」

就以上的條件與過程，您說嚴不嚴格？就算是畢業後到社會上謀職找工作，也不見得會有如此嚴格的甄試與考核。

　　過來再看看台大的條件與方式：

1、資格：

（1）在學之大學部二年級以上或碩博士班一年級之學生

（2）大學部學生前一學期在校總平均須達75分（含）以上

（3）英語程度達TOEFL217分、iBT81-82、IELTS6.0或全民英檢中高級以上。

（4）錄取後，可配合執行禮賓工作1年以上。

2、甄選方式：

（1）書面資格審查：履歷表（若具第二外語能力，則於表上說明並附相關證明）、歷年成績單、申請動機說明書限。

（2）面試：由禮賓小組負責人書面審查後，篩選出適當之報名者，約於每年6月初由禮賓小組負責人安排進行面試。」

　　以上是台灣大學大的甄選條件，基本上說是選模範生也不為過，選出來的同學條件好得不得了。至於其他學校徵選同學的條件，寬緊或有不同，但應該都是相當優秀的同學。如果良才已有，那麼學校、老師甚至社團負責人，是否是應該想想，在此所提出以上的一些分析與建議中，而其所帶領的「親善服務團」，應該定位在光譜的哪一個位置呢？學校與老師們又該打算怎麼做，「親善服務團」才能重塑新形象與開拓新願景呢？

五、國際間有關禮儀事務與禮賓工作的發展趨勢

在現今各國正式的外交禮儀活動中，都已經儘量避免繁文縟節，並且使相關的重大活動與禮儀工作精簡卻仍不失隆重的氣氛，在有限的人力與經費之下來提高效率，而作法多從「**精簡人數**」、「**濃縮時間**」與「**節約經費**」著手，在正式的商務場合中，也跟隨著這樣的國際潮流逐步革新：

1、**精簡人數**：其實各種禮賓場合所給予賓客的「尊榮性」，並不在於參與人數的多寡，反而現今各國的作法，常限定外國訪問團一定層級以上的賓客，才能參與相關的官方活動，因為所謂的「代表團」（Delegation）人員的組成，常常涵蓋隨員與工作人員，尤其邦交國元首來訪，組成人員規模更是龐大，例如與總統會見與宴請場合，若能經過溝通後，僅安排部長以上之層級參與，不但能精簡人數，在形式上更能提升參與層級及規格，反而有助於官式場合的尊榮性。

2、**濃縮時間**：這個作法在實務上是從「**儀節**」（就是活動節目的程序表）上做更精實的安排。例如只安排主賓與主人致詞，而不另外安排其他人士講話；又例如安排午宴之方式，可以精簡上菜的道數，一方面時間不會過久，也可以避免過於飽餐的問題，特別是現代社會職場上商務餐宴很多，為了「健康」的緣故也會有好處，還可以節省餐費。

3、**節約經費**：目前世界各國對於官式活動的舉辦，都已經朝向「小而美」、「花費少而榮譽高」的趨勢進行，例

如宴會採當地食材、一定層級人士方能參與，還有不以過於豪華的場地佈置為考量，除能節約經費外，仍然保有正式官方場合之嚴肅性與尊榮性。

對於國際間禮賓工作的趨勢，除了愈來愈趨「精簡」之外，還有兩大方向：

1、生態保育

國際間的官方活動與商務場合，對於「生態保育」的觀念與行動原則來說，已經是普世通行的價值觀了，就如我國官方宴會菜單的安排來說，也愈來愈重視「保育」的觀念，在早年常使用名貴的食材，例如燕窩以及魚翅都曾入菜，而近年來則一律不准此等菜餚的出現。

此外，基於「人道」與「動物權」的觀點，「鵝肝醬」是否能入菜，都必須在國際餐宴的安排上慎重考慮，因為國際上有動物保育組織認為，這種食材是對鵝強迫灌食而產生的，也曾經因為虐待動物的緣故而發起拒食運動，就如同在國際的正式場合中，女士穿著「皮草」大衣出席，恐怕也會引起批評的聲浪是一樣的道理。

2、節能減碳

（1）「食物里程」觀念的導入：什麼是「食物里程」？

所謂「**食物里程**」（Food Mileage），指的是從我們的嘴與食物原產地之間的距離。食物里程高表示食材經過漫長的運送過程，所曾經利用過的交通工具所消耗的汽油與能源，還有伴隨產生的二氧化碳排放將對環境造成破壞。曾有學者估計，製造食物所消耗所有的能量，只有5分之1是發生在產地，另外4/5都發生在加工和運送過程。所以為了避免製造太多的污染，目前飲食

的流行趨勢是鼓勵多吃「就近生產」而且是「當季」食材，特別是當季的食材會比較新鮮而且也比較便宜。此外，就促進地方經濟的觀點來看，提高對地方農業產品的消費，也能夠增加當地農漁民的收入。例如，在2008年我國第12任總統、副總統就職國宴在高雄舉行，菜單內容的設計，就融合了「食物里程」的觀念，也成為了一項政府政策上的宣示。

（2）公商務場合「**服裝禮儀**」的調整：

　　目前政府機關在這幾年開始倡導夏天不穿西裝以及不打領帶，希望藉著舒適輕便穿著，冷氣溫度也不需要調的太低；而日本政府也曾經在2005年推動一個簡化服儀的運動，這運動稱為「清涼時尚」（Cool Biz），由日本首相帶頭，提倡夏天不打領帶不穿西裝。這樣一來，傳統上認為男士穿西裝打領帶的穿著才是正式的觀念，在某些場合，勢必受到衝擊與挑戰，現今職場上的「穿著禮儀」，也已經加入了新的觀念與思維，西服適用於所有場合的情況已受到質疑，至少目前與將來，在國內適用的場合，將逐漸限縮在某些場域與接觸的對象。因此，順應現今「簡化」與「減能減碳」的時代潮流，公司、單位或企業組織，在實務上應該明白訂出一套「原則」，讓所屬員工的穿著方式有所依循，大概建議的原則如下：

公司內部活動，包括一般事務處理、內部會議、員工集會等等，不論西裝或公司制服，夏季期間可以不穿外套與打領帶。目的是求其舒適，避免因燠熱而影響工作情緒與效率。

代表公司對外的活動：包括拜訪客戶與洽商業務、參加正式

典禮、有外國賓客場合，還是以「尊重」及「禮貌」為優先，西服外套與領帶還是不能少。

對於「禮賓接待人員」來說，因為工作「禮儀性」很強，通常的原則是服裝穿著一定要比被接待者隆重與正式，才符合禮儀。有外界單位參加的會議，會議開始時，主席可以請與會者一起脫下西裝外套，能為與會者著想也不失禮儀。

六、對機關企業禮賓公關部門建置資訊作業系統的建議

如果您是在各個企業機關與政府機構中，擔任秘書、幕僚、公關與禮賓人員，所從事的業務都一定是長期循環與相互關連的。例如，面對官方不斷的首長及知名人士的人事變動，或者是民間企業對於重要客戶與相關人士資料的建檔與整理，以便於安排活動專案，例如安排會見、邀請參加宴會、集會等等的活動，因為在現代的商務社會中，人事變化非常快速，而且人際關係之間的交往也相當頻繁，對於從事公關禮賓的從業人員，都必須謹慎、快速更新並主動反應相對的工作。例如地方政府首長、民意代表當選或就職時，應立即蒐集相關資料呈報上司，並準備祝賀之相關事項（贈禮或禮花祝賀等）；又如對於社會具有名望人士的婚喪喜慶，也可以有相同的處理流程。就是因為公關禮賓事務牽涉到這麼繁瑣的人情世故，長久進行下來工作頗多繁複。但是，工作卻不會因此有絲毫錯誤發生的藉口，對多年來從事禮賓工作的人員來說，壓力實在相當的大。就公司的組織編制而言，也不見得會因為業務量不斷增加，相關的工作人員就會擴編（能夠不縮編就不錯了！）。現今是屬於「創意」與「向大眾行銷」的年代，舉辦活動的形式不斷的推陳出新，除了創造話

題、吸引大眾的注意之外，活動的內容也將會隨之不斷的增加。如果您是公關人員，您是不是常常會發覺：常見承辦人員一個人需處理多項專案業務，尤其工作的流程之中牽涉不少資料輸入、聯繫、以及印製請柬、座次卡各種書表的列印、黏貼與寄發等等繁雜的工作，資料也必須一再核對確定無誤，機械式之紙頭作業（paper work）佔去整體工作相當多的時間。有更多的情況是：活動企畫人員辦理專案，從規劃、簽報請示上司、簡報、爭取支持與預算、聯繫到文書作業幾乎一手包辦，到了現場還需接待賓客甚至兼任司儀，這並非工作沒有分工協調，而是公關科室裡每位承辦人員常常各有專案業務等著處理。因此，增進工作效率與確保正確性的輔助辦法，就是必須建立起「**電腦資訊系統**」來輔助禮賓作業。

我們就來檢視一下相關的「公關」、「禮賓」與「活動專案」業務，對資料之處理常常有繁瑣的輸入建檔作業，例如賓客姓名、電話地址、服務單位等等資料之輸入。但是，各項禮賓工作相互間又常常有很大的關連性，譬如說，從國外來訪的外賓可以安排跟老闆見面，隨後就安排宴會款待；如果，前來公司拜訪的客人，怎麼知道以前是否曾經來過？如果曾來過，又怎麼知道我們曾經為他安排過什麼活動？送過什麼禮物？到過國內哪些地方參訪？甚至安排住過什麼飯店？這些對於「人」、「事」與「物」資料的紀錄與統整，恐怕您再聰明也不見得有辦法全都記得住的。還有一些後續的禮賓作業與活動辦理的行政程序，例如：賓客名單排序、座位安排、請柬或邀請函設計與印製，座位卡片印製、程序單印製等等文書工作，資訊也是相當的耗費時間與消磨辦理人員的精力。所以，採用「**電腦資訊系統**」來統整賓客與相關人員的資料勢在必行，一方面建檔一次的資料與紀錄之後，多項活動的資料就可以複製沿用，形成「平面化」的資料統

整，再經過長時間的建檔與歸檔作業後，則形成「立體化」之資
料庫，更可用於檢索查詢，例如在電子化系統的「查詢」欄位
中，鍵入關鍵字例如賓客姓名，就可以顯示客人曾經何時訪問過
本公司或機關單位、何曾經安排過飯局、曾經送過什麼禮品？
（可避免重複贈送同一種禮物）。所以在此建議各單位與企業，
如果對於「賓客接待禮儀事務」有建置專屬與專責的單位與人
員，就要花一點經費來建置「**公關禮賓管理系統**」！在這裡把這
個「資料庫」統整的概念傳達如下：

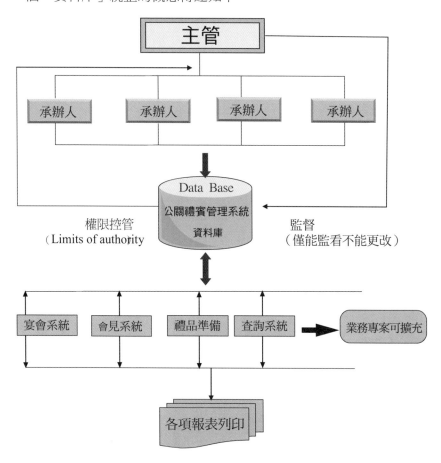

在這個資訊作業系統中，主要的核心觀念是「**資料庫的統整**」，讓「公關室」裡工作的人員，對於工作資料與記錄能互通使用與更新。第二是「**查詢**」與「**檢索**」的功能，這對於禮賓工作上的作業非常重要，是對於「時間」上的一種記錄與串連。第三則是「**相關書面印刷品的輸出作業**」，禮賓工作與活動辦理免不了事前的許多報表列印，而會場中也需要「名單」、「名牌卡」等等紙面印刷品的印製，這對於活動專案的辦理來說，就是最後結果的輸出。建置這個作業系統，從頭到最後，可以提供辦理活動與禮賓事務很大的助力，不但節省人力、金錢，更可以增加工作效率來反應禮賓工作「隨時變化」與必須「快速反應」的特性。如果預算許可，便可以委外設計，相信你會發現當個「公關禮賓人員」或者是「活動專案經理人」，會比以前愉快的許多！

參考書目

一、中文書籍

方偉達，《國際會議與會展產業概論》，臺北：五南，2010。

李成華，《中國古代職官辭典》，臺北：長春樹書坊，1988。

克萊孟斯（Clements,James P.）、季鐸（Gido,Jack）著，宋文娟、宋美瑩譯，《專案管理》，新加坡：聖智學2010。

吳崑茂，《公共關係》，臺中：中華民國資深記者協會，2010。

沈燕雲、呂秋霞編著，《國際會議規劃與管理（第版）》，臺北：揚智，2007。

柯特勒（Kotler ,Philip） 著，謝文雀譯，《行銷管理:亞洲實例》，臺北：華泰文化事業，2000。

唐京軒，《現代外交禮節》，臺北：世界出版社，1980。

徐筑琴，《國際會議經營管理》，臺北：五南，2009。

新竹市政府，《我愛國旗：世界各國國旗簡介》，新竹：新竹市政府，2008。

陸易斯（Lewis,James P.），葛迺駿譯，《我懂了！專案管理》，臺北：經濟新潮社，2003。

睿呈，《現代公商務禮儀-原理與實務》，臺北：博客思，2010。

二、期刊

呂　雄，《外交禮儀的「在先權」問題與國際法之探討》，致理法學第2期，2007年10月。

黃一農，《印象與真相—清朝中英兩國的觀禮之爭》〈中央研究院歷史語言研究所集刊第78本，第1分〉，中央研究院歷史語言研究所，2007年3月。

三、新聞報章

TAIPEI TIMES（JAN,4, 2010）"Elephant gift to Ireland from Tanzania〝weighty baby〞 problem".

The Lithuania Tribune, "The French Protocol doesn’t know the Lithuanian flag"：

http://www.lithuaniatribune.com/2009/09/04/the-french-protocol-does-not-know-the-lithuanian-flag/

中國時報（2009，12月22日）〈江丙坤很文藝－菜單藏詩又唱詞〉。

聯合報（2010，6月13日）〈校長跳天鵝湖，李家同批媚俗〉。

聯合報A6國際新聞版（2010，9月27日）〈出包！菲國旗倒掛-美「善意錯誤」〉。

蘋果日報（2010,12月27日）〈司儀漏請－吳揆鬧彆扭拒上台〉。

四、外文書籍、論文：

Mehrabian,A.（1981） "Silent messages: Implicit communication of emotions and attitudes.Belmont",CA: Wadsworth.

國家圖書館出版品預行編目資料

現代公商務活動專案與禮賓工作實務 / 梁崇偉 著.--
初版. -- 臺北市：博客思，2017.3 二刷
面；公分
ISBN：978-986-6589-58-4（平裝）

1. 公關活動 2.禮儀

541.84   100025180

現代公商務禮儀-原理與實務

作　　者：梁崇偉
美　　編：賴羿穎
封面設計：林育雯
編　　輯：張加君
出 版 者：博客思出版事業網
發　　行：博客思出版事業網
地　　址：台北市中正區重慶南路一段121號8樓之14
電　　話：(02)2331-1675或(02)2331-1691
傳　　真：(02)2382-6225
E—MAIL：books5w@yahoo.com.tw或books5w@gmail.com
網路書店：http://store.pchome.com.tw/yesbooks/
　　　　　http://www.5w.com.tw、華文網路書店、三民書局
總 經 銷：成信文化事業股份有限公司
劃撥戶名：蘭臺出版社　帳號：18995335
網路書店：博客來網路書店 http://www.books.com.tw
香港代理：香港聯合零售有限公司
地　　址：香港新界大蒲汀麗路36號中華商務印刷大樓
　　　　　C&C Building, 36,Ting, Lai, Road, Tai,Po, New,Territories
電　　話：(852)2150-2100　傳真：(852)2356-0735
出版日期：2017年3月 二刷
定　　價：新臺幣360元整（平裝）
ISBN：978-986-6589-58-4